KB216626

융합으로 읽는

한국의 의식주 인문학

5
푸른
교양선

융합으로 읽는

한국의 의식주 인문학

초판 인쇄 · 2025년 3월 11일
초판 발행 · 2025년 3월 18일

지은이 · 이화형
펴낸이 · 김화정
펴낸곳 · 푸른생각

편집 · 지순이 | 교정 · 김수란, 노현정 | 마케팅 · 한정규
등록 · 제310-2004-00019호
주소 · 서울시 중구 충무로 29, 아시아미디어타워 502호
대표전화 · 02) 2268-8707
이메일 · prunsasang@naver.com

ⓒ 이화형, 2025

ISBN 979-11-92149-52-3　03380
값 25,000원

저자와의 합의에 의해 인지는 생략합니다.
이 도서의 전부 또는 일부 내용을 재사용하려면 사전에 저작권자와 푸른생각의 서면에 의한 동의를 받아야 합니다.
이 도서의 표지 및 본문 디자인에 대한 권리는 푸른생각에 있습니다.

이화형

융합으로 읽는

한국의 의식주 인문학

책머리에

1990년대 말 한국어학과가 만들어지던 이른바 고난의 시기가 새삼 떠오른다. 서울캠퍼스에 국어국문학과가 있는데도 불구하고 국제캠퍼스(당시는 수원캠퍼스)에 유사한 한국어학과를 만들 필요가 없다는 부정적 견해가 공존하던 분위기였다. 지속적으로 한국어학과는 유사학과 대상에 올라 폐쇄되어야 할 위기에 직면하곤 했다. 지금은 버젓이 존재감을 드러내고 있는 한국어학과가 개설되기까지 어려움을 무릅쓰고 초석을 다지던 일을 생각하면 감개무량하다. 한국어학과가 생존할 수 있었던 가장 큰 힘은 '어문학'에 치중하던 국어국문학과와 달리 세계화 시대에 걸맞게 '문화'로 나아가는 진보적인 성격의 학문(학과)에 대한 기대였다. 문학을 전공한 나는 끊임없이 '문화'의 시대적 요구에 고민하고 한국어학과에 부합하는 '문화'에 관심을 집중하며 커리큘럼을 짜고 그에 맞게 '문화'를 가르쳐야 했다. 대세를 장악해왔던 문학이 문화 전체인 양 호도되는 당시 학계의 분위기에 맞추기는 더 싫었다.

문화를 가르치기 위해 교재부터 만들어야 했고 급하게 자료를 모아 『한국문화의 이해』(집문당, 1998)라는 책을 냈다. 당시에는 참고할 만한 책이 거의 없었기 때문이다. 그 후 『한국문화의 힘, 휴머니즘』(국학자료원, 2004)이라는 책을 내며 숨을 돌리게 되었고, 마침내 한국의 전통문화가 『한국문화를 꿈꾸다』와 『한국문화를 논하다』, 『민중의 꿈, 신앙과 예술』과 『민중의 현실, 생활과 의례』 등 네 권의 책(푸른사상사, 2012~2014)으로 출간되었다. 나로서는 너무나 큰 산고 끝에 이루어진 결과이다.

한국어학과가 국제화 시대를 대비해 출범했던 대로 정체성을 갖고 성장해나가야 하고, "문을 열어놓고 살수록 집안 단속이 필요하다"고 하는 만큼 한국의 전통문화를 공부하고 알리는 일에 대한 열정은 계속되어야 했다. 세월은 가고 사람은 떠나도 학과나 학문은 자리를 지키며 찬연히 빛을 발할 것이다. 나의 네 권의 책을 비롯하여 문화 관련 책들이 미국의 대학 도서관에 보관되어 있다는 말을 들었을 때 그 보람은 이루 말할 수 없었다.

한참 중국 유학생들이 한국에 들어오던 때가 있었다. 그 학생들에게 중국에 대해 이야기를 하면 매우 놀라는 눈치였다. 이 시기 "중국인은 중국을 모르고, 한국인은 한국을 모른다"는 말을 감히 자연스럽게 꺼내곤 하였다. 이런 표현은 기회 있을 때마다 반복해서 하게 되었는데, 사실 자기 나라에 대해서도 공부를 안 하면 잘 모르기 마련이요, 남의 나라도 관심을 갖고 열심히 탐구하면 잘 알게 됨은 당연하다. 귀화한 임마누엘 페스트라이쉬 교수가 『한국인만 모르는 다른 대한민국』(21세기북스, 2013)이라는 책을 낸 것도 이해된다.

나라마다 다른 고유한 문화를 지니고 있겠지만 그 나라 사람들의 '의식주'부터 살피는 것이 해당국 문화 이해의 첫걸음이 될 것이다. 공자는 "선비가

도에 뜻을 두고 초라한 옷과 음식을 부끄러워한다면 더불어 뜻을 논할 가치가 없다"(『논어』「이인」)고 하면서 "군자는 먹는 것에서 배부름을 추구하지 않고 거처하는 곳에서 편안함을 추구하지 않는다.(『논어』「학이」)"고 하였다. 우리는 유교 사상의 영향으로 정신적 삶을 귀하게 여기며 이를 위해 생활의 기본이 되는 '의식주'를 소박하게 영위하고자 노력했다. 이에 그동안 한국문화의 키워드로 언급되어온 '인본사상'이 우리의 의식주 문화에도 그대로 반영되고 있음을 확인하는 것은 자연스러운 일이었다.

그러나 이제 한국문화를 간결하게 정리하여 국내외의 학생은 물론 대중에 다가가는 작업을 새롭게 해야 할 시점이 왔다. 인본주의적 한국문화의 실체를 말하기 위해서는 전통문화에 대한 확고한 이해가 선행되어야 하고, 그 첫 순서로 동양적 사고이자 한국 정신의 핵심 요소인 '융합'으로 한국인의 의식주[1] 문제를 다룰 필요가 있다. 개방과 소통을 중시하는 한국문화는 한마디로 융합의 산물이다. 융합의 과정에는 서로를 구분했던 경계가 허물어지는 과정이 수반된다[2]고 한다. 융합은 무엇보다 동양 철학의 기본 틀인 '음양'의 조화에서부터 '유교와 도교'의 상호 관계 등에서 볼 수 있다. 생활 속에서는 '다른 사람들과 잘 어울리되 자기의 소신을 버리지 않는다'는 뜻의 "화이부동(和而不同)"의 덕목으로, 학문적으로는 '배우기만 하고 스스로 생각하지 않으면 혼미하고, 생각만 하고 배우지 않으면 위태롭다'는 뜻의 "학

1 전통적인 의식주 각각은 신분, 시대, 용도 등에 따라 다양하게 정의, 분류, 논의할 수 있으나 이 책에서는 저술 목적에 맞춰 개괄적인 논의로 갈음한다.

2 홍성욱, 「성공하는 융합과 실패하는 융합」, 『융합학문, 어디로 가고 있나?』, 서울대학교 출판문화원, 2011, 313~314쪽.

이불사즉망(學而不思則罔) 사이불학즉태(思而不學則殆)"라는 경구로도 우리를 일깨우고 있다. 이러한 한국문화의 요체가 되는 '융합'은 인본사상을 드러내는 가장 합리적인 방법이 될 것이다.

21세기 우리는 공공연히 문화의 시대를 살고 있다고 한다. 잘사는 우리들로서 한국인의 문화적 자존감을 드러낼 만한데도 불구하고 의식주에 관한 전통문화를 알릴 수 있는 마땅한 책 한 권이 없다는 현실은 안타깝기 그지없다. 얼마 전 마당의 원리, 음식의 맛과 간, 속옷의 기능성 등 과학자의 시각으로 한국인의 전통 의식주 문화를 읽어낸 책[3]이 세상에 나와 다행이다. 이제라도 '인문학적' 관점에서 한국의 전통적 '의식주' 문화를 세상에 전할 책이 필요하다. 의복, 음식, 주거 등 각각의 깊이 있는 논의는 많았으나 세 가지를 통합하는 의식주 문화, 특히 인문학적 눈으로 보는 전통 의식주 이야기는 찾아보기 힘들었다. 더구나 오늘날의 대세를 이루고 있는 '융합'의 방법론으로 한국인의 의식주가 지닌 '인본사상'적 특질을 밝히는 책은 지금까지 없었다고 본다. 특히 의 · 식 · 주에 공통적으로 들어 있는 세 가지, 즉 인간과 인간, 인간과 자연, 사물과 사물의 관계 설정에 의한 융합론이 이 책의 핵심구조가 될 것이다.

한복이 지닌 인본사상적 특징은 융합 정신으로 잘 드러난다. 한국과 같이 옷을 공유하고자 하면서도 복식을 예절 표현의 매체로 인식하는 '인간과 인간'의 강렬한 융합 현상은 독특하지 않을 수 없다. 그리고 한복에서처럼 자

3 이재열, 『담장 속의 과학 – 과학자의 눈으로 본 한국인의 의식주』, 사이언스북스, 2019.

연의 순수를 수용하며 생명 탄생을 경외하는 '인간과 자연'의 융합도 흔치 않을 것이다. 또한 우리처럼 복식이 갖는 인간미 창출의 실용성과 심미성에 따른 '사물과 사물'의 융합적 복식문화도 찾아보기 힘들 것이다.[4]

인본적 한식문화의 융합 방식은 두드러진다. 먼저 한식문화에서는 공동체 의식이 발현되면서도 예절을 매우 중시하는 '인간과 인간'의 융합이 강하게 부각된다. 다음으로 한식문화에는 채식과 발효 중심의 자연 친화성이 뚜렷하며, 약식동원 사상에 따라 음식을 보약처럼 여기는 '인간과 자연'의 융합이 돋보인다. 또한 한식에서는 건더기와 함께 국물이 중시되며, 그로 인해 수저문화가 발달되는 '사물과 사물'의 융합 현상이 짙게 나타나고 있다.[5]

한옥이 지닌 인본적 가치는 '융합'으로 극대화된다. 첫째는 건물 내부에 있는 사람과 외부에 있는 사람 간의 교감, 담장 안에 있는 사람과 바깥에 있는 사람 간의 소통이라는 '인간과 인간'의 융합을 들 수 있다. 둘째는 인간이 깃든 가옥의 자연 순응적인 성격, 마당과 정원의 자연 공존적인 성격에 해당하는 '인간과 자연'의 융합을 들 수 있다. 셋째는 가옥끼리의 개방, 방 · 마루 · 온돌 · 부엌 간 개방에 속하는 '사물과 사물'의 융합 현상을 들 수 있다.[6]

이 책의 출간 작업은 그동안 발표한 바 있는 의식주에 관한 대표적인 논

4 이화형, 「융합으로 본 한국 복식의 인본사상」, 『순천향 인문과학논총』 42권 2호, 순천향대학교 인문학연구소, 2023, 29쪽.

5 이화형, 『음식은 문화다－속담으로 본 한 · 중 음식문화』, 세창미디어, 2020, 45~46쪽.

6 이화형, 「한국 전통주거문화의 융합 양상 고찰」, 『한민족문화연구』 45집, 한민족문화학회, 2014, 506~507쪽.

문들을 모으는 데서부터 시작되었다. 음식에 관한 글은 『동아시아고대학』 23집(2010)에 실린 논문, 주거에 관한 글은 『한민족문화연구』 45집(2014)에 실린 논문, 복식에 관한 글은 『순천향 인문과학논총』 42권 2호(2023)에 실린 논문이 저술의 실마리가 되었다. 그간 한국인의 의식주에 대해 관심을 갖고 공부를 하다 보니 이제는 한국문화의 핵심 요소이자 구조적 틀이라 할 수 있는 '융합'이 한국인의 기본 생활에서부터 나타나고 있음을 새삼 깨닫게 되었다. 이 책이 나오게 되기까지 애쓰신 푸른생각의 김화정 대표님을 비롯한 편집진의 노고에 깊이 감사드린다.

2025년 3월
서천재에서
이화형

차례

제2부

제3부

프롤로그

외국인들은 '한국' 하면 맨 먼저 '문화'라는 이미지를 떠올리고, 문화 항목 중에서는 '한복'이나 '한식'이나 '한옥'을 최우선으로 꼽는다는 조사 결과가 종종 언론에 보도되곤 한다. 세계화로 인해 국가 간의 경쟁력이 절실히 요구되는 때에 무턱대고 우리의 한복이 예쁘다, 한식이 맛있다, 한옥이 멋지다는 식의 대응만으로는 한국에 대해 관심을 갖고 많은 질문을 해오는 외국인들을 만족시킬 수 없음은 물론이요 우리 스스로도 자존감을 유지하기 힘들 것이다.

서양인들이 현대문명의 이기주의를 걱정하며 "조선 사람의 커다란 미덕은 인류애 법칙을 선천적으로 존중하고 나날이 실행하는 것이다. (…) 그런 특성은 조선 사람을 우리 현대문명의 이기주의에 물든 여러 국민들보다 훨씬 우위에 서게 하는 것이다"[1]라고 보는 점은 한국문화의 특징을 인본사상으로 이해하는 데 도움이 된다.[2] 한편 우리는 서양의 존재론적 사고와 다른 동양의 관계론적 사고에서 유로되는 융합 정신을 어느 나라보다도 존중해

1 샤를 달레(Charles Dallet), 『벽안에 비친 조선국의 모든 것–조선 교회사 서론』, 정기수 역, 탐구당, 2015, 239쪽.

2 이화형, 「융합으로 본 한국 풍수의 인본사상」, 『문화와 융합』 91집, 한국문화융합학회, 2022, 573쪽.

왔다.[3] 즉 우리나라는 서양 사유 형식인 배타적 개별성보다는 동양적 사고 체계인, 전체를 아우르는 '융합'에 유독 강한 전통을 갖고 있다. 주체와 대상, 정신과 과학, 인간과 자연 등의 대응 구도로 표현될 수 있는 한국문화의 '융합'은 의식주 문화에서도 예외가 아니다. 아니, 인본주의적 한국문화의 성격은 우리의 복식, 식사, 주거 생활에도 고스란히 배어 있다. 요컨대, 융합은 의식주 문화의 인본주의적 내용을 담기 위한 형식으로서 이 책을 관통하는 기조가 된다.

일찍이 "사람의 생활을 유지하는 데 의복이나 음식이나 주택, 이 세 가지가 다 같이 필요하지마는 그중에서도 의복 문제는 위생상, 경제상 또는 미관상 매우 중요한 것이다"[4]라고 언급된 바 있다. 한편 2천여 명의 내·외국인을 대상으로 한국문화 선호도를 조사한 결과 한복, 경복궁, 팔만대장경 등 다섯 가지가 2022년 대표 홍보 문화유산으로 선정되기도 했다.

조선 말기 개항과 함께 양복이 들어오기 시작하여 1960년대가 되면서 일반인들도 완전히 양복을 입기에 이르렀다. 이러한 서양 패션의 유행 속에 살면서 우리가 전통 복식에 대한 관심을 갖는 것은 의미 있는 일이다. 한복의 원류를 찾고자 하는 노력 속에서 일본의 복식사학자가 치마·저고리로 대표되는 한복은 세계 민족 복식 중 아주 독특한 존재라고 하면서 "2천 년 가까이 민족 복식이 일관되게 지켜진 예는 세계 어디에도 없다"[5]고 말한 사

3 위의 글, 574쪽.
4 임정혁, 「가정주부의 의복 개량 문제」, 『우리 가정』, 1936.10(이화형 외, 『한국 근대여성의 일상문화 3』, 국학자료원, 2004, 146쪽에서 재인용).
5 스기모토 마사토시(杉本正年), 『한국の服飾』, p.1(이경자, 『우리 옷의 전통양식』, 이화여자대학교 출판부, 2003, 18쪽에서 재인용).

실은 소홀히 할 수 없는 내용이다.

"의식주 가운데서 그 시대의 사회상을 가장 잘 표현하는 것이 의상"[6]이라고도 하는 만큼, 우리의 전통적 복식 문화에서 한국인이 지닌 강력한 인간 존중의 사고를 엿볼 수 있다. 가족이나 이웃이 물려 입을 수 있을 정도로 한복에는 공동체적 의식이 깃들어 있고, 예복의 발달에서 볼 수 있듯이 사회적 품위에 맞춰 특별히 복식을 갖춰 입고자 하였다. 흰옷이나 세시풍속에서 알 수 있듯이 우리는 자연의 순수를 지향하고, 신생아 관리에서 보여주듯이 생명을 경외하는 복식문화를 향유해왔다. "어린이의 배움은 의복에서 시작된다(『격몽요결』, 지신장 제3)"고 할 만큼 복식을 중시하는 유교적인 전통에 따라, 우리의 복식은 실용적일 뿐만 아니라 미학적인 특성을 잘 드러냈다.

한편 한국 특유의 인본주의 정신을 구현하는 데 기여해온 융합은 전통 복식에서도 다르지 않다. 한국의 복식문화처럼, 옷을 공유하고자 하면서도 예절의 표현으로 여기는 '인간과 인간'의 융합은 물론 복식을 순수나 생명과 연계시킬 수 있는 '인간과 자연'의 융합이 뚜렷한 경우는 많지 않을 것이다. 나아가 우리와 같이, 복식 자체에서 활동성과 심미성이 절묘하게 조화되는 '사물과 사물'의 융합 현상도 찾아보기 힘들 것이다. 이에 최근까지 미의식과 관련된 한복에 대한 논의[7]가 많았음에도 불구하고 한국의 인본사상적 복식문화의 특징을 '융합'의 방법론으로 살펴보게 되었다.

6 신혜순 · 박민여, 「근대, 현대 그리고 미래」, 『우리 옷 이천년』, 미술문화, 2001, 133쪽.

7 권하진 · 김민자, 「조선 후기 풍속화에 표현된 여성 복식의 해학미」, 『복식』 60권 2호, 한국복식학회, 2010, 35~50쪽 ; 배리듬 · 이미숙 · 김은정, 「한복 브랜드의 현황과 미적 특성」, 『패션비즈니스』 20권 1호, 한국패션비즈니스학회, 2016, 127~141쪽 ; 장민정, 「동양 미학적 관점에서 본 한국 전통 복식의 조형적 특성 연구」, 『한복문화』 21권 2호, 한복문화학회, 2018, 17~34쪽.

프랑스의 인류학자 레비스트로스(1908~2009)는 "한 사회의 요리는 그 사회의 구조를 나타내는 말이다"라고 한 바 있다. 음식은 한 나라의 문화를 대표하는 상징이 된다는 것이다. 또한 세계적으로 관광 인구가 증가하면서 각국 특유의 음식문화는 여행의 즐거움을 돋우는 귀중한 자원이 되고 있다. 앞다투어 자국의 전통 음식을 복원 개발하고 이를 홍보하고 있는 것도 이 때문이다. 일찍이 2009년 12월 LA 한국문화원이 미국인 330명에게 '한국을 떠올리게 하는 문화 아이콘'을 물었더니 '한식'이 43%로 으뜸이었다고 하는 언론 보도도 있었다. 지금도 많은 한국인들이 해외에서 음식을 통해 한국문화의 위상을 높이기 위한 노력들을 하고 있다.

우리가 서양 음식을 처음 접한 것은 1800년대 후반 개화기로서, 제물포 앞바다에 온 영국인 홀이 군함에 한국인을 불러 유럽 음식과 포도주를 대접했다[8]고 한다. 식생활은 다른 분야에 비해 매우 보수적인 편으로 외래문화의 영향을 덜 받는다. 음식문화가 쉽게 변화하지 않는 현상은 후성유전학적인 측면에서도 규명되었다고 하며 전통 음식문화의 발전은 개발에 의한 것이 아니라 고유한 역사에서 온다[9]고도 한다. 내가 『음식은 문화다』[10]라는 책을 내게 된 것도 그런 이유 때문이었다.

한국 음식문화의 성격을 규정짓는 것은 의미가 크다. 인류문명을 발전시킨 원동력이 식욕이었다고 하는데, 우리도 "먹고 죽은 귀신 때깔도 좋다", "금강산도 식후경"이라는 속담이 있을 정도로 음식을 중시한 나라다. 먹거

8 한복진, 『우리 생활 100년 · 음식』, 현암사, 2001, 40쪽.
9 권대영, 『한식 인문학』, 헬스레터, 2019, 184~188쪽.
10 이화형, 『음식은 문화다 – 속담으로 본 한 · 중 음식문화』, 세창미디어, 2020.

리가 넘치면서도 "식사했느냐?"가 인사말[11]로 이어져올 만큼 음식은 삶의 기본적 요소이다. 그러나 이와 상반되게 음식을 인간의 본능적 행위로 간주해 절제하려는 인본주의적 경향도 강하다. 유교를 적극적으로 발전시켜나간 우리는 연대를 위한 공동 식사나 식사 의례를 강조해왔고, 조선의 여성 실학자인 빙허각 이씨(1759~1824)는 "마음을 다스려서 과하게 하지 말고 탐내지도 말라"(『규합총서』 권1 주사의)고 하였다.

한국 식문화가 지닌 인본사상은 인간 · 자연 · 사물 속에서 빚어지는 강렬한 어우러짐에 의해 구현되었다.[12] 즉 타인과 소통하고 예의를 중시하는 '인간과 인간'의 융합, 자연 친화와 약식동원으로 표현되는 '인간과 자연'의 융합, 국물과 건더기 및 숟가락과 젓가락으로 대표되는 '사물과 사물'의 융합을 들 수 있다. 주식과 부식의 조화도 강렬하여 한국인은 밥에 여러 반찬을 넣고 고추장과 기름을 첨가하여 버무려 먹는 비빔밥을 창조했고, 국에 밥을 말아 먹는 데 탁월하다. 우리는 융합에 뛰어난 DNA를 물려받았다.

외국인 관광객 2천만 명 시대를 앞두고 있다. 조사에 따르면 한국을 방문한 외국 문화예술인의 절반 정도가 가장 좋아하는 한국문화로 고궁 등 전통문화를 택한다고 한다. 전통문화 콘텐츠의 으뜸은 아무래도 고택을 비롯

11 "식사했느냐?"는 말로 인사를 하지 않는 일본에도 한국과 비슷하게 "꽃보다 경단(花より團子)"이라는 속담이 있다. 한편 중국인들도 "밥 먹었느냐(你吃飯了嗎)?"는 인사말을 많이 쓰며 '의식주'가 그들의 사고 속에서는 '식의주'(정광호, 『음식천국 중국을 맛보다』, 매일경제신문사 2008, 16쪽)일 정도로 식생활에 큰 비중을 둔다. 무엇보다 한나라 고조 유방의 참모였던 역이기(酈食其, ?~BC 204)는 "백성은 먹는 것을 하늘처럼 섬긴다(民以食爲天)"(「酈生陸賈列傳」, 『사기』)는 말을 전하였다.

12 이화형, 「한국음식문화에 나타나는 융복합성 일고」, 『동아시아고대학』 23집, 동아시아고대학회, 2010, 478쪽.

한 사찰, 궁궐이라 할 수 있는데, 가옥, 복식, 자수, 신앙 자료, 민속마을 등 중요 민속자료 중 한옥이 가장 많은 것도 간과할 수 없는 일이다. 전통 한옥 체험이 점점 활기를 띠고 있는 것도 고무적인 일이라 하겠다.

사람에게 끼치는 영향에 따라 건축을 정의하기도 하는데[13] 건물이 인간의 삶을 영위할 수 있는 은신처의 개념이라면 건축은 한 걸음 더 나아가 인간의 미감이 고려된 개념이라고 한다.[14] 잘 지은 기와집 한 채는 견고할 뿐만 아니라 문 한 짝, 주춧돌 하나에도 장인의 손길이 미치지 않는 곳이 없다. 집 전체가 수공예로 꾸며지는 한옥은 예사 양옥보다 멋진 고급 주택으로 떠오르고 있다. 한옥은 사람이 살면서 정성스레 가꾸면 생기가 돌고 수명이 천 년도 가지만 빈집으로 놔두면 급속히 낡아 몇 년 안에 폐가가 되고 만다. 인간이 지혜롭게 자연을 이용하여 이룩한 포근하고 이상적인 삶의 공간인[15] 한옥은 인간의 애정과 함께 숨 쉬는 생명을 지닌 아름다운 집이다.

주택은 인위적 구성이지만 물질이 가지고 있는 기능과 의미, 비물질적인 측면과의 관계 등을 고찰하는 것이 물질문화 연구의 본질이라고 한다.[16] 한국의 전통 가옥은 인간 중심적인 공간이다. 1960년대 한옥이 주택시장에서 물러나면서 양옥이 전면에 등장하였고 그 후 아파트 시대가 극에 달하는 1990년대 후반에 역설적이게도 한옥에 생기가 돌기 시작했다. 더욱이 한옥의 과학다움은 친자연적이며 또한 경험적인 데 있으며, 이 둘은 함께 움직이며 철저하게 인간을 돕고자 한다[17]고 하였다. 이 책을 통해 한국 전통 주

13 이상현, 『길들이는 건축 길들여진 인간』, 효형출판, 2013, 14쪽.
14 서용식 · 연기홍, 『살고 싶은 집 갖고 싶은 건축을 찾아서』, 매일경제신문사, 1996, 252쪽.
15 이화형, 「한국 전통주거문화의 융합 양상 고찰」, 『한민족문화연구』 45집, 한민족문화학회, 2014, 486쪽.
16 이영진, 『공간과 문화』, 민속원, 2007, 239쪽.
17 임석재, 『지혜롭고 행복한 집 한옥』, 인물과사상사, 2013, 39쪽.

거문화에 내재된 인본사상을 부각시키고자 하는 것도 이 때문이다.

이제 아이들이 초등학교만 들어가도 자기 방에 틀어박히고 말며, 현관문 하나만 닫으면 이웃과는 단절되고 있다. 사람은 경계를 만드는 동물이라고 한다. '융합'은 이러한 경계를 넘는 효과적인 대안이다. 건물 안팎, 담장 안팎에서 일어나는 인간적 소통의 '인간과 인간', 가옥의 자연 순응과 마당이나 정원의 자연 공존 양상의 '인간과 자연', 가옥–가옥, 방–마루–온돌–부엌 간 개방적인 '사물과 사물'[18] 간의 융합 방식이 인본주의적 한국 주거문화 논의의 핵심이 될 것이다.

18 가옥과 건물은 동일한 개념으로 사용하는 데 비해, 사물은 건물이 아닌 인위적 공간과 가옥을 구성하는 내부요소를 지칭하는 개념으로 사용하고자 한다.

제1부 한복

1

공유와 격조

의복이라는 것이 단순히 몸을 보호하거나 장식하는 데 필요한 물품만이 아님은 거의 상식이 되었다. 의복이 보여주는 아름다움은 그 의복을 입는 사람이 지닌 정신적인 자세를 그대로 반영한다는 점에서 의복의 인문학적인 성격은 중요하지 않을 수 없다.

한복을 잘 갖추어 입은 단정한 모습은 그 사람의 언행을 더욱 늠름하고 도타워 보이게 한다. 편안하고 여유로운 자태를 연상시키는 전통 한복은 고요한 가운데 생명력을, 겸허한 가운데 세련된 분위기를 자아낸다. 우리나라 사람들은 새로운 문화에 빨리 적응하기도 하지만 우리들에겐 전통적인 것을 지키려는 의식이 뿌리 박혀 있다. 조선을 지켜온 가장 큰 힘은 공자의 인(仁)을 실천하는 유교 정신에 있다고 보며, 이 정신은 개인의 이익을 넘어 공의를 중시하는 마음이라 할 수 있다. 우리 전통사회에서는 서양의 자유주의에서 강조하는 개체주의적 인간관과 달리, 인간을 그가 속한 사회문화적 공간과 결코 분리될 수 없는 유기체적 존재로 파악하였다. 남을 배려하고 사회를 생각하는 이러한 공동체적 의식은 우리 민족의 시작을 알리는 단군신화에 내포된 홍익인간의 정신과 통하며 이 정신은 한복으로도 이어졌다. 옷은 개인만의 전유물로 그치는 것이 아니라 공유할 수 있는 '우리 옷'이 되었다.

의복은 인간만의 고유한 것으로 의복을 통해 우리는 자신의 개성을 표현하는 한편 사회가 요구하는 인격적 태도를 드러낸다. 이처럼 의복은 개인적으로나 사회적으로 윤리적 의미를 담고 있다. 말하자면 의복은 예의에 대한 사회적 기준을 반영한다. "의복은 적응성이 있어야 한다. 때와 장소에 맞아야 하고 나이나 직업이나 신분에 맞는 것이라야 한다. (…) 정결하고 단아해야 할 학생의 복장이 화려한 능라로 감고 다닌다면 값 많은 그 옷이 오히려 그 사람의 인격을 파멸시키는 것이 아닐까"[1]라고 언급되기도 했다. 우리 전통 한복의 강조점은 남복에서는 위의(dignity), 여복에서는 정숙(modesty)에 있는데, 이는 유교적 이념에서 유래한다고 보겠으며 한복의 비활동적인 특성으로 보강된다[2]고 하였다. 우리 민족은 세시풍속이나 일생의례 등에 따라 인간적 예의를 갖춰야 할 때는 거기에 맞춰 착용하는 복식에 대해서도 관심이 클 수밖에 없었다. 다시 말해 역사적으로 한민족은 서양의 에티켓과는 다른 진중한 인간적 배려와 도리를 아름다운 관습으로 여겼으며 복식에서도 예외가 아니었다. 늘 외래 복식문화의 유입 속에서도 전통 의복을 보존하려는 현상이 나타났고, 품위와 절도가 요구되는 때에 한복을 입음으로써 그 가치와 위상을 드러내곤 하였다.

1 임정혁, 「우리의 의복은 무엇을 의미하나」, 『여성』, 조선일보사, 1937. 9(이화형 외, 『한국 근대여성의 일상문화 3』, 국학자료원, 2004, 190쪽에서 재인용).

2 이경자, 『우리 옷의 전통양식』, 이화여자대학교 출판부, 2003, 257쪽.

소통의 지향

이 세상에서 옷을 입어야 하는 생명체는 인간밖에 없다. 더위와 추위로부터 몸을 보호하거나 외부의 위험을 막기 위해서만 옷을 입는 것도 아니다. 창세기 신화의 아담과 하와가 죄를 짓고 무화과 잎으로 몸을 가린 것은 인간이 최초로 옷을 입게 된 것이 부끄러움을 덮기 위해서였음을 말해준다. "입은 거지는 얻어먹어도 헐벗은 거지는 못 얻어먹는다"는 우리 속담은 사람의 옷차림이 깨끗하여야 남에게 대우를 받게 됨을 비유적으로 이르는 말이다. 오늘의 한국 사회를 살면서 이런 점을 겪어보지 못한 사람은 거의 없을 것이다. 생명과 직결되는 먹는 것보다 입는 것을 앞세우는 우리의 '의식주' 문화의 독특하고 강렬함을 느끼게 된다. 영어에서는 'food, clothing and shelter'라고 쓰며, 중국어에서도 지금까지 '식의주'라고 많이 쓴다. 특별히 한국 여자들은 외출할 때마다 입을 옷이 없다고 투정을 부린다고 한다. 속된 말로 한국은 입는 데, 중국은 먹는 데, 일본은 집 사는 데 돈을 다 쓴다고도 한다. 조선조 시전 특히 육의전의 품목이 대부분 직물류였음도 예사롭지 않다. "못 입어 잘난 놈 없고, 잘 입어 못난 놈 없다"라는 속담도 있는데, 잘난 사람도 옷차림이 허술하면 못나 보이고, 못난 사람도 옷을 잘 입으면 잘나 보인다는 의미로, 옷차림이 중요하다는 말이다. 또한 이와 비슷하게 흔히 인용하는 "옷이 날개"라고 하는 속담도 있는데, 어떤 옷을 입느냐에 따라 사람의 인상이 달라 보인다는 뜻 이상으로 옷차림에 대한 칭찬으로 자존감까지 높일 수 있게 된다는 느낌마저 내포한다.

이처럼 옷은 몸을 보호해주는 원초적인 기능을 넘어 인간의 지성과 미의식을 반영하면서 존재해왔다. 서양의 속담 가운데도 "싸구려 외투는 싸구려 인간을 만든다"는 말이 있듯이 인간의 심리와 행동의 변화를 초래하는 이러한 옷의 역할 때문에 "옷이 사람을 만든다"는 말까지 나오게 되었다.

오늘날 "캐릭터 옷", "옷 캐릭터"라는 말을 많이 쓸 정도로 실제든 가상이든 캐릭터의 다양성과 독창성은 옷으로 표현될 뿐만 아니라 캐릭터의 성격을 위해 옷이 만들어지는 등 캐릭터와 의상은 상호 작용을 하면서 서로 크게 영향을 미친다고 할 수 있다. 다른 사람과 구별되는 인간적 취향과 삶의 방식을 반영하는 한복 또한 개인의 다양하고 독창적인 스타일을 창출하게 된다. 한복만큼 개성이 넘치는 유니크한 디자인, 감각적인 스타일, 그윽한 색감, 멋스러운 형태 등을 고루 갖춘 의복도 흔치 않다고 본다. 따라서 전통한복이 패션 아이템으로 수용되고 대중과 보다 가까워질 수 있기를 꿈꾸며 나아가 한복이 세계화 될 수 있는 방안의 모색도 무엇보다 '개성의 표현'에 두어야 할 것이다.

한편 언론인 홍종인(1903~1998)이 「미인과 의상」이라는 글에서 "각 개인의 독립한 존재가 다수의 사람과의 사교적 존재로서 어울리면서 특성을 가져야 하는 것"(『여성』, 1937. 5)[3]이라고 말한 바와 마찬가지로 우리는 옷을 자신만을 위한 선택이나 단순한 장식물이 아닌, 인간관계를 돈독히 하는 신의와 배려의 수단으로 인식해왔다. 실제로 한국인은 늘 자신의 개성미를 표현하면서도 남에게 불쾌감을 주지 않고 사회적 연대감을 이끌기 위해서도 옷차림을 단아하게 가꿔왔던 것이다. 사람들과 함께 교류하는 것이 바로 인간적인 삶이라 한다면 우리는 이러한 아름다운 인간의 삶의 도리를 한복을 통해 구현해왔다고 할 수 있다. 『사자소학』에 나오는 '의관정제(衣冠整齊)'를 존중

3 이화형 외, 앞의 책, 172쪽에서 재인용.

하며 사람들에게 신뢰를 줄 수 있을 만큼 옷차림을 바르고 단정하게 갖추어 살아온 관습이 몸에 배어 있는 우리나라 사람들은 남들과 만남을 전제로 특별한 일이 있거나 외출 시에는 복식에 더욱 신경을 쓰는 편이었다.

양복을 입은 지 얼마 안 되는 우리가 의생활이나 패션산업 등에서 세계적인 수준으로 나아가고 있는 현상은 무엇보다 우리 민족의 복식에 대한 진정성의 이해와 전통적 가치관으로서의 소통 의식 때문인 것으로도 파악된다. '한산모시짜기'가 1967년 전통 섬유 부문 중 가장 먼저 중요무형문화재로 지정되고 2011년 유네스코 인류무형문화유산에 등재되었다. 모시를 째고 삼고 짜는 등 제작 과정에 많은 시간과 노력이 필요한 작업에 가족과 이웃들의 협동 정신이 빛을 발한 것이다. 한산모시짜기 기능 보유자인 방연옥(1947~)은 "예전엔 품앗이하듯이 모시를 짰기 때문에 한산모시짜기엔 분명히 공동체 유대를 강화하는 기능이 있다"[4]고 말했다. 우리는 한복을 제작하고 향유함에 있어 기꺼이 공동으로 참여해왔다. 한복은 수작업으로 제작되고 그 과정에서 디자인, 재단, 자수, 바느질 등의 복합적인 기술이 요구되며, 한복은 일상, 놀이, 의례 등 다양한 분야에서 그 가치가 공유된다.

의복은 자신을 드러내는 수단일 뿐만 아니라 사람과 사람을 연결해주는 통섭의 구실을 한다는 점에서 대단히 중요한 의미가 있다. 조선 후기 사회의 모순을 인간의 도덕성으로 개선해보고자 했던 실학자 이덕무(1741~1793)가 "갓끈이 끊어지고 옷이 찢어지더라도 한탄하거나 애석해하지 말라"(『사소절』 제2, 사전2)고 했던 것도 옷차림에 너무 신경 쓰지 않는 인격적 태도를 부각시키기 위한 것이었으리라. 예술가 안석주(1901~1950)는 「미관상으로 본

4 「유네스코 인류 무형유산에 깜짝 등장한 '한산모시짜기'」, 『아시아경제』, 2011. 11. 29.

조선 의복」에서 옷은 '인간'의 표현이라면서 "그 사람의 전반 생활이 드러난다. 그 사람이 단정하고 그 사람의 경중과 그 사람의 마음씨가 모두 옷으로 드러난다"(『신여성』, 1924. 11)[5]고까지 말하기도 했다. 요즘도 사람들이 입고 있는 옷을 보면 그 사람의 성품이나 직업 등이 나타나는 경우가 많은 게 사실이다. 이렇듯 옷이 인격과 성정의 거울이기에 내면을 진지하게 들여다보면서 정성껏 가꾸어 나갈 때 우리 한복의 우수성이 찬연히 빛을 발하게 됨을 강조해왔다. 또한 우리가 이와 같이 공동체적 삶 속에서 정신적 가치를 고취시키는 데 기여해 온 전통 한복을 서로 공유하는 데도 인색하지 않았음은 자연스러운 일이다.

2022년 베이징 동계올림픽 개막식에서 중국 소수민족으로서 한복을 입은 여성이 카메라에 포착되어 크게 논란이 빚어진 일이 있다. 우리나라 고유의 한복을 중국의 전통 복장으로 등장시킨 것은 한국민의 자존감을 훼손하는 문화적 침탈 행위라고 국내의 여론은 들끓었다. 바로 전 해인 2021년에는 한복이 중국의 것이라는 억지 주장에 분노한 재미 교포 청소년 단체인 재미차세대협의회(AAYC)가 미국 뉴저지주 테너플라이시에 기념일 제정을 청원하였고, 이를 받아들여 10월 21일을 '한복의 날(Korean Hanbok Day)'로 선포하였으며 이후 미국 뉴저지주 클로스터시, 콜로라도주 오로라시에도 '한복의 날'이 선포된 바 있다(한국학중앙연구원, 『한국민족문화대백과』).

의복은 바로 문화이며, 한복은 한국의 문화이다. 한복은 오랜 역사를 통하여 형성 발전하여온 만큼 거기에는 시대적 특성과 함께 우리 민족의 집단적 정서가 강하게 반영되어 있다. 한복에는 환경으로부터 자신을 지키기 위

5 이화형 외, 앞의 책, 43쪽에서 재인용.

한 생존적 활동은 물론 공동체적 생활을 영위하기 위한 사회 심리적 의미까지도 짙게 묻어 있다. 외국의 복식문화가 새롭게 들어와도 우리 고유의 복식문화가 한국인의 정체성을 담아내며 꿋꿋하게 자기 역할을 다해 왔다. 정치인이었던 이범승(1887~1976)의 아내인 이희다는 한복을 입어본 일본인으로서 「서양 옷보다도 좋습니다」라는 글을 통해 한복이 일본 옷보다 매우 편리하고 좋다면서 "조선 의복은 미적으로나 무엇으로나 중국 또는 일본 것보다는 매우 우월합니다. 하고 어떤 점으로는 서양 옷보다도 진보된 것이라 생각합니다"(『신여성』, 1924. 11)[6]라고 평가하기도 했다.

한복만큼 세계에서 여유로움과 품위를 지켜주는 의상도 흔치 않을 것이다. 우리가 자랑할 수 있는 풍성하고 우아한 한국 복식은 바로 우리 민족의 느긋하고 아름다운 정신의 소산임에 틀림없다. 특히 우리 한국인은 넉넉한 옷매무새로 심신의 조화는 물론 자아와 타인의 소통을 꾀했다. 공동체적 사고와 삶으로부터 나온 한복은 종류와 형태 등에서 다양한 문화 현상으로 나타나고 있다. 한복은 각종 수많은 행사에서 널리 사용되고 있는데, 가령 전통 혼례식에서는 신랑 신부는 물론 부모님 친척들이 모두 한복을 착용한다. 이같이 한복은 단순히 의복으로서만 존재하는 것이 아니라 행사의 의미를 강화하고 분위기를 고조시키며 공동체적 집단을 결속시키는 기능을 하게 된다. 한복은 한국의 문화적 가치와 한국인의 정신을 잘 대변하고 있는 것이다. 한국의 드라마가 중국을 비롯한 외국에서 인기를 끄는 것은 가족의 소중함이나 공동체 정신의 가치를 잘 담아내고 있기 때문이다.

삼국시대 이전 고대 한복의 원류는 스키타이계이며 북방민족의 복식으

6 위의 책, 60쪽에서 재인용.

로서 주변국가보다 발달하여 선도적 역할을 했다고 한다. 삼국시대에 이르러 정립된 우리 의복의 기본적인 형태를 보면, 상의로는 저고리를 입고, 하의로 바지나 치마를 입고 있다. 특기할 만한 것은 바지인데, 원래 바지란 수렵을 위해 말을 타는 데 적합하도록 통이 좁게 만들어진 북방 유목민 계통의 의복으로서 남녀가 공통으로 입었던 것이다. 고구려 무용총의 벽에 그려진 시녀 등 고분벽화에 등장하는 여성들이 바지를 많이 입은 사실을 보더라도 삼국시대까지 남녀 모두 바지를 일상복으로 착용했음을 알 수 있다. 다시 말해 삼국시대 복식의 경우 상의는 저고리로서 앞은 트이고 좌로 여미며 소매통이 좁은 데다가 하의는 바지로서 대부분 통이 좁은 형태다. 우리의 복식사에서는 삼국시대의 이러한 '상유하고(上襦下袴)' 혹은 '상의하고(上衣下袴)'의 구성을 한복의 고유 양식으로 인정한다.[7] 이와 같은 특징을 지닌 '상의하고'적 분리 양식의 옷을 중국에서는 오랑캐들이 입는 옷이라 하여 호복(胡服)이라 불렀으며, 한국의 복식사는 유교적 통치 이념에 따른 삼국시대의 이 '상의하고' 형태를 우리 옷의 기본적인 양식으로 규정한 것이다.

삼국시대 이후 남성은 저고리와 바지를 입는 데 비해, 여성은 저고리와 치마를 입는 의복 생활의 전통이 자리를 잡게 되었다. 한복의 상의로는 저고리 하나를 들 수 있는데, 하의로는 바지와 함께 치마가 우리 복식사의 주요 변수로 등장한 것이다. 한반도에 치마가 등장한 시기는 한사군 시대며 이때 치마는 한족이 착용했던 상(裳)이라고 볼 수 있다[8]고도 한다. 이와 같이 삼국시대까지 착용해온 북방계의 호복형은 시대에 따라 변화되어갔으며 특

7 이화형, 「융합으로 본 한국 복식의 인본사상」, 『순천향 인문과학논총』 42권 2호, 순천향대학교 인문학연구소, 2023, 33쪽.

8 장석향, 「여자 치마의 역사적 고찰」, 중앙대학교 대학원 석사학위 논문, 1971.

히 바지와 치마는 시간적 차이를 두고 융합을 이룬 셈이다. 고구려 고분벽화에 남녀가 모두 바지 · 저고리 차림에다가 여자 옷으로 치마가 추가되는 것을 확인할 수 있다.

남성들의 저고리는 외형에 큰 변화 없이 대개 품이 넉넉하고 허리까지 오는 형태를 유지해왔던 데 비해, 바지는 우리 민족에게 맞도록 다양하게 변용되었다. 한쪽 바지통이 엉덩이 둘레만큼 넓고 밑위가 긴 것은 방이나 마루의 바닥에 앉아 생활하는 한국인의 생활 방식에 알맞도록 변모된 것이다. 우리의 바지는 서양인의 바지보다 여유가 많아 좌식 생활에 편리한 옷이다. 학계에서도 한복 바지가 서구식 바지와 다른 점은 구성은 대칭이지만 앞뒤 중심이 사선이어서 움직일 때 편하다는 데 있으며, 또 한편으로 치수가 분명히 정해져 움직임에 제한이 있게 되는 양복 바지와 달리 여유로운 한복 바지를 입으면 움직임에 상대적으로 불편함을 덜 느끼게 되어 좌식 생활에 편했다[9]고 한다. 남성 한복의 넓은 바지폭과 마찬가지로 여성 한복의 치마폭도 좌식 생활에 적합하도록 넓게 변형되었다. 바지와 치마의 풍성함과 여유로움은 인간관계의 원활한 소통을 상징하는 것이기도 했다.

현재까지 상하로 나누어진 우리의 옷차림은 위아래가 하나인 중국의 한푸(漢服)와 치파오(旗袍)나 일본의 기모노(着物)와 달리 신체의 선이 드러나지 않는 만큼 움직이기에 수월하고 편안하다. 중국에서도 '상의하상(上衣下裳)'을 예복으로 하고 의와 상이 서로 연결된 심의(深衣)를 평상복으로 삼았다.[10] 특히 중국의 파오(袍)에서 유래된 일본의 기모노는 나라(奈良) 시대(645~724)

9 김은정, 「남자 한복 바지의 구성 특성에 관한 연구」, 『한국의류학회지』 144호, 한국의류학회, 2005, 917쪽.

10 이민주, 「예복에 관한 연구」, 『한복문화』 9권 2호, 한복문화학회, 2006, 135쪽.

부터 지금까지 즐겨 입는 옷으로, 한복과 달리 복사뼈까지 늘어뜨렸으며 한복이 느슨하게 옷 매무새를 가다듬는 데 비하여 오비(帶)라는 띠로 강하게 조여 입는다. 물론 상고시대 한일 양국의 복식에서도 상의는 전개형인 카프탄(caftan)과 하의로는 스키타이 기마민족의 바지(袴) 형태가 기본 복식 유형이었다.[11] 일본의 대표적 기모노 연구가인 가와다 마치코(河田滿知子)는 한일 문화축제 'Pre-Festival Fantasy Finale 2004'에서 "기모노의 원류는 백제문화"라고 밝혔다(『연합뉴스』 2004.10.3).

요컨대 우리 옷은 여성들이 체형을 보정하기 위해 코르셋으로 허리를 바짝 졸라매는 서양 옷처럼 몸에 딱 붙지 않으며 중국이나 일본의 옷과 달리 움직이기에 편리하고 여유로운 구조다. 선교사들의 도움으로 조선 천주교회사를 완성할 수 있었던 프랑스 신부 샤를 달레(1829~1878)는 "조선 옷은 언제나 너무 커서 훌렁훌렁하다. 바짓가랑이나 저고리 소매 속에 몸뚱어리도 쉽사리 들어갈 것이다"[12]라고 했다. 데이비스(M. Davis)도 디자인이 뛰어난 세계 17개국의 고유 복식을 열거하면서 우리의 치마와 저고리의 형태를 언급한 뒤 "한복은 몸에 끼지 않아서 동작에 충분한 여유가 있고, 옷의 풍성함은 상당한 양감과 무게를 준다"[13]고 했다.

유명한 한복 디자이너 이혜순(1960~)은 일간신문 기자와의 인터뷰 도중 양팔을 360도로 크게 돌리고 나서 서양 옷은 진동(겨드랑이) 둘레가 좁기 때문에 이런 동작을 하기 어렵다고 했다. 그러면서 그녀는 "한복은 몸에 대한

11 소황옥, 「한일 여자 상의 복식의 비교」, 『비교연구를 통한 한국민속과 동아시아』, 민속원, 2004. 549쪽.
12 샤를 달레, 『벽안에 비친 조선국의 모든 것-조선 교회사 서론』, 정기수 역, 탐구당, 2015, 272쪽.
13 Davis, M. L., *Visual design in dress, Englewood cliffs*, N.T.: Prentice-Hall, 1980, p.297(이경자, 앞의 책, 244쪽에서 재인용).

배려를 기반으로 한 옷"이라는 설명을 한 적이 있다.[14] 한복은 품을 조절할 수 있도록 설계하였기 때문에 실제로 입어보면 움직임이 매우 가뿐하고 편하다. 또한 넉넉한 품에 공기가 머물게 되는데, 이 공기층은 겨울에는 밖의 추운 공기를 막고, 여름에는 더운 공기를 막는 단열층 역할을 한다.

양복은 입은 사람의 자세를 경직되고 규격화시키는 옷이라면 한복은 입은 사람의 체형을 포근히 감싸고 안정되게 해주는 옷이라 할 수 있다. 여기서 한국의 보자기 문화를 연상케 된다. 보자기는 한국의 대표적인 문화코드가 될 수 있다. 갓 태어난 아이를 싸는 보자기(강보), 학교 다닐 때 가지고 다니던 보자기(책보), 여행할 때 등에 지고 다니던 괴나리봇짐을 싸던 보자기(커다란 베보), 사람이 죽었을 때 관을 덮던 붉은 보자기(명정보) 등 보자기는 한국인 삶과 함께했던 도구로서 실용적이며 미적이다. 보자기는 거룩하고 신성하기까지 하다. 금관가야의 시조인 김수로왕(재위 42~199)은 천상에서 붉은 보자기에 싸여 강림했다(『삼국유사』). 윤봉길(1908~1932) 의사가 애국적 거사를 단행할 때도 도시락 모양의 폭탄을 보자기에 싸서 던졌다. 지금도 보자기는 귀한 사람들에게 정성스레 선물을 할 때 사용하는 품위 있는 생활용품이다.[15] 서양의 포켓 문화(가방 문화)는 물건을 포켓이나 가방 등 정해진 공간에 집어 넣는 것이라면, 보자기는 모든 것을 밖에서 싸는 것으로 크기나 형태에 그다지 구애받지 않는 포용과 배려의 문화적 상징이다.

우리의 한복은 의외로 기능적인 면에서 돋보이는데, 무엇보다 인체에 맞춰 곡선으로 바느질해 만든 한복은 신체의 움직임을 한층 원활하게 해준다.

14 「전통한복은 불편하다? 일단 입어보시라… 농사 짓고 나무 베기에도 무리없어」, 『조선일보』, 2018.9.26.
15 변광섭, 『문화가 예뻐졌어요』, 새미, 2008, 48~52쪽.

그리고 푼푼하게 마름질된 남자 바지와 여자 치마는 몸을 구속하지 않아 활동하기에 편안하고 일상생활이 자유롭다. 마침내 여러 겹의 속옷을 겹쳐 입어도 겉으로 보이는 실루엣에는 변함이 없으며, 한복의 넉넉함과 여유로움은 신체적인 결함마저도 감춰준다. 한복은 담백하면서도 정교한 융합의 미를 잘 보여준다.

이렇듯 한복은 다른 나라의 전통 의상에 비해 몸놀림이 한결 자유롭고 상쾌함을 표방하는 구조이기에, 몸에 꽉 끼게 옷을 입는 사람들에 대해 우리들은 '박복하다'고 할 정도로 부정적 인식을 했다. 정서상의 문제를 포함하여 활동성이나 건강의 측면이 고려된 복합적 사고의 발로라 할 수 있다. 서양 의복은 몸에 맞지 않으면 눈에 띄게 표가 나서 못 입지만 우리의 한복은 딱 맞는 사이즈가 아니어도 입을 수 있다. 누구의 몸에든 편안하게 맞도록 풍성하게 마름질한 옷이라 다른 사람들도 입을 수 있다. 옷이 개인만의 전유물로 그치는 것이 아니라 공유할 수 있는 '우리 옷'이 된다. 실학자 이덕무는 몸에 딱 붙는 '좁은 옷'이나 '뾰족한 버선' 등을 경계하였는데(『사소절』 제2, 사전2), 이러한 복식들에 대해 요망하다고 여겼을 뿐만 아니라 무엇보다 건강에 좋지 못하다고 판단했기 때문이다.

이와 같은 옷에 대한 관념은 자연스럽게 '옷물림'의 아름다운 풍속을 낳았다. 남도 지방에서는 딸이 시집갈 때 어머니가 정성껏 누비바지를 지어주면 그 딸은 다시 딸에게 물려주었다. 사내아이들이 장성해서 아버지 옷을 물려받을 때는 축하잔치가 벌어졌다.[16] 딸이 여럿인 가정에서는 옷들을 서로 바꾸어 입기도 하였다. 아이들 옷은 어른의 옥양목이나 명주 옷을 뜯어 새로

16 이화형, 『민중의 현실, 생활과 의례』, 푸른사상사, 2014, 42쪽.

물들여 입히기도 했다. 유명한 패션디자이너가 젊었을 때 두 아이들에게 빌려온 색동저고리를 입히고 가족사진을 찍었던 일화를 이야기한 적이 있으며, 나도 결혼 초 우리 아이들에게 빌려다 옷을 입히곤 하였다.

문화재청(→국가유산청)은 2022년 우리나라 전통 한복을 착용하고 향유하는 문화인 '한복 입기'를 국가무형문화재로 지정 예고한다고 밝힌 바 있다. 한복 입기는 오랫동안 전승돼 역사성이 있는 문화이자 가족 공동체의 안녕을 기원하고 예를 갖추는 데 필요한 매개체라는 점에서 문화재로서의 가치가 인정된다고 보았다. 또 다양한 전승 공동체를 통해 관련 지식이 지속적으로 심화 증대되고 있다는 점도 중요한 요소로 평가됐다. 지금도 학교 졸업식 때 졸업생들이 웃옷을 벗어 후배들에게 물려주는 '옷물림' 행사가 있다. 꼭 가난해서 옷을 물려 입는 것이 아니라 옷이 개인의 소유가 아닌, 공유하는 것이라는 공동체적 사고에서 옷물림이 이루어지는 것이라 할 수 있다. 민속학자이자 한국복식사의 기틀을 세운 석주선(1911~1996)은 양복은 죄는 옷인 데 비해 한복은 걸치는 옷임을 강조하며 "바지는 오목 허리에, 치마는 가슴에, 저고리는 어깨에 걸치고 벌어지지 않게만 고름을 묶어주는 의복이다. 그래서 한복을 육체를 구속하지 않는 인간 본위의 옷이라고 한다"[17] 고 말한 바 있다.

한편 다양한 의례에 따른 복식을 일일이 갖추는 데는 경제적 부담이 컸으므로 집안 단위로 마련하여 물려가며 입거나 마을 공동으로 확보하여 서로 빌려 입기도 하는 등 공동체적 삶의 의의와 본질을 잘 보여주었다. 서울시 강북구에서는 2015년부터 구민들의 한복 구매 부담을 덜어주고 공유와 나

17 석주선, 『우리 옷나라』, 현암사, 1998, 91쪽.

눔의 문화를 확산하기 위해 '한복 공유 센터'를 설치 운영하고 있다고 하며, 한복 공유 사업에 대한 구민들의 만족도도 매우 크다고 한다. 요즘 전통 한복의 가치와 우수성을 인식하고 전국 각지에서 옷을 공유하고자 하는 시도가 점점 확대되고 있어 고무적인 반응으로 보인다.

또한 한복 교복 보급 시범사업으로 2021년 전국 16개 학교의 학생 2,308명이 전통 한복을 교복으로 입기 시작했는데 도입하기 전의 우려와는 달리 학생들 사이에서는 긍정적인 의견이 많은 것으로 나타났다. "기존 교복보다 옷맵시가 살아 있으면서도 품이 넓고 여유로워 활동하기에 편하다"는 게 대부분 학생들의 평가이고, "세탁도 쉽고 건조도 잘 돼 좋다"는 학부모들의 입장이며, "공동체 의식도 향상된 것 같다"는 것이 많은 학교 측에서 내놓은 설명이었다. 한편 문체부와 교육부는 '2021 한복 교복 보급 시범사업'을 통해 2022년부터 한복 교복을 도입할 중 · 고교 25개교를 5월 28일까지 공모한다고도 했었다.

이상에서 볼 수 있는 바와 같이 옷을 입은 모양새가 넉넉하고 옷을 서로 공유하는 데서 우리 민족의 타고난 공동체 정신과 전통적 소통 의식이 잘 드러난다. 냄새는 진하지 않아도 깊은 맛이 나야 한다고 여기며 살고, 겉으로 드러내지 않으면서도 속으로 깊은 정을 뿜듯이 지내온 우리 민족의 그윽한 매력의 작용이라 생각된다. 심지어 현대인들에게서 나타나는 복식의 패션을 따르는 현상조차 단순히 유행 자체를 따라가는 것이라기보다는 역사적 소통 의식의 결과로 본다.

예의의 표출

인간에게 필수적인 옷은 생활환경과 미의식을 반영하므로 시대에 따라 끊임없이 변천해왔으며, 복식은 사회성을 드러내기 때문에 우리는 때와 장소를 가려서 옷을 입을 수밖에 없었다. 특히 한국인은 역사적으로 복식에 대해 예절을 표현하는 수단으로 인식했으므로 상황에 맞게 혼례복, 상례복 등 예복을 통해서 인간의 반듯한 심성과 정숙한 태도를 나타내야 했다. 조선시대의 예복이었던 원삼, 활옷 등을 현대의 전통 혼례식이나 회갑연 등에서 볼 수 있는 것도 의미하는 바가 크다. "하루 굶은 것은 몰라도 헐벗은 것은 안다"는 속담이 있는데, 가난하더라도 옷차림이나마 남에게 궁하게 보이지 말라는 것이다. 앞서 나온 "입은 거지는 얻어먹어도 헐벗은 거지는 못 얻어먹는다"는 속담의 출현도 이와 무관하지 않다. 외국과 달리 우리 명절의 특징이 차례를 지내는 점이라 할 수 있을 만큼 한국인은 예에 대한 지극한 관심을 보였다. 우리는 명절에 입는 설빔이나 추석빔 등을 통해서도 예의나 절도를 드러내고자 했다. 단순히 사치나 허영을 넘어서는 그러한 풍속과 전통은 끊임없이 복식을 통해 품위와 격조를 고양시키는 문화 현상으로 이어지고 있다. 조선 중기 강직한 선비이자 실천 철학을 지향했던 이수광(1563~1628)이 "『산해경』에 이르기를, 해동에 군자의 나라가 있으니, 의관을 갖추고 (…)"(『지봉유설』 권2 제국부)라고 전하는 바와 같이 우리가 품격 있는 나라로서 항상 바르게 옷을 차려입는다는 평가를 들었던 것도 옷을 인격과 예절을 나타내는 것으로 보는 맥락에서 나온 것이다.

한국은 '모자의 나라'로 불릴 정도로 서민들은 실질적인 목적으로 관모(冠帽)를 썼고, 양반들은 예의와 격조를 위해 착용했다. 관모류는 대체로 갓

[笠], 관(冠), 건(巾), 모(帽)로 나뉜다. 이 가운데 챙(←차양)이 있는 갓은 머리 위에 놓이는 모자 부분의 '대우'와 차양에 해당하는 '양태'의 구별이 뚜렷한 패랭이형, 대우와 양태의 구분이 없는 삿갓형으로 대별된다. 패랭이형에는 패랭이, 초립, 흑립, 전립 등이 있고, 삿갓형에는 삿갓, 방립, 전모 등이 있는데, 대나무로 만든 패랭이는 역졸, 보부상 같은 신분이 낮은 사람이나 상제가 쓰는 것이고, 초립은 주로 관례를 치른 소년이 쓰던 갓이며, 흑립은 우리가 흔히 말하는 갓이고, 전립은 관직이 높은 무관이 쓰던 짐승의 털로 만든 것이다. 삿갓은 농부나 승려들이 대오리나 갈대로 거칠게 엮어서 비나 햇빛을 가리기 위해서 착용한 것이고, 방립은 주로 상제가 밖에 나갈 때 쓰던 갓이며, 전모는 여성 특히 기생들이 나들이할 때 사용하던 쓰개다. 넓은 의미로 이 모두를 갓이라 할 수 있지만 일반적으로 양반들의 외출용 흑립만을 '갓'이라 한다.

선비는 아무리 바쁘고 피곤하더라도 잠시나마 갓을 쓰지 않아서는 안 되었다(『사소절』 제1 사전1). 외출을 할 때는 반드시 갓을 썼고, 집으로 돌아오면 갓을 벗고 탕건 등을 썼으나 다른 사람의 집을 방문했을 때는 방 안에서도 갓을 벗지 않았다. 선비들의 풍모를 대표하는 갓은 대나무를 실올처럼 다듬어 넓은 챙을 만들고 말총으로 원통 모양의 모자를 만들어 붙인 다음 얇은 베로 전체를 싸고 검게 옻칠을 하여 만든다. 바람도 잘 통과시키고 햇빛을 은은하게 가려주는 갓은 자연을 존중하며 인간으로서의 품격을 지켜나가려는 한국인의 실용과 멋의 조화로운 산물이다. 한국의 갓에 주목한 최초의 유럽인이라는 나폴레옹(1769~1821)은 세계 어디서도 보기 힘든 갓의 멋스러움과 위엄에 감탄했다고 한다.

200년 전 유럽을 뒤흔들었던 나폴레옹은 러시아와의 전쟁에서 대패하고 결국 실각하여 세인트헬레나섬에 감금된 채 실의에 빠져 여생을 보냈다. 당시 영국 해군 장교였던 배질 홀(1788~1844)은 1816년에 한국의 서부 해안과 일본 오키나와를 탐사하고 돌아가는 길에 나폴레옹이 유배돼 있던 세인트헬레나섬에 들렀다. 홀이 가져온 조선의 그림을 보는 순간 나폴레옹은 눈을 반짝이며 깊은 관심을 보였다. 나폴레옹은 "노인네가 큰 모자, 긴 흰 수염에 손에는 기다란 파이프를 쥐고 있네. 하! 정말 잘 그렸어!"라며 감탄했다. 평소에도 위엄 있는 이미지로 보이길 바랐고 큰 키가 아니어서 언제나 옷에 신경 쓰며 위엄을 드러냈던 나폴레옹이었으니 머나먼 조선에서 화려한 갓으로 위엄을 부린다는 것이 무척 와 닿았던 것이다.[18]

"닷새를 굶어도 풍잠 멋으로 굶는다"라는 속담에서도 먹을 것보다 입는 걸 앞세웠던 민족의 독특한 의식과 생활을 느낄 수 있다. 이 속담이 있을 만큼 갓은 양반들의 품위를 유지하는 데 필요했다. 머리카락을 가다듬기 위해 이마에 두르는 망건의 앞에 다는 풍잠은 갓이 내려오지 못하게 고정시키는 장식품으로 체면과 풍류의 상징이었으며 상류층은 대모, 호박, 마노를 사용했다. 망건에는 상투를 졸라매기 위한 당줄이 있으며 당줄을 잡아매는 고리 구슬인 관자도 부착되어 있다. 초대 주미공사 박정양(1841~1905)은 도포에 갓 쓰고 미국 땅을 밟아 워싱턴 정가를 놀라게 했다. 선비의 표상으로서 조선 초기 관리들의 평상복에 사용되던 갓은 조선 말기에 이르러서는 누구나 쓸 수 있게 되었다. 로마의 바티칸 성 베드로 대성당에 있는 김대건(1821~1846) 신부의 석상마저 갓을 쓰고 서 있다. 김대건은 25세의 나이로 순교한 최초의 한국인 사제이며, 성 베드로 성당에 아시아 성인의 상을 세

18 「나폴레옹도 감탄한 조선시대 갓… 그 매력의 재발견」[강인욱 세상만사의 기원], 『동아일보』 2023.11.26.

운 것은 가톨릭 교회사상 처음 있는 일이다. 우아하게 선비의 기품을 드러내다 사라진 조선의 갓이 2014년 영화 〈군도〉에 이어 2019년 드라마 〈킹덤〉을 통해 세계인들의 각별한 관심을 끌며 한국의 복식문화의 가치를 새삼 증폭시키고 있어 다행이다.

실내에서도 의관을 바르게 하는 것이 예의였으므로 각종 편복용의 차양이 달리지 않은 관과 건이 발달했다. 관에는 대유학자인 송의 정호(1032~1085) · 정이(1033~1107) 형제가 착용했던, 위는 터지고 두 층으로 된 산(山)자 형의 정자관을 비롯하여 대문호였던 소동파(1036~1101)가 썼다는 동파관, 소박하게 사각형의 상자 모양에 상단이 아랫부분보다 넓게 생긴 사방관 등이 있다. 그리고 천으로 만든 건에는 복건, 유건, 망건, 탕건 등이 있는데, 위로 둥글게 삐죽 솟고 뒤로 넓고 긴 자락으로 늘어뜨리는 검정 복건은 주로 미혼의 남자들이 착용했고 현재는 흔히 어린아이들이 명절이나 돌날 등에 쓴다. 검은 삼베로 만든 유건은 양측으로 귀가 나 있는 자루 모양으로 유생들이 썼다. 망건은 머리카락이 흘러내리지 않도록 이마 부분에 두르는 말총으로 짠 띠고, 탕건은 갓 아래 받쳐 쓰던 망건의 덮개이며 앞이 낮고 뒤가 높은 형태이다. 조선의 양반층은 맨 상투머리를 보이는 것을 상스럽게 여겼기 때문에 평상시에도 관과 건을 착용했던 것이다.

모에는 복두, 사모, 절풍 등이 있다. 처음에 한 폭의 검은 천으로 앞에서 뒤로 묶던 복두는 통일신라 시대 이후 모든 남자가 일률적으로 사용했다. 『삼국유사』 경문왕(재위 861~875) 조에 나오는, '임금님 귀는 당나귀 귀'이기 때문에 쓰개를 써서 감추었다고 하는 것이 바로 이 복두이다. 그러나 고려말 사모가 등장함에 따라 복두는 특수한 경우에 사용하게 되었고 조선시대에는 공복의 관모(官帽)로 제정되었다가 공복제도가 사라지면서 관례복과 장원 급제시의 관복 등 의식 때만 착용하였다. 사모는 복두에서 생겨난 것으로 복두는 대우가 각지고, 사모는 곡선으로 둥글렀다. 사모는 관리의 정복에 쓰는 모자로 고려 말부터 쓰기 시작하여 조선 말까지 사용하였다. 오늘날에는 전통 혼례식에서 신랑의 사모로 사용된다. 복두나 사모는 벼슬아치들이 관복을 입을 때 쓰던 모자이다.

사대부들은 집안에 있을 때도 예의를 갖추기 위해 품과 소매가 넉넉한 포를 입었기 때문에 다양한 겉옷이 발달했다. 그들은 도포, 중치막, 창의, 학창의, 철릭, 쾌자, 전복, 답호, 두루마기 등으로 격조 있는 옷차림을 했다. 조선시대에 남자들이 통상 예복으로 입던 겉옷인 도포에는 바람에 날리는 전삼이 달려 있으며 세조대로 품위를 가렸다. 실용적인 허리끈과 달리 도포나 전복 등에 쓰이는 의례용 띠는 양 끝에 술이 달려 '술띠'라고 하며 가는 끈인 동다회로 만들기 때문에 '세조대'라 불렀던 것이다. 중치막은 양옆이 길게 트여 편리할 뿐만 아니라 소매 폭이 넓고 위의를 갖출 수 있어 사대부층에서 널리 착용하였다. 서민들이 외출복으로 입었던 소창의는 소매가 좁고 길이가 짧았으나 사대부들이 외출 시 도포 대신 입었던 대창의는 무가 있고 뒤가 트였으며 소매가 넓었다. 주로 조선 후기에 입었던 창의류는 양옆 또는 뒤에 트임이 있어 활동하기에 편리한 옷이었다. 학자들이 입던 학창의는 흰 창의의 가장자리에 검은 선을 두른 것이다. 몽골의 영향으로 도입된 이후 조선시대에 양반 신분을 대표하는 화려한 외출복이 된 철릭은 주로 무관들이 입다 임진왜란 전후에 융복으로 정착되었다. 철릭은 상의와 주름 잡은 치마를 연결시킨 형태인데 사치스러운 복색으로 유명한 별감이나 악공이나 무당은 주로 붉은색의 철릭을 착용하였다. 쾌자는 두루마기나 도포 등에 덧입는 한복 중 소매 없는 겉옷을 총칭하며 목에 깃이 있고 고름을 달았다. 쾌자와 비슷한 전복은 깃과 고름이 없으며 어깨 폭이 넓다. 답호는 쾌자와 유사하지만 반소매가 팔꿈치에 이른다.

1884년 근대국가로 나아가기 위한 복제 개혁에 따라 도포·중치막·창의 등이 폐지되자 두루마기가 유행하였다. 어린이들도 돌이나 명절처럼 예를 차려야 할 때는 까치두루마기(오방장두루마기)를 입었다. 터진 곳 없이 '두루 막혔다'는 두루마기의 경우 가장 바깥에 입는 옷이며 여성들은 방한용으로 착용하는 데 비해 남성들은 제사나 차례 등 예의를 갖추기 위해 계절에 관계없이 입었다. 외출할 때는 반드시 두루마기를 입었고 남의 집을 방문했을 때는 집안에서도 벗지 않는 것이 예의였다. 대체로 권세와 함께 옷을 많이 겹쳐 입는 것을 예법으로 여겼다. 2005년 부산 APEC 21개국 정상들에게 입혔던 옷이 바로 오방색을 기본으로 한 두루마기였다. 동양의 전통 우주관에서 보면 방위는 서양의 동서남북 네 방향과 달리 중앙이라는 또 하나의 방향이 추가되어 모두 오방으로 이루어졌다. 오방은 색상과 연관되어 동쪽은 청, 서쪽은 백, 남쪽은 적, 북쪽은 흑, 그리고 중앙은 황이다. 오행의 방위에 따른 오방색은 『주례』, 『서경』, 『예기』에서 처음 확인된다. 서양에서는 흑과 백은 색으로 간주하지 않으나 동양에서는 오방색에 흑백이 포함되어 있다. 방위를 나타내는 색깔의 상징적 의미가 있는데 동과 남을 상징하는 청과 적은 양을, 서와 북을 상징하는 백과 흑은 음을 나타낸다. 따라서 대체로 임금이나 고관의 복색은 청이나 적이요, 서민들의 옷 색깔은 백이나 흑이다. 의례에서도 길례 때는 청·적이요, 흉례 때는 백·흑을 사용했다. 물론 중앙의 황색은 황제를 상징했다.

한편 사대부들은 조선 말기 청나라에서 들어온 깃과 고름이 없는 마고자를 예의를 갖출 때 저고리 위에 덧입었다. 다만 깃과 고름이 없어 밋밋한 대신 단추를 달아 멋을 냈는데 어떤 단추를 달았는지가 마고자 전체의 품격을 결정할 정도였다. 한복 마고자는 여성의 아름다움과 우아함을 강조하는 디자인으로, 여성들에게도 인기가 있었다.

무슬림 여성들이 히잡을 쓰는 것과 같이 여성들이 외출할 때 얼굴을 가리던 관습은 중앙아시아, 일본 등에도 있었지만 우리나라도 만만치 않았는데, 그들이 썼던 쓰개류들도 당시로서는 예의를 갖추기 위한 것이었다. 문헌상으로 고려시대부터 상류층의 부인들은 검은 비단으로 된 몽수를 쓰개로 착용했다. 조선 초기 양반층 부녀자들은 둥근 갓 테두리에 포대 자루 모양의 얇은 비단을 어깨가 덮일 정도 드리우는 너울을 썼다. 조선 중기가 되어 너울보다 더 편리한 쓰개치마나 장옷 같은 가리개의 착용이 늘어났다. 상류층 여성들이 쓰던 쓰개치마는 치마보다 길이가 짧고 폭도 좁으며 주로 옥색의 무명 또는 명주로 지었다. 서민층에서는 비싼 너울 대신 두루마기와 비슷한 장옷을 썼는데 조선 전기까지만 해도 남성들이 입던 장옷이 후기가 되어 여성들의 쓰개가 된 것이다. 깃과 고름은 자주색이고 깃에는 동정을 달았으며 소매 끝에는 흰 거들지를 단 이 장옷을 양반층 여성들이 착용하며 문제가 되기도 했으나 조선 말기 신분 차별이 사라지면서 쓰개치마의 착용이 일반화되었다. 조선 후기 하류층 부녀자들은 쓰개치마보다 더 작고 동정이 달려 있으나 소매가 달리지 않은 처네(천의)라는 것을 썼다.

이 밖에 남녀 공용의 방한을 겸한 쓰개로 남바위와 풍차가 있었고, 부녀자들의 조바위와 아얌, 남성들의 만선두리와 휘항 등이 있었다. 겨울에 쓰던 풍차는 남바위와 매우 유사하지만 귀 양쪽에 볼끼가 붙어 있다. 주로 서민층에서 사용한 볼끼는 뺨과 턱을 감싸서 추위를 막는 것으로 비단에 털을 대서 만들거나 무명 등에 솜을 두어 만들었다. 조바위가 등장하기 시작하면서 사라진 아얌은 장식용으로 인기가 많았는데 '남에게 잘 보이려고 간사스럽게 굴다'라는 뜻으로 쓰던 "아얌 떨다"라는 말이 나중에 "아양 떨다"라는 말로 굳어졌다[19]고 한다. 머리에서부터 어깨까지 내려오며 휘항의 앞뒤와 바깥의 가장자리를 모피로 선을 둘렀기 때문에 만선두리라 하였다. 19세기 상류층 남녀 어린이들에게도 방한을 겸한 장식용 쓰개로 굴레를 씌웠다.

여성들은 삼복더위라 할지라도 달랑 겉저고리 하나만 입는 법이 없었다. 양반가 부녀자들은 삼작저고리라 하여 속적삼 위에 속저고리를 입고 그 위에 겉저고리를 입었으며, 저고리가 짧아지면서 겨드랑이 밑이 드러나 보이는 것을 막기 위해 '가슴가리개'라고도 하는 가리개용 허리띠를 착용하기도 했다. 삼국시대까지는 엉덩이까지 내려오는 긴 저고리에 허리띠를 묶어 입었으나 저고리의 길이가 짧아지면서 고름을 달기 시작했고 16세기에는 고름도 점점 넓고 길어졌다.

여성 억압적 산물이기도 하나 삼국시대부터 여성들이 손끝을 내보이는 것을 경계했기 때문에 옷소매가 긴 경우가 많았다. 당의의 소맷부리에 길게 덧다는 흰 천의 '거들지'는 예법에 따라 웃어른에게 손을 보이지 않기 위한 것이다. 그러나 거들지는 1900년경부터 원삼이나 활옷을 갖추지 못한 서민의 혼례용 겉저고리에 사용되어 예복을 대신하기도 했다. 활옷이나 원삼 같은 여성 예복의 소맷부리에 길게 덧댄 흰 천의 '한삼' 역시 손을 가리는 용도로 쓰였다. 여성들의 가장 아름다운 예복은 삼회장저고리로, 평민이 즐겨 입던 민저고리와 달리 깃 · 끝동 · 고름 · 곁마기에 다른 색 천으로 장식을 대었다. 곁마기가 없는 것은 반회장저고리라 하였다. 삼회장저고리의 회장

19 박영수, 『우리말 뉘앙스 사전』, 북로드, 2007, 290쪽.

을 댈 때 처녀는 붉은 자주색을 썼고, 나이 들수록 가라앉는 자주색을 썼으며, 마흔 살이 넘으면 한복에 검자주색으로 삼회장을 대었다. 삼국시대부터 자색을 숭상했으나 자색의 원료인 지치(자초)를 구하기 어려워 조선시대에는 고위층만 사용하게 되었다. 쉰 살이 지나면 저고리에 삼회장 대는 것을 지나친 치레로 여겼다.[20]

여성들이 치마를 착용하는 경우에도 당연히 예의를 갖출 필요가 있었다. 한복 치마의 종류에는 형태에 따라 양쪽으로 트여 있어 둘러 입게 된 풀치마를 기본으로, 그와 상대적으로 치마폭이 통으로 된 통치마가 있으며, 흘러내리기 쉬운 띠허리를 보완하기 위해 조끼를 단 조끼허리치마도 있다. 또 바느질 방법에 따라서는 홑치마, 겹치마, 깨끼치마, 누비치마, 솜치마 등이 있다. 무엇보다 평상시에 착용하는 치마와 달리 예복용의 스란치마, 대란치마 등이 따로 있었는데, 치맛단에 금박을 두른 것을 스란이라 하며 한 단만 장식한 것을 스란치마라 하고 두 단을 수놓은 것을 대란치마라 했다. 치마를 겹쳐 입는 데에 따라 일상복과 예복의 양식 차이도 생겼다. 한복의 아름다운 자태는 예를 갖춰 입는 데서 나온다고도 할 수 있다. 치마를 입을 때도 품위를 잃지 않도록 각별히 주의를 해야 했고, 걸을 때 치맛자락을 왼손으로 살짝 추켜잡아 겨드랑이에 끼워 치마가 땅에 끌리지 않도록 하고 앉을 때도 치마폭이 구겨지거나 뒷자락이 벌어지지 않도록 했다.

한편 정장을 할 때 치마 밑으로 여러 속옷을 입어 치마폭을 부풀리는 것이 예의였다. 치마 속에 받쳐 입는 하의로 속바지와 속치마만 착용하거나 그 대신 서양의 페티코트를 착용하는 지금과 달리 전통사회에서는 많은 종

20 뿌리깊은나무, 『겨울 한복』, 대원사, 1997, 90쪽.

류의 속옷을 착용했다. 속옷 입는 순서는 가장 깊이 자주 빨아 입을 수 있는 다리속곳을 입었고, 그 위에 통이 넓은 속곳(속속곳)을 입었으며, 그 위에 밑이 터져 있는 속바지(고쟁이)를 입었고, 그 위로 하체를 부풀리기 위해 바지통이 넓고 밑이 막힌 단속곳을 입었다. 속바지 안에 입는 속곳은 길이가 짧은 편이고 살에 바로 닿는 속옷이어서 부드러운 감을 사용해야 했다. 상류층에서는 외출 시 단속곳 위에 비단 겹으로 된 너른바지를 입거나 층이 지게 한 무지기라는 속치마를 입어 하의를 더 풍성하게 했으며[21] 정장 시 특히 중전이나 공주 같은 경우 모시에 풀을 먹인 대슘치마를 입어 한껏 모양을 내기도 하였다. 요즘도 속치마만 입던 여성이 속바지와 단속곳을 입으니 옷태가 견줄 수 없이 훌륭하다는 감회를 털어놓을 만큼 한복은 속옷을 잘 받쳐 입어야 맵시가 산다.

우리 한국인들은 전통적으로 남에게 맨발을 보이지 않는 것을 예의로 알고 살아왔다. 그러므로 발에는 남녀 모두가 흰색의 무명이나 광목 따위로 만든 버선을 신었다. 실학자 이덕무(1741~1793)는 남을 대할 때 "상투를 드러내지 말고" 머리를 단정히 해야 하며, 남과 만나는 자리에서 "버선을 벗지 말라"고 경고하였던(『사소절』 제2, 사전2) 것도 이 때문이다. 이덕무의 스승이자 친구인 실학자 박지원(1737~1805)은 양반의 특권과 허례의 가면을 벗기기 위해 지은 「양반전」에서 "양반은 날씨가 더워도 버선을 벗지 말아야 한다"(『연암집』 「방경각외전」)는 조롱 섞인 발언을 하기도 했다.

신발은 가죽, 비단, 나무, 삼, 짚 등의 재료에 따라 다양했다. 가죽으로 만든 신에는 태사혜, 녹피혜 등이 있고, 비단신으로는 당혜, 운혜 등이 있으

21 백영자 · 최해율, 『한국의 복식문화』, 경춘사, 2001, 291쪽

며 나무로 만든 나막신, 놋쇠로 만든 놋신이 있다. 가죽신을 신을 형편이 못 되는 가난한 양반들은 체면상 상민들이 신는 짚신은 신을 수 없어 비가 오지 않는데도 나막신을 신고 다녔다. '남산골 딸깍발이'라는 말은 서울 남산에 많이 살던 가난한 선비들의 나막신에서 딸깍거리는 소리가 났기 때문에 생긴 것이다. 풀이나 삼으로 만든 짚신과 미투리도 있었는데, 서민들 가운데서 상류층에 속하는 사람들은 삼으로 촘촘히 엮어서 만든 미투리를 신었다. 흔히 미투리는 짚신 열 켤레 값에 맞먹는다고 한다. 삼국시대부터 신어온 가장 대중적인 신발은 짚신이었다. 짚신은 요즘의 구두와 달리 덥지 않은 이점이 있다. 신발은 형태 면에서 북방 유목민 계통의 목이 긴 화(靴)와 남방 농경민 계통의 목이 짧은 혜(鞋)가 있다. 1920년대 일본을 통해 들어온 고무신을 한국의 전통 신으로 알고 있는 사람들이 많지만, 한국의 전통 신을 대표하는 것은 삼국시대부터 내려온 갖신, 즉 가죽신이었다. 2004년 중요무형문화재 제116호로 지정돼 국내 유일의 화혜장이 된 황해봉(1952~)이 5대째 가업을 잇고 있다. 꽃신(가죽신) 한 켤레를 만드는 데 하루 6시간씩, 길게는 일주일이 걸린다고 한다.

몸치레를 하는 데는 귀걸이, 목걸이, 반지, 팔찌 등 몸에 바로 착용하는 패물과 더불어 옷과 함께 꾸미는 노리개, 주머니 등의 장식품들이 동원되었다, 조선시대 여성 장신구의 경우 그 이전에 많이 착용하던 목걸이나 귀걸이가 쇠퇴하고 대신 노리개가 다양하게 발달했다. 조선 중기 이후 오랑캐 풍속이라 하여 남자들의 귀걸이 착용은 금지되었으나 여성들의 귀걸이 착용은 유지되었다고 본다. 고려시대부터 목걸이가 줄어들기 시작하여 조선시대는 목걸이 유물이 거의 나오지 않는데, 특히 한복의 깃은 목을 비교적 많이 가리게 되므로 조선시대 여인들의 장신구에는 목걸이라는 것이 없었다고도 한다. 고리에 해당하는 띠돈과 끈목, 주체가 되는 패물, 매듭, 술 등 다섯 가지로 구성되는 노리개는 패물의 개수에 따라 한 개로 된 단작노리개, 세 개가 한 벌로 된 삼작노리개가 있다. 대례복에는 삼작노리개를 차고 명절이나 평상시에는 단작노리개를 찼다. 민간에서는 주로 은삼작을 찼으며 혼례 때 사용하고는 백지와 비단보에 싸서 상자 속에 간직해두었다가 친척의 혼인 때 꺼내 썼다. 예물로 받은 이 노리개는 그 형태와 재료 등이 가풍을 상징한다고 하여 자녀들에게 물려주는 풍습이 있었다. 상류층 부인들은 귀한 보석으로 만들어주었으며 서민들은 보석 대신 아름다운 수를 놓은 노리개를 만들어주었다.

예복이란 각종 연회나 의식 때에 착용하는 복식으로서 신분, 나이, 직종 등에 따라 복잡하게 분화될 수 있다. 그리고 남을 배려하고 존중하기 위해 예의를 나타내는 수단으로서의 예복도 다양할 수 있다. 더구나 세계의 많은 나라 가운데 특별히 예를 중시해온 덕분에 예복이 크게 발달할 수 있었던 우리의 역사적 사실에 비추어 예복에 대해 민족의 집단의식이 강하게 묻어나는 '관혼상제'의 일생의례를 통해 살펴보는 것이 바람직할 것이다.[22]

남자는 혼례 전 15세에서 20세 사이에 반드시 관례를 치러야 하는데, 이는 치렁치렁하게 땋고 제비부리댕기를 물리고 다니던 머리를 걷어 올려 상투를 틀고 동곳을 꽂은 뒤 관을 씌워주는 성인의식이었다. 여성들도 계례를 행한다고 예서는 적고 있으나 여자가 미혼 상태로 어른 대접을 받기 어려운 사회에서 성인식을 치르기는 힘들었다. 관례의 절차는 크게 세 단계로 이루어진다. 첫 번째 초가례는 망건에 복건을 쓰고 심의를 입는데, 심의는 흰색

22 이화형, 「융합으로 본 한국 복식의 인본사상」, 37쪽.

겉옷으로 철릭에 가까우며 가장자리에 검은 띠를 둘렀다. 두 번째 재가례는 건을 벗은 뒤 갓을 쓰고 조삼을 입는데, 조삼은 검은색 단령과 같은 것이다. 세 번째 삼가례는 복두나 사모를 쓰고 난삼을 입는데, 옥색 단령과 같은 난삼은 가장자리에 청흑색 단을 대었다. 초가는 성인 되는 것, 재가는 급제하는 것, 삼가는 벼슬하게 되는 것에 따른 예이다. 절차가 복잡하고 경제적 부담이 커지자 조선 말기에 이르러서는 삼가를 한꺼번에 행하기도 했다. 당사자인 관자가 자리에 나와 앉으면 의식을 주관하는 빈객이 망건 · 복건 · 초립을 한꺼번에 씌워주고, 관복이나 도포 혹은 두루마기를 입히거나 전복을 입히고 빨간 띠를 매게 한 다음에 간략히 축사를 하였다.

혼례복으로 신랑은 청색 계통의 단령에 겹날개가 달린 사모를 쓰고 허리에 혁대(품대)를 두르는 관대를 하며 목화를 신는다. 단령은 관리들의 상용복이고 사모는 관복 착용 시 쓰던 모자이며 관대에는 1품과 같은 무소뿔의 서대를 찼다. 흉배에는 당상관처럼 쌍학이나 구름 등을 수놓았는데, 일생에 한 번 관리 차림의 예우를 받는 것이다.

신부도 일생에 한 번 최상의 호사 치레를 하였다. 머리에 홍대를 두르고 왕비의 용비녀가 이날만은 용납되었다. 가르마를 타고 곱게 빗은 머리를 뒤에서 댕기로 묶고 둥글게 쪽을 만들어 비녀를 꽂아 쪽머리를 고정시켰다. 쪽머리 뒤에 꽂는 비녀 이외의 뒤꽂이는 장식성과 함께 실용성을 겸하였다. 조선 중기부터 가체(다리)가 성행했는데, 비싼 것은 당시 '기와집 2~3채 값'이라는 말이 있을 정도로 가체의 가격이 높았고, 열세 살짜리 부잣집 며느리가 시아버지가 들어오자 급히 일어서다가 무거운 가발에 눌려서 목뼈가 부러져 죽는 사건이 있었다(『청장관전서』 권30). 폐단이 속출하면서 비싼 가체 대신 몽골에서 들어온 족두리를 쓰게 하는 등 영조 때 가체금지령이 내리기도 했는데 그 후 고대사회부터 있었던 얹은머리 대신 쪽머리를 장려하게 되었다. 쪽머리를 하면서 상류층에서만 사용하던 떨잠은 큰머리, 어여머리에 꽂는 화려한 장식품이 되었다. 떨잠은 대개 위에 하나, 양옆에 하나씩, 셋을 한 벌로 사용한다. 큰머리는 궁중의식 때 머리 앞면에 '떠구지'라는 긴 비녀를 꽂던 목제형 머리이며, 어여머리는 상류층 부인들이 예장할 때 머리에 얹은 커다란 가발이다. 양반가의 신부는 공주의 대례복이던 활옷을 입고 화관을 쓴 다음 큰댕기(뒷댕기) 또는 도투락댕기를 머리 뒤로 길게 늘어뜨렸고 어깨 앞으로는 드림댕기(앞댕기)를 착용했다. 도투락댕기는 신부의 목뒤부터 거의 치마 끝까지 늘어지는 두 가닥의 폭이 넓은 검은 비단 댕기였다. 발제개혁과 더불어 가체 대신 쓴 화관이나 족두리는 첩지로 고정했다. 특히 댕기는 머리를 단정하게 묶는 실용성과 함께 세련미를 잘 보여준다.

신부는 웃옷으로 가장 안쪽에 '시집살이가 시원하라'는 뜻으로 모시 속적삼을 입고 그 위에 속저고리를 입은 뒤 삼회장저고리를 겹쳐 입었다. 아래는 바지 · 단속곳 · 홍치마 등을 입었으며 금박을 한 대란치마도 입었다. 서민들은 연두색에 자주 고름을 단 당의를 저고리 위에 착용하기도 했다.[23] 당의는 저고리보다 길어 앞뒤가 길게 늘어지고 옆이 트여 여인들은 그 앞자락에 손을 감출 수 있었다. 도련선이 둥근 당의는 예복 중에서도 간편하면서 아름다운 옷으로서 궁중이나 양반층에서는 소례복으로 덧입었다. 궁중이나 상류층 여인들이 특별한 의식이 있을 때 입었지 요즘 사극에서처럼 왕비나 대왕대비가 일상생활에서도 당의를 입고 등장하는 것은 아니다. 앞깃이 둥근 데서 온 이름의 원삼은 조선 후기에 가장 일반적인 혼례복이 되

23 이화형, 『민중의 현실, 생활과 의례』, 455쪽.

었는데 공주의 초록 원삼이 서민의 혼례복으로 허용되었다. 넓은 소매 끝에는 손을 얌전히 가리기 위해 흰색의 한삼을 덧대었다. 소맷부리에 색동을 이어붙이고 한삼이 달린 활옷에는 장수와 행복을 기원하는 문자와 문양이 수놓아졌다.

상례 가운데 고인의 체취가 스민 속적삼이나 저고리를 들고 지붕에 올라가 떠나가는 혼백을 불러들이는 망자 소생 의식이 초혼이었다. 영생토록 입을 옷이라 하여 고급 재료로 장만하는 수의는 윤달에 마련하는 것이 좋다(『동국세시기』 윤월)고 하는데 갑작스럽게 닥치는 죽음에 자식들이 당황하지 않도록 미리 만들어놓고자 했던 지혜의 소산이다. 수의는 하루 만에 짓는 것이 좋다고 하여 친지 등이 모여 만들었으며 바느질을 거칠게 하며 실 끝을 옭매지 않는 것은 망자의 저승길이 순조롭기를 바랐기 때문이다. 3일이 지나 염을 했고, 소렴 시 묶지 않으며 얼굴도 덮지 않는 것은 망자의 부활을 바라는 염원에서였다(『주자가례』 권4 상례). 입관이 끝나고 상제들이 입는 상복은 고인과의 친소 관계에 따라 오복제(5등급)로 나누었는데, 참최 · 재최 · 대공 · 소공 · 시마로 구분되는 상복은 재질과 입는 기간이 다르며, 대공 이상은 대체로 함께 먹고 자고 한 근친이고, 소공 이하는 일상생활에서 함께한 빈도가 느슨했던 관계를 표시하였다. "상제가 새 옷을 입으면 부모님 저승길이 어둡다"는 속담도 있듯이 상제는 죄인이기에 삼베처럼 조악한 소재를 쓰며 바느질도 곱게 하지 않아야 했다. 우리는 상복으로 하늘을 숭배하고 제사 드리는 의식과 연관된 흰옷을 착용하는 독특한 문화를 가졌다.

"예는 신을 섬겨 복이 이르도록 하는 것"(『설문해자』)이라고 할 만큼 원래 예는 초월적 존재에 대한 제의에서 비롯되었다고 하며 "사람을 다스리는 도에는 '예'보다 급한 것이 없으며, '예'에는 다섯 가지 기준 즉 오경(五經)이 있는

데 제사보다 중요한 것이 없다"(『예기』)고 했다. 우리나라에서는 유교의 영향을 비롯하여 민간신앙에 밀착하여 제례가 크게 발달하였다. "군자는 아무리 가난해도 제기를 팔아먹지 않고 아무리 추워도 제복은 입지 않는다"고 했던 만큼 1995년 마침내 유네스코는 한국의 제례를 세계문화유산으로까지 지정했다. "제삿날 빨랫줄을 매면 조상의 영혼이 오지 않는다" 또는 "제삿날 바느질하면 귀신이 오다 돌아간다"고 하는 금기어의 탄생도 예사롭지 않다. 조상과 늘 한 공간에 있어야 했던 우리 문화 속에서 제사를 지낼 때는 유색 옷을 금하고, 흰옷이나 옥색 옷을 입었다. 제례복으로는 바지저고리에 두루마기를 입고, 그 위에 삼베로 만든 도복을 입는데, 없는 경우에는 두루마기만을 입기도 했으며, 세조대를 하고 유건을 쓰며 행전을 차기도 했다. 제사에 참여하는 사람은 도복이나 두루마기를 입지 않더라도 최소한 유건을 썼다. 여성들의 경우 제사 때는 계절에 관계없이 옥색 치마를 입는 것이 관례였다. 제사 가운데도 기제사에 검소한 옷차림과 달리 명절 때 지내는 차례에는 화려한 옷차림이 가능했다. 명절 때마저 제례를 지내는 민족이 없을 정도로 우리는 조상에 대한 예의를 가장 중시하였다.

한국인의 예는 상대방에 대한 배려는 물론 종교적 수양의 차원으로까지 승화되는 특징이 있었던 만큼 서양과는 다른 극기와 절제가 예의 밑바닥에 자리 잡고 있었다. 전통 복식사의 권위자인 석주선(1911~1996)은 우리 옷에서 겸손을 배웠다고 하면서 의복은 결국 인간이 인간다움을 완성해가기 위해 필요한 요건이며 의복은 이런 교양미에 달린 날개에 불과하다고까지 했다.[24]

24 석주선, 앞의 책, 30쪽.

2

자연과 생명

한복은 북방의 계절적인 기질의 영향을 받으며 한반도의 풍토와 기후에 맞게 탄생하였다. 중국에서 "마한의 백성들은 누에를 치며 뽕나무를 가꿀 줄 알고 면포를 지었다"(『삼국지』 권30, 위서30)고 할 만큼 이 땅은 기후와 풍토가 일찍이 철기시대부터 직물을 생산하기에 적합하였다. 우리는 한복을 착용함으로써 "자연 속에 포섭되고 자연과 합일되기를 원했던 것"[25]이라는 미술작가의 언급도 있었다. 우리의 남성 옷은 점잖음을 나타내며 여성 옷은 단정함을 표현하는 등 한복은 무엇보다 정갈함을 표방하는데, 이는 자연이 지닌 순수함을 닮고자 하는 우리 민족의 소탈한 의식의 반영이다. "치마는 바람에 따라 형태와 선이 바뀌고, 바람을 머금은 듯한 실루엣이 되었다가 또 바람에 나부끼는 실루엣으로 변하기도 한다. 한복 치마 자체가 곧 바람인 것"[26]이라는 패션디자이너 이영희(1936~2018)의 말은 의미하는 바가 크다. 자연과 같은 단순한 조형에서 우러나오는 한복의 역동성과 율동미를 느

25 정옥임, 『천지인(天地人) 우리 옷 구성』, 수학사, 2002, 21쪽.
26 이영희, 『피리로 간 한복쟁이』, 디자인하우스, 2008, 14쪽.

끼지 않을 수 없다.

동양적 문명관에서 볼 때 인간과 자연은 결코 둘이 아니며, 이 세상 모든 존재의 생명은 평등하다고 할 수 있다. 이러한 생명존중 사상은 일상의 한복에도 영향을 미쳤다. 전통 한복에는 자연친화적인 면과 함께 생명에 대한 존엄이 바탕을 이루고 있다. 아기를 낳기 위해서는 자식을 많이 낳은 여자의 피 묻은 속옷이나 '개짐'을 훔쳐다 착용하기도 했고, 산모가 출산할 때는 '피옷'을 입는 등 생명 탄생을 위해 경건한 마음으로 철저히 준비했다. 출생 후 아이에게 처음 입히는 배냇저고리를 비롯하여 풍차바지, 두렁치마 등 유아 복식은 아이의 생명과 성장을 고려하여 디자인되었다. 돌이 되면 음양오행에 근거하여 덕과 복을 갖춘 사람으로 자라나길 바라는 소망에 따라 아이들에게 오방색의 색동저고리와 까치두루마기를 만들어 입혔다. 신부가 녹의홍상을 입는 것도 오행에 따른 상생을 도모하고자 했던 생명사상의 유로였고 붉은 댕기를 매고 홍색의 활옷을 입는 것도 삿된 것을 물리치고 복을 부르려는 생명 존엄의 사고와 직결된다. 시신에 입히는 수의의 생명과 관련된 상징성이나 금기사항은 예사로울 수 없다.

자연과의 조응

최초의 인간은 동물의 가죽이나 식물의 잎 등으로 옷을 대신했다. 우리는 신석기시대부터 삼나무 · 모시풀 · 목화 등 자연의 식물에서 실을 뽑아 동물 뼈로 만든 바늘이나 흙 또는 돌로 된 가락바퀴로 피륙을 짜서 옷을 지어 입었다. 삼국시대는 물론 고려시대에도 수공업 생산품 중 가장 중요한 것은 삼베 · 모시 · 명주 등의 직물류였다. 조선의 물품 생산과 유통에 있어 가장 성황을 이룬 것 역시 섬유 계통이었고, 일본과의 교역에 있어 매년 수만 필의 직물류를 수출하였다.

조선의 수공업 가운데 큰 변화로 '의생활의 혁명'이라 불리는 면직물의 발달을 들 수 있는데, 14세기 원나라 사신으로 갔던 문익점(1329~1398)에 의해 수입된 목화씨의 재배가 확대되어 의생활에 가장 많이 이용되었다. 목면은 군수품 혹은 무역품으로서도 수요가 많아지는 한편 화폐로서의 기능을 가지게 됨으로써 농가에서의 생산량은 급격히 증가되기에 이르렀다. 조선시대 독점적 상업권을 부여받고 국가 수요품을 조달하며 조선 시장에 커다란 영향을 미쳤던 육의전의 품목을 보더라도 무명, 명주, 모시 등 대부분 직물류였다. 조선시대 말기까지도 전국적으로 길쌈이 많이 행해졌으나, 개화와 더불어 중국 · 일본 · 영국 등의 직물이 수입되어 의류 소비의 형태가 서서히 바뀌기 시작하며 이제는 길쌈하는 지역이 거의 사라지게 되었다. 요컨대, 나일론 같은 합성섬유가 나오기 이전 우리는 전통 한복의 소재로 이 땅의 토박이인 삼베 · 모시 · 무명 · 명주 등에 의존해왔다. 천연섬유를 사용하면 옷의 솔기가 차분하고 좋게 나타나며 고상하고 은은한 멋이 풍긴다. 손으로 짠 천은 기계로 짠 것보다 거칠 수밖에 없으나 더 세련되어 보인다. 천연소재에서 느껴지는 화려하지 않은 담담함을 넘어 원단이 지닌 물성과 그 본질에서 뿜어져 나오는 동력과 품격을 느낄 수 있는 것이 한복의 매력이다.

우리 민족은 물들이지 않은 자연의 소색 천으로 옷을 지어 입기를 잘했다. 인공이 가미되지 않은 소색을 선호하는 경향은 민족의식의 순수성과 불가분의 관계를 나타낸다. 천연의 빛깔인 소색은 인간을 자극하거나 지치게 하지 않고 편안하게 한다. 자연과 더불어 생활하며 갖게 된 정결하고 담백한 소색에 대한 친근감은 자연주의적 소박함이 깃든 백색에도 그대로 이어졌다. 색채 연구의 권위자인 파버 비렌(1900~1988)은 "흰색은 완전한 균형을 이룬 색이며, 그 색채가 주는 느낌도 깨끗하고 자연스럽다"[27]고 하였다. 이밖에도 많은 색채 연구자들은 흰색의 정서를 순수함과 자연스러움으로 이야기했다. 어느 영화감독은 순결한 조선의 정조를 자아내는 의복을 입도록 했으면 좋겠다는 소견과 함께 "하얀 재래의 조선식 옷에다가 흰 고무신을 신은 여성이 '미'의 승리자일 것"[28]이라고 했다. 우리를 '백의민족'이라 부르는 것은 자연의 순수를 좋아하는 한국인이 흰옷을 숭상해왔기 때문이다. 이는 동양의 음양오행적 우주관에 따른 오방색 옷의 선호와는 결이 다른 우리 민족의 전통적 사상에 바탕을 둔 것이다.

우리 겨레가 유난히 흰옷을 좋아했다는 첫 번째 기록은 중국의 역사서(『삼국지』 권30, 위서30)라 할 것이다. 흥선대원군의 아버지인 남연군(1788~1836)의 묘를 파헤쳤던 독일의 상인 오페르트(1832~1903)가 지은 책에도 "조선의 남자나 여자나 옷 빛깔이 모두 희다"[29]고 기록되어 있다. 구한말에 이르기까지 국가가 수차례 흰옷 착용을 금했으나 모두 거부하며 백성들은 흰옷에 집착하였으며, 1920년대까지 흰 한복은 여전히 인기였다. 자연이 제공하는 소박함과 순수함을 따르고자 하는 우리의 흰옷에 대한 선호도는 서양문화가 밀려 들어오는 해방 전까지 어느 때도 바뀌지 않았다.

옛날부터 농경 생활을 하며 태양을 숭앙해온 우리 민족은 햇빛이 희므로

27 파버 비렌, 『색채심리』, 김화중 역, 동국출판사, 2019.
28 박기채, 「고전적 정조를 사랑하라」, 『여성』, 1936.4(이화형 외, 『한국 근대여성의 일상문화 3』, 국학자료원, 2004, 126쪽에서 재인용).
29 E. J. 오페르트, 『조선기행』, 한우근 역, 일조각, 1974.

흰색을 신성시해왔다고 한다. 백색의 '백(白)' 자도 해를 뜻하는 '일(日)' 자 위에 빛을 가리키는 한 획을 내리그어 이루어진 것이다. 백의와 관련하여 한국 근대문화의 선구자인 최남선(1890~1957)은 "태양의 광명을 표시하는 의미로 흰빛을 신성하게 알아서 흰옷을 자랑 삼아 입다가 나중에는 온 민족의 풍속을 이루고 만 것입니다"(『조선상식문답』 제4장 풍속)라고 우리가 태양을 숭배하는 민족으로서 흰옷을 좋아했다고 주장하였다. 백색은 색으로서의 개념 이전에 종교적인 신념을 상징적으로 표현한 것이었다고 할 수 있다. 우리 민족이 흰옷을 선호하게 된 이유를 이와 같은 태양 숭배에서 찾는가 하면, "흰색에서 시작하여 흰색으로 끝난다"는 속담을 지닐 정도로 백색을 좋아하는 몽골족의 영향이라고도 한다. 민족 형성의 과정에 순백을 경모하는 풍습이 우리와 같은 몽골리안 계통으로부터 영향을 받았다고 하는 것은 자연스러운 발상이다. 중국인들이 가장 좋아하는 색깔이 적색이고 가장 싫어하는 색깔이 백색인 것과도 비교되며, 대부분의 일본인들이 태양을 빨갛다고 생각하는 것과도 차이가 있다.

순수를 지향하는 흰색 애호의 민족적 사고와 정서는 제의 같은 신앙적 차원뿐만 아니라 생활 속의 복식에서도 잘 드러남이 역사적으로 입증되고 있다. 서민들이 흰옷을 선호한 이유를 염료가 귀하여 유색 옷 사용이 힘들었기 때문이라고 하는 것은 근거 없는 말이다. 사실 흔히 떠올리는 깨끗한 흰색은 흰색 염료를 이용하여 얻은 것이다.

고려 및 조선에 걸쳐 국가가 권장하는 오행사상과 관련된 푸른 색깔의 옷도 배척하며 우리는 흰옷을 남달리 고집했다. 1894년 갑오개혁 때는 검은 옷을 입으라는 칙령이 반포되고 1897년 광무개혁 때는 아예 흰옷 입는 것을 금했으나 실효를 거두지 못했다. 선조 때의 이원익(1547~1634)은 재상이 되어서도 초가에서 곤궁하게 살았기에 인조가 흰 이불과 흰 요를 하사(「인조대왕행장」, 『인조실록』 권50)했다. 일제강점기 흰옷을 저항의 상징으로 간주했던 것도 흰옷이 지닌 순수성 때문일 것이다. 해방 후 미군 진주와 더불어 원색문화가 몰려오면서 백의문화가 결정적으로 무너졌다고는 하나 오늘날 '백의종군'이라는 말을 많이 쓰는 것을 보더라도 흰옷은 한민족이 즐기는 기본 복색임을 알 수 있다. 상장례 때에도 소복을 입거나 흰 상장을 두르는 등 우리의 백의문화는 지금까지도 생활 속에 계승되고 있다. 저고리나 두루마기 등의 더러움이 잘 타는 깃 가장자리에 꼭 맞게 나타나는 동정의 하얀 선은 한복에 한층 정갈하고 깔끔한 느낌을 가져다준다. 순수한 미의식에서 나온 한복의 흰색은 우리의 의복문화가 얼마나 자연친화적인가를 방증하는 셈이다. 백의에는 인위를 배제하고 자연과 융합하려는 우리 민족의 소박함과 단정함이 고스란히 담겨 있는 것이다. 다만 2019년 한국인이 가장 좋아하는 옷 색깔로 응답자의 22%가 '검은색'을 1위로 꼽았고 이어서 '흰색'은 15%로 2위가 되었다.

우리의 다듬이질 문화도 표백하여 입는 흰옷과 무관하지 않다. 한국인은 흰색 옷을 즐겨 입었기 때문에 빨래를 자주 해야 했고 추운 겨울에는 옷감이 바람을 막고 보온이 잘 되어야 했다. 옷을 빨아 풀을 먹인 후 다듬이질을 하면 풀이 묻은 표면이 매끈매끈해져 때가 덜 타고 세탁할 때도 풀과 함께 때가 떨어져 나가 천도 상하지 않으면서 한결 깨끗하게 빨 수 있다. 또한 섬유가 넓게 퍼지고 듬성듬성 풀이 묻어 바람을 막는 데도 도움이 된다. 다듬이질로 얻은 표면의 광택은 은근하고 산뜻한 직물의 결을 표현해준다.

한복이 지닌 형태는 자연의 이치에 기반을 두어 윗도리는 하늘의 표상이요 아랫도리는 땅의 상징이었다. 색을 정함에 있어서도 자연의 질서에 따라

상의는 양이기 때문에 정색(청, 적, 황, 흑, 백)을 써야 하고 하의는 음이어서 간색(녹, 홍, 옥, 보라)을 사용하였다.[30] 색상이 다채로워 담백한 색조의 한복에서 뚜렷한 장신구로 패용되었던 노리개의 매듭과 술의 색깔은 주로 홍, 청, 황의 삼색인데, 홍은 하늘을, 청은 땅을, 황은 인간을 상징하는 것으로서 자연의 섭리가 여기서 이루어진다는 뜻이 깃들어 있다. 우리는 봄가을에 잘 어울리는 색깔인 송화색 저고리와 짙은 쪽빛의 치마에 자주색 고름과 끝동을 달아 입는 편이었다. 물론 한반도에서 가장 먼저 쓰기 시작하고 보편적인 염료라는 쪽물은 엷게 들이면 옥색이 되고 짙게 들이면 남색이 되었다.

전통 한복은 백색과 옥색이 많아서 전체적으로 명도가 높은 것으로 보이나 이들을 뺀 색채들은 명도와 채도가 모두 낮다. 즉 한복의 색채는 고명도의 무채색과 저채도의 한색(寒色)이 압도적으로 많아서 발랄하거나 강렬하지는 않다. 유채색인 경우 자연에서 얻어지는 천연염료를 쓴 필연적인 결과라고 할 수가 있다.[31] 이처럼 색채와 염료에 이르기까지 우리는 자연에 동화하려는 경향이 강했음을 확인하게 된다. 이에 더해 전통 한복감에는 자연적인 문양을 넣어 직조하는 경향이 있었다. 옅은 구름이나 잔잔한 물결처럼 무늬가 두드러져 보이지 않아야 품위가 있는 것으로 생각했다.

복식의 발달은 계절이나 기후와 밀접한 관계를 갖는데, 한반도는 유라시아 대륙과 태평양의 영향을 동시에 받고 있으므로 계절풍 기후의 성격이 강하게 나타나며, 특히 우리나라는 사계절의 기온 차가 뚜렷하기 때문에 복식도 그에 따라 다양하게 발달했다. 무엇보다 각 계절의 변화를 옷감의 차이

30 라사라교육개발원, 『조상의 얼이 담긴 전통한복』, 라사라, 1993, 7쪽.
31 이경자, 앞의 책, 257쪽.

로 나타내는 것은 서양복과 아주 다른 표현방식인데, 우리는 자연의 순리에 따라 복식의 소재는 물론 바느질 기법 등을 달리하였다. 다시 말해 의복의 구조가 추위를 막고 더위를 견디기에 알맞도록 되어 있어 시기에 따라 적절히 갈아입을 수 있었다.

봄가을은 면직물인 무명이나 옥양목, 견직물인 자미사나 숙고사 등이 알맞았고, 여름에는 삼베나 모시는 물론 명주실로 성글게 짠 항라가 제격이었을 뿐만 아니라 곱솔로 바느질한 홑옷이나 겹옷의 솔기를 실같이 가늘게 깎아 바느질한 옷을 입었다. 게다가 여름에는 적삼 속에 왕골이나 대나무 등거리를 넣고, 바지 속에는 가랑이가 짧은 잠방이를 입어 더위를 이겨냈다. 베틀에서 짜낸 생명주는 빳빳하고 깔깔하여 늦봄과 초가을의 옷 짓기에도 적당하며 가을이 깊어지면 국사에 솜을 두거나 무명이나 옥양목으로 옷을 지어 입어도 좋았다. 겨울에는 주로 견직물인 모본단이나 뉴똥, 모피류 등의 따뜻한 옷감을 사용했다. 또한 겨울에는 무명이나 명주와 같은 천에 얇게 솜을 넣어 누비옷을 지어 입거나 안에 털을 댄 갖저고리, 갖배자, 갖마고자 등을 입었다.

저고리의 경우, 봄가을에는 겹저고리, 여름에는 홑저고리 혹은 저고리와 같으나 고름이 없고 단추로 여민 적삼, 겨울에는 솜저고리를 입었고, 아직 추운 초봄에는 덧저고리를, 좀 쌀쌀한 가을부터 초봄까지는 누비옷을 입기도 했다. 배자와 마고자는 멋을 위해서도 입지만 겨울철 보온을 위해 저고리 위에 덧입는 것이 주목적이었다. 소매 · 섶 · 고름이 없는 여자들의 배자도 여러 가지로, 봄가을에 입는 겹배자, 여름용의 깨끼배자, 겨울용의 털배자가 있었다. 마고자와 달리 배자에는 여미는 단추가 없다. 그리고 머리 · 귀 · 얼굴 · 팔뚝에도 방한 용구를 써서 추위를 막았다.

바지도 봄가을에는 겹바지와 누비바지를, 여름에는 베 또는 모시로 만든 홑바지(고의)나 잠방이를, 겨울에는 솜바지를 입었다. 평상복으로 입는 치마도 계절에 따라 홑치마는 주로 여름철에 입었고 겨울철에는 누비치마와 솜치마를 입었다. 치마를 열두 폭으로 마름질한 것도 하늘의 이치가 12달로 구현됨을 상징한 것이다. 치마 속에 입는 속바지도 여름에는 삼베나 모시로 지은 고쟁이라고 하는 홑바지를 입고 겨울에는 솜을 두어 누빈 누비바지나 솜바지를 입었다. 두루마기의 제작도 철에 따라 달랐으니 봄가을에는 무명이나 명주 또는 익히고 다듬은 모시로 홑단 두루마기를 지었고, 여름에는 삼베 또는 쟁친 생모시나 항라처럼 얇고 바람 잘 통하는 천으로 박이 두루마기를 지었으며, 이른봄이나 늦가을에는 무명이나 옥양목이나 명주로 겹두루마기를 지었고, 한겨울에는 솜을 둔 누비나 솜 두루마기를 지었다.

한편 사계절 사이에 간절기가 각각 존재하는데, 한복 역시 그 간절기를 포함해서 입을 수 있었다. 가령 홍두깨질을 해서 모시를 손질하면 모시의 섬유에 뚫려 있는 구멍이 막히면서 여름에서 가을로 넘어갈 때도 자연스레 입을 수 있다. 또 모시에 실크로 된 안을 받쳐 입으면 늦가을이나 초겨울까지도 입을 수가 있다.[32]

더위나 추위를 막기 위해 또는 옷소매가 흘러내리는 것을 방지하거나 치장하기 위해 팔뚝에 끼던 토시를 보더라도, 여름용은 등나무나 대나무로 만들거나 또는 모시나 항라 같은 직물로 홑토시를 만들었고, 봄가을용으로는 무명이나 명주로 만든 겹토시를 만들어 썼으며, 겨울에는 비단에 솜을 두어 누비거나 털을 부착하여 사용했다. 토시는 원래 남성들이 쓰다가 조선 후기

32 이영희, 앞의 책, 225쪽.

에 이르러 여성들도 끼게 되었다고 한다.

한복은 비교적 색채가 단순하고 선이 유연하기 때문에 악센트를 줄 수 있는 별도의 장신구가 요구된다. 한복에 매다는 모양이 섬세하고 화려한 노리개도 철에 따라 만드는 재료나 크기 등이 달랐다. 여인들이 옷고름에 차고 손으로 가지고 놀았다 하여 '노리개'란 이름을 가지게 되었다고 한다. 궁중에서는 5월 단오부터는 백옥이나 비취로 된 단작노리개를 찼고, 8월 추석이 되면 세 개짜리 삼작노리개를 찼다. 비취가 사람의 몸에서 더운 기운을 제거해준다고 여겨 각종 비취 장신구들은 주로 여름에 사용되었다. 『순화궁첩초(順和宮帖草)』에 따르면, 봄가을과 여름에는 구슬과 옥노리개를 차고, 겨울에는 옥이나 마노, 밀화로 만든 향노리개를 패용하였다. 대개 더울 때는 옥 종류를, 추워지면 금속 종류의 노리개를 사용하였다. 조선시대 여인들은 검소한 풍습 때문에 금제 장신구를 거의 사용하지 않았다. 부부간 사랑의 정표로 끼는 가락지의 경우 계절에 따라 재료를 달리 사용하기도 했다.

한편 한복과 유난히 잘 어울리는 하얀 버선코의 사뿐히 올라간 고운 선은 마치 한옥의 추녀가 지닌 가벼운 곡선과도 닮았다. 중국의 추녀 끝은 과장되게 감아올렸고 일본은 직선에 가까운 데 비해 우리의 추녀 끝부분이 살짝 들어 올려진 것은 자연미의 절정을 보여주기 때문이다. 모두가 한국인의 심성에서 솟아나는 아름다운 문화적 양상이라 볼 수 있다. 직선은 인간이 만든 선일 뿐 자연에는 없다고 하는 만큼 우리가 자랑하는 전통 한복 특유의 유연한 곡선미는 자연 친화의 성격을 말해준다고 할 수 있다. 저고리 소매의 아랫부분이 직선이던 것이 19세기 이후 둥근 곡선의 배래선으로 바뀌는 것도 예외가 아니다. 한복이 자아내는 소탈한 멋은 지나치게 정제되지 않고 인간적인 분수를 벗어나지 않기 때문에 지닐 수 있는 것이다. 치마의 모양을 보더라도 중국의 한푸(漢服) 치마가 주름이 많고 정형적이고 직선적인이었다면 한복의 치마는 둥그렇게 감싸는 형태일 뿐만 아니라 자유롭고 자연스럽다. 치마폭이 인위적으로 연출된 곡선이 아니라 항아리 모양으로 부드럽게 흘러내린다. 지구의 중력에 맡겨진 이 자연스러운 맵시와 아름다움이 한복의 고유한 특징이다.

전통 한복은 단순한 옷으로서의 역할을 넘어 시대를 초월하여 오랫동안 민족의 정체성과 문화적 자부심을 대변해왔다. 우리는 계절에 따라 옷감, 바느질, 제작 방식 등을 달리하면서 독특한 배색과 선의 처리로 한복에 다양한 변화를 주었다. 한국의 복식문화가 자연친화적이라는 점은 자연환경에 따르는 세시풍속을 통해서 구체적으로 입증될 수 있다. 자연현상의 추이에 따른 세시풍속, 특히 명절을 맞게 되면 우리는 설빔, 단오빔, 추석빔 등으로 의복을 갖춰 입었다.

한 해가 시작되는 설날이 되면 경건한 마음을 갖고 설빔으로 단정하게 잘 차려입는다. 남자아이들은 바지저고리 위에 조끼 또는 까치두루마기를 입고 그 위에 전복을 입고 복건까지 쓴다. 까치두루마기는 까치설날이라고도 부르는 섣달그믐날에 작은 집 아이들이 갓 지은 때때옷으로 단장한 뒤 묵은 세배를 드리고 새해를 맞으러 부모와 함께 큰집에 갈 때 입었던 옷이다. 어머니는 이 옷을 지으면서 아이들의 건강을 기원하며 잡귀를 멀리 쫓는다는 박쥐단추를 꼭꼭 박아 심었을 것이다. 까치두루마기는 오늘날엔 돌옷으로 많이 이용되고 있다. 여자아이들은 치마와 색동저고리 위에 앞에서 긴 끈으로 매는 배자를 입고 두루마기를 덧입는다. 여자아이들은 머리에 조바위를 썼는데 이마 위와 양옆에 '수(壽)' 자나 '복(福)' 자 같은 글자의 장식을 붙였다. 성인 남자들의 경우 바지저고리 위에 조끼를 입고 그 위에 마고자를 입으며 다시 두루마기를 입는다. 물론 조끼는 서양의 복식에서 유래한 것이고, 마고자는 흥선대원군 이하응(1821~1898)이 청나라의 유폐에서 풀려나 입고 돌아오면서 퍼진 것이라고도 하지만 그 이전에 말을 탈 때 입는 마괘(馬褂) 즉 마상의(馬上衣)가 있었으며 이는 복식의 품위를 높이는 역할을 했다. 성인 여자들의 경우, 무명베에 짙은 남색의 쪽염을 들이고 정성스럽게 다듬이질한 반물치마를 해 입는 것이 설날 옷치레의 한 특징이었다. 선량하고 온유한 백성들은 신성한 새해를 맞아 싱그럽고 영롱한 자연의 기운을 담아내고자 하는 경건하고 진지한 염원으로 아름다운 옷을 새로 장만하였다.

우리의 가장 큰 명절인 추석날이면 남아들은 바지저고리에 조끼와 마고자를 입고, 여아들은 색동저고리에 치마를 입었다. 추석빔으로 적당한 옷감은 위에는 명주실로 얇게 짠 갑사, 아래로는 숙고사가 제격이었다. 추석놀이의 절정을 이루는 '강강술래'에서 곱게 차려입은 여성들이 둥그렇게 원무를 추는 동작은 장관이었는데, 달빛 아래 흥겹게 뛰노는 모습은 풍성한 가을밤을 더욱 생기 있게 만들어주었다. 추석의 유래를 설명할 때, "7월 16일부터 매일 아침 일찍 큰 부의 뜰에 모여 밤 10시 무렵까지 베를 짜게 했고 8월 15일이 되면 그동안의 성적을 가려서 진 편에서는 술과 음식을 장만하여 이긴 편에게 사례했다"(『삼국사기』 신라본기)고 하는 바와 같이 추석날에 성대히 베짜기 대회를 열었다. 자연의 변화와 추이에 따른 우리의 명절과 세시풍속이 입을 것을 해결하기 위한 길쌈과 얼마나 긴밀한가를 느낄 수 있게 하며, 농경사회의 일원이었던 우리 민족에게는 길쌈이 생활의 큰 자산이었음을 확인하게 되는 대목이다. 신라에서는 추석에 활쏘기 대회를 열어 베를 상으로 주기도(『수서』 신라전) 했다. 추석의 복식이 자연의 풍요로움을 환기시키기에 충분하다. 길쌈은 농촌의 부녀자들이 전담했으며, 이들의 수입은 농사짓는 남자들 수입의 몇 배에 이르렀다. 베 · 모시 · 명주 · 무명 등의 피륙 가운데 베가 가장 오래되고 널리 이용되었다. 나머지 세 가지도 '베' 자를 붙여 모시베 · 명주베 · 무명베라고 하는 것도 이 때문이다. 베의 뒤를 이어 명주와 모시가 나오고 무명은 훨씬 뒤에 나타났다.[33] 특히 베나 모시는 우리나라 풍토에서 재배하기 적당하여 면화가 들어오기 전인 고려 말까지 비단을 입을 수 없었던 서민층이 많이 이용해왔다. 소탐대실의 의미로 "모시 고르려다 베 고른다"라는 속담을 쓰기도 했다.

5월 5일 단오는 자연 만물의 기운이 1년 중 가장 왕성하다 하여 상일(上日)이란 뜻에서 '수리날'이라고도 불렀고, 설 · 추석과 함께 3대 명절로 정해진 적도 있다. 무더운 여름을 맞기 전 신록이 우거지고 생명이 약동하는 단옷날에 착용하는 단오빔은 여름옷의 출발임을 나타내는 의미도 있다. "오월에 처녀가 창포를 삶아 머리 감으면 머리가 잘 자란다"[34]고 했듯이 단옷날에 창포물에 머리를 감고 창포 뿌리를 머리에 꽂는 풍습은 더위가 시작되기 전 질병을 막고자 하는 민간 의료적 소산이다. 창포 뿌리를 깎아 비녀를 만들어 '수(壽)' 자나 '복(福)' 자를 새기고 끝에 연지를 발라 머리에 꽂아 재액을 물리치는 것을 단오장(粧)이라 했다. 조선의 풍속화가 신윤복(1758~1814)은 〈단오풍정〉을 통해 생동감이 넘치는 단옷날 개울가의 모습을 낭만적으로 묘사하였다. 네 명의 여인네가 저고리를 벗어던지고 가슴을 훤히 드러낸 채 맑은 계곡물에 나와 앉아 몸을 씻고 있는 모습을 보인 것은 아주 예외적인 일이다. 나무에 걸린 그네에는 또 다른 여인이 한 발을 올려놓았으며 그 옆

33 이화형, 『민중의 현실, 생활과 의례』, 358쪽.
34 최래옥, 『한국 민간 속신어 사전』, 집문당, 1995, 232쪽.

에서 머리를 매만지는 여인들은 막 창포물에 머리를 감은 모양이다.[35] 조선 시대 여인들도 화장하는 습속이 있었는데 팥을 맷돌에 갈아 체로 쳐서 세수할 때 쓰던 비누를 비롯한 화장품은 자연 식물에서 채취하였다. 평소에 외출이 자유롭지 못했던 여성들이 1년에 한번 야외에 나가서 즐기는 것이 허용된 단옷날 대자연 속에서 곱게 차려입고 그네를 뛰는 모습은 그야말로 한 폭의 그림같이 아름다웠다.

생명에 대한 경외

한국문화에는 자연친화적인 면과 함께 생명에 대한 통찰과 철학이 바탕을 이루고 있다. 농업 관련 저서인『산림경제』를 보면 경제적 이익의 창출을 위해서라도 자연의 이치에 어그러짐이 없어야 함을 알 수 있다. 다시 "누에고치에서 실을 켜기 위해 끓는 물에 누에고치를 집어넣었을 때 고치가 뱅그르르 도는 것은 번데기가 살고자 하는 것이므로 재산을 늘리기 위해 그러한 일을 하는 것은 인자의 도리가 아니니 늙은이의 옷이나 수의로 쓸 만큼만 누에를 치라고 하였다"(『증보산림경제』 권5 양잠). 인간의 복식 생활의 충족을 위해 살아 있는 자연의 생명체를 죽이는 야만성을 경계하는 내용이다. 우리 인간만의 생활을 위해 자연과 생물을 이용해서는 안 된다. 살아 있는 생명은 모두를 위해 중요한 것이다. 자연 본래의 생명성을 보호하고 회복해야 할 인간의 당위성을 촉구하고 있다. 우리가 타 존재의 생명을 희생시켜서라

35 이화형,『민중의 현실, 생활과 의례』, 360쪽.

도 살고자 한다면 삶의 진정한 목적에 부합하기 힘들다. 의식주 같은 삶의 요건은 모든 인간의 기본권으로 보호받아 마땅함에도 불구하고 생명을 지닌 존재의 존엄성을 넘어설 수 있는 가치는 없음을 일깨우고 있다.

한편 생명의 기원과 함께 생명 탄생을 바라보는 관점은 여러 가지일 수 있으나 과학을 중시하는 오늘날에도 신화는 우리의 삶의 기반을 이루고 있다고 볼 때 그리스 로마 신화에서 주장하는, 자연발생적으로 카오스 속에서 모든 것이 생겨났다고 하는 논리도 설득력을 갖는다. 생명 존중과 관련하여 우리는 오랫동안 음양의 결합과 그에 따른 생산을 순리이자 가치로 여겨왔다. 조선의 명의 허준(1539~1615)이 "사람 사는 길이 자식을 낳는 데서 비롯한다"(『동의보감』, 잡병편 권10, 부인)고까지 말한 것처럼 남녀가 결혼하여 자식을 출산하는 게 자연의 질서와 일치된다고 볼 수 있다. 다시 말해 생명 탄생이나 존중은 '인간과 자연'의 융합 관계와 밀접하지 않을 수 없다. 온전한 삶을 위해 자연과 소통하고 있는 인간은 생명의 의미를 깊이 생각해야 한다. 그리고 이러한 생명 존중은 우리의 복식과도 무관하지 않다.

출산이 중요한 만큼 임신 가능 여부가 큰 관심거리였던 유목문화의 전통 속에서 허리가 날씬하고 엉덩이가 작으면 소외되었는데, 이는 건강한 자식을 기대하는 자연과학적 관점의 소산이다. 아이 갖기를 원하는 사람이 신이나 자연에 의탁하여 효험을 보는 치성 기자의 전설은 무수히 많다. 전통사회에서는 생명의 잉태와 탄생을 위한 복식과 관련된 주술적 행위도 많았다. 즉 임신을 위해 자식을 많이 낳은 여자의 피 묻은 속옷이나 개짐을 지니는 게 효력이 있다 하여 훔쳐다 입기도 했다. 개짐이란 조선시대 여성들이 쓰던 생리대로서, 주로 광목천에 끈을 달아 몸에 고정시키는 방법으로 착용했다. 또한 아들을 많이 낳은 남자 상여의 공포를 차지하기 위해 여자들끼리

싸우기도 했다. 심지어 여인들의 피 묻은 개짐을 잡귀를 쫓고 마을 지키는 부적으로도 여겨 가뭄이나 홍수 또는 역병이 돌 때 개짐을 장대에 걸어 높이 세우거나 흔들며 돌아다니기도 했다.

출산은 엄중하고 고통이 따랐다. 출산의 고통을 나누기 위해 남편이 허리띠를 산모의 허리에 둘러주거나 남편의 신을 산모의 머리맡에 놓아두기도 했다. 신라의 고승 원효(617~686) 대사의 어머니도 남편의 옷을 밤나무에 걸어놓고 그 아래서 순산했다(『삼국유사』 권4, 원효불기)고 한다. 출산을 위해 임산부가 준비해야 할 대표적인 것이 피옷이다. 산모가 출산할 때 입는 옷을 피옷이라 하는데 이는 출산 시 피가 묻기 때문에 붙은 이름이라 할 수 있다. 출산 시 아기가 나오고 태반이 나올 때 피도 같이 나오는데 이때 산모가 입은 옷에는 피가 묻는다. 그래서 피옷으로는 검은 치마나 쪽물 들인 옷을 많이 입었다. 피옷은 임산부를 위한 출산 준비물이기도 하지만 아들을 낳기 원하는 여성들이 아들을 출산한 여성에게 빌려 입는 것이기도 하였다.[36] 임산부는 출산을 위해 입었던 피옷을 산후 3일째 되는 날 벗고 다른 옷으로 갈아입는다.

아기도 출생 후 3일부터 21일 동안 매일 씻기고 깨끗한 옷을 입힌다고 하는데 주로 백일까지 그렇게 하였다. 아이가 태어나서 처음 입는 배냇저고리는 남녀 구분 없이 두세 벌을 만들어 세이레 동안 입히지만 주로 백일까지 간다. 배냇저고리는 솔기를 부드럽게 하기 위해 재봉틀도 사용하지 않고 손바느질로 만들며 빌려다 입히기도 한다. 아기 피부에 자극을 주지 않도록 옷감은 부드러운 융이나 소색 무명 혹은 명주를 사용하며, 모양은 한복 저

36 홍기옥, 「경상도 지역의 임신 · 출산 관련 어휘 연구 2」, 『한민족어문학』 78집, 한민족어문학회, 2017, 157쪽.

고리와 같은 형태지만, 깃을 달지 않고 신생아의 몸 전체를 감쌀 수 있게 만든다. 손톱으로 얼굴을 할퀴지 못하게 소매를 길게 하며 깃이나 섶은 달지 않고 약식으로 만든다. 수명이 길기를 바라는 마음으로 단추를 달지 않고 옷고름을 7겹의 무명실로 길게 달았다. 물론 고름을 실로 다는 것에는 아이가 눕거나 업힐 때 몸이 배기지 않게 하려는 지혜가 담기기도 한다.[37] "애기 배냇저고리를 넣어가면 시험을 잘 본다"[38]고 하는 속신에 따라 시험 보러 갈 때는 물론 전쟁터에 나갈 때나 심지어 놀음판에 갈 때까지 갖고 갈 만큼 배내옷은 생명과 사랑의 상징으로 귀하게 여겼던 의복이다. 배내옷을 소중히 여기는 마음은 지금도 여전하여 부모들이 잘 보관해두었다가 아이가 성인이 되었을 때 사랑에 대한 상징으로 전해주기도 한다. 아기가 자연인으로 태어나서 처음 옷을 입으면서 문화인이 되는 충격적인 시점은 배내옷이 갖는 의의를 더욱 증폭시킨다. 인간은 의복을 착용함으로써 생명을 보호할 수 있으며, 의복은 인체와 일체가 되어 공간을 이동한다고 할 수 있다.

갓난아이의 보온이나 보호를 위하여 입히는 두렁치마가 있는데, 이는 성별 구분 없이 어린아이의 배와 아랫도리를 둘러주는 치마같이 만든 옷으로 생후 2주부터(『조선상식』) 4~5세까지 입힌다. 뒤가 겹치지 않게 만든 두렁치마는 주로 누워서 생활하는 아기들에게 이불과 같은 역할을 했으며, 걸음마를 시작한 아기가 배변을 편하게 보도록 만든 매우 기능성이 뛰어난 옷이었다.

근대 이전에는 영아 사망률이 높았기 때문에 신생아에 대해 신경을 많이

37 이화형, 「한국 전통 산육의례 속의 생명 중시 의식 고찰」, 『동아시아고대학』 33집, 동아시아고대학회, 2014, 450쪽.

38 최래옥, 앞의 책, 197쪽.

써야 했다. 특히 "어린애가 난 지 100일 안에 손을 내어놓으면 커서 도둑질을 한다"[39]고도 말하며 백일까지 신생아 관리에 조심했다. 신생아의 머리카락은 백일이 지난 다음에야 깎아준다는 것도 아이의 행복과 장수를 비는 육아에 관한 금기 풍속이다. '배냇머리 깎는다'고 하여 뱃속에서부터 가지고 나온 머리를 출생 후 처음으로 자르는 것이다. 아기가 무사히 자란 것을 축하해주며 건강하게 오래 살기를 기원해주는 백일이 되면 이전까지 입었던 배냇저고리를 벗기고 성별에 관계없이 흰색으로 깨끗하게 백일옷을 지어 입히지만, 백일 때 비로소 위아래가 분리되고 색이 들어간 옷을 입는다.

백일잔치 때는 백수를 누리라는 뜻으로 흰 명주로 된 바지 저고리를 입혔다. 백일에 행하는 아이의 장수를 위한 의례가 많은 가운데 백색 옷감으로 백 줄을 박아 만든 누비옷을 입히면 백 살까지 산다고 하였다. 아이의 수명을 이을 수 있다 하여 백 집에서 얻은 백 조각의 헝겊을 손으로 조각조각 기워서 입히기도 했다. 옷이나 음식 등 한국문화가 지닌 가치와 수준은 흔히 이 '손'에 의한 정성으로 대변됨을 새삼 느끼게 된다. 우리의 속담 "석새 베에 열새 바느질"이란 말도 허드레옷을 짓더라도 바느질은 정성을 들여야 한다는 뜻에서 나온 의미 있는 표현이다. 장수한 어른이 입던 옷을 잘라 백일 옷을 지으면 그 아기 또한 무병장수한다는 믿음이 있어서 손이 귀한 집에서는 집안 어른들의 헌 옷 조각을 모아 저고리를 짓기도 했다.

유아사망률이 높던 과거에 첫돌을 넘기고 나면 생존율이 높아지기 때문에 돌날에는 가족들이 아이를 축하하는 잔치를 벌여주었다. "돌잡이가 떡을 돌린다"는 말이 있을 정도로 아기의 발육은 현저하게 달라지는데, 돌 전에

39 위의 책, 221쪽.

는 주로 흰옷을 입히지만 돌 때는 색깔 있는 옷으로 마련한다. 비로소 고운 한복의 자태와 함께 우아한 아름다움을 유발하는 돌복은 건강한 생명력을 느끼게 해준다.

돌날에 남자아이들은 옥색이나 분홍색 저고리를 입는가 하면 특별히 남아 여아 공히 색동저고리(까치저고리)를 입었다. 우주의 본원인 음양오행에 의거하여 액과 화를 쫓아내고 덕과 복을 갖춘 사람으로 자라나길 바라는 부모의 소원에 따라 오방색의 색동으로 옷을 만들어 입히는 것이다. 즉 색동저고리는 무병장수를 빌기 위해 오방색의 청색 · 적색 · 황색이 사용되고, 오방색에서 백색과 흑색은 음으로 인식되어 일찍부터 금지되는 대신 분홍과 초록이 사용되기도 하였다. 이는 상생을 위한 음양오행 사상에 민간신앙이 더해졌음을 의미한다. 전통적으로 오방 정색이나 오방 간색을 홀수로 배색하여 사용하는 색동저고리는 '때때옷'이라고도 불려 설빔을 비롯한 명절의 대표적인 옷이 되기도 했다. 개화기 이후에 남자아이들은 저고리 위에 남색 조끼와 연두색 길(몸판)에 색동 소매를 단 마고자를 덧입히기도 했다. 길과 소매의 색을 달리한 동달이, 자수저고리 등을 입히기도 했는데, 동달이는 직령 깃에 양옆과 뒤가 트인 활동적인 구성으로 어린이 저고리나 두루마기뿐만 아니라 군복 용도로도 쓰였다.

아랫도리로는 5세 때까지 남아와 여아 모두에게 연보라색 '풍차바지'를 입혔다. 풍차바지는 대소변을 못 가리는 어린아이들이 입기 편하도록 바짓가랑이가 터진 옷으로 겨울철 방한용이어서 누비바지나 솜바지로 만들어 입혔다. 구멍을 길게 뚫어놓은 곳에 바람이 들어오는 것을 막기 위하여 헝겊 조각을 달아놓았는데, 바람 막는 천을 '바람(풍)을 막는다(차)'는 뜻으로서 풍차라 부른 것이다. 뒤가 터져 있어 기저귀를 갈아 채우거나 스스로 용변을 보기에 편하도록 되어 있는 풍차바지야말로 용변을 보기 힘든 어린아이들을 배려하고 아이들이 자연스럽게 대소변을 가리게 해주는 옷으로 생명을 존중하는 예지가 돋보인다. 요즘 출생률이 떨어지는 세태를 우려하는 마음속에서 어머니들이 한 땀 한 땀 자신의 아이를 위해 정성 들여 만든 옷을 보는 듯하여 흐뭇하다. 여자아이들에게는 분홍색 풍차바지에 노랑색 속치마를 입힌 다음 다홍치마를 입히고 색동 소매를 단 노랑색이나 연두색 길의 저고리를 입혔다.

또한 풍차바지와 거의 유사한 것으로는 '개구멍바지'가 있는데, 이는 바지의 밑부분만 튼 것으로, 기저귀를 떼었지만 아직 용변을 혼자 보기 어려운 어린아이들에게 입혔다. 개구멍바지는 성인 여자들이 치마 밑에 입었던 바지나 고쟁이와 형태가 비슷하다. 소변을 보기 편하도록 앞 중심선 양쪽 가랑이에 걸쳐 초승달 모양으로 터져 있으며 흘러내리지 않도록 조끼허리를 달아 입힌 것이 많다. '누렁치'라고 하여 상하의가 구분되어 있지 않고 밑이 트여 변을 편히 볼 수 있게 만든 옷도 있다. 모양은 남녀의 구분이 없으나 색깔에 있어서는 남자는 남색, 여자는 분홍색을 입힌다.

배냇저고리, 두렁치마, 풍차바지, 누렁치 등 유아의 복식은 외형적 디자인보다 아이의 위생과 성장을 고려하여 흰색의 옷감을 사용하고 복식의 구조를 성인복과 다르게 했다.

돌 때나 명절, 특히 까치설날이 되면 아이들에게는 보통 두루마기와 달리 다섯 가지 색으로 만들어진 '까치두루마기', 일명 오방장두루마기를 입혔다. 까치설날은 설 하루 전날인 섣달그믐날에 좋은 소식을 전해준다는 까치의 이름을 붙여 설날을 손꼽아 기다리는 아이들에게 기쁨을 누리게 하려는 어른들의 배려로 생긴 것이다. 남색, 연두색, 자주색 등으로 된 까치두루마기의 고름을 길게 달아서 뒤로 한 번 돌려 매어 입히고 그 위에 전복(쾌자)을 입히기도 하였다. 등솔이 길게 트이고 소매가 없는 전복에는 금박으로 문양을 넣거나 씩씩하게 자라길 바라는 마음을 담아 글자로 덕담을 찍어주기도 했다. 머리에는 단아한 유학자의 모습을 상징하는 검정색 복건을 씌워주기도 하며, 발에는 수를 놓고 솜을 두어 누빈 타래버선을 신긴 다음 태사혜를 신긴다. 타래버선은 많이 걷지 않는 1~3세까지의 어린이에게 호사로 신기는 버선이다. 버선의 양 볼에는 장수와 행운을 의미하는 꽃문양을 예쁘게 수를 놓고 앞 코에는 술을 달았다. 나이 든 부모에 대한 우리 민족의 공경은 더할 나위 없었는데, 회갑을 맞은 부모를 기쁘게 해드리기 위해 자녀들은 돌 때처럼 오방장두루마기를 입기까지 했다.

여자아이들이 앞머리를 정리하려고 착용하던 '배씨댕기'는 아이가 태어나 처음 사용하는 장신구로서 병마나 액운을 막는 의미가 있었다. 여아들의 뒷머리에는 금박 물린 다홍색의 도투락댕기나 말뚝댕기를 드리우고 굴레나 복건, 또는 조바위를 씌워주었다. 특히 조선 후기 상류층 가정에서는 돌을 맞이하는 아이에게 돌 모자라는 굴레를 씌워주었는데, 굴레의 가운데 부분에는 수복강녕, 부귀다남 등의 생명 존엄 의식을 표현하는 문양을 수놓거나 금박으로 장식을 하였다. 그리고 길상(吉祥) 무늬가 들어간 아기 노리개를 달아주기도 했고 포근한 느낌의 타래버선과 '꽃신', '비단신'으로도 불리는 화려한 운혜를 신겼다. 태사혜나 운혜 등의 마른신 한 켤레를 만드는 데는 일흔두 번의 손이 갈 정도로 정성이 많이 들어갔다[40]고 한다. 색동저고리나 두루마기는 남녀 아이 공히 건강과 행복을 기원하며 명절 때도 많이 입는다.

40 이경자 · 홍나영 · 장숙환, 『우리 옷과 장신구』, 열화당, 2003, 180쪽.

또한 돌을 맞는 남녀 아이들 모두에게 가슴에는 돌띠를 매어주고 허리에는 돌주머니를 채워주었다. 붉은 바탕에 십장생 도안을 수놓은 돌띠는 장수를 기원하는 뜻에서 한 바퀴 돌려 맬 수 있도록 길게 만들며, 남아는 남색 돌띠를, 여아는 자주색 돌띠를 둘러주기도 하나 통상 벽사의 의미를 가진 붉은색 옷감으로 만든다. 복을 받으라는 뜻으로 달아주는 돌주머니는 앞면에 모란 · 국화, 뒷면에 수(壽) · 복(福) 자를 수놓는다. 이렇듯 화려한 옷을 해 입히는 돌복, 즉 '돌빔'에는 무엇보다 아기의 장수를 비는 뜻에서 단추를 달지 않고 끈을 매준다. 이때 친척들이 돌맞이 아이에게 새 옷을 선물하며 건강과 행복을 빌어준다. "첫돌 때 목에 실을 감아주면 장수한다"[41]고도 했다.

아이가 만 3세에 이르면 영아에서 유아로 성장하는 시점이 되어 이 시기에는 자조 능력이 증진되어 스스로 옷을 입고 벗을 수 있게 된다. 하지만 아직 위와 아래, 앞과 뒤, 왼쪽과 오른쪽을 구별하기가 어려우며 옷을 바르게 입는 법도 서투른 편이다. 그러나 이때가 되면 옷에 남녀의 구별이 생기기 시작하는데, 여자아이에게는 치마와 저고리를 입히고 남자아이에게는 저고리와 바지를 입힌다.[42]

성인 여성들이 머리를 장식하기 위해 붉은 댕기를 매단 것도 잡귀의 접근을 막기 위한 생명 경외의 의도가 담겨 있다. 양기를 상징하며 모든 것을 태워 없애는 불을 표상하는 빨간색은 음기인 귀신이 무서워하는 색깔이다. 신부가 입는 연두저고리 다홍치마, 즉 녹의홍상은 오행의 상생과 깊이 관계된다. 목생화(木生火)의 원리에 따라 녹색의 목(木)과 붉은색의 화(火)가 상생하

41 최래옥, 앞의 책, 283쪽.

42 이화형, 『민중의 현실, 생활과 의례』, 425쪽.

며 장수하고 부귀하기를 기원하는 뜻이 담기는 것이다. 외국과 달리 신부가 음양오행에 근거한 홍색의 활옷을 입고 얼굴에 연지곤지를 찍는 것도 삿된 귀신이나 재앙을 물리치기 위한 생명 중시의 발상에서 나온 것이다. 물론 활옷에 있는 십장생을 비롯하여 모란과 연꽃의 문양도 생명 존엄에 대한 사고를 표출한 것이다.

활옷이나 원삼에 있는 주렁주렁 달린 포도 문양은 풍요와 생산과 성장을 상징하였다. 여성들이 쪽찐 머리를 한 후 이를 장식하기 위해 쪽에 꽂은 뒤꽂이에 즐겨 사용한 연꽃 문양은 영원한 생명의 세계를 상징하는 문양이었다. 조선시대 여인들이 옷을 해 입는 천연섬유에 가장 흔히 새겨진 복숭아 무늬는 장수를 비는 마음을 담고 있고, 석류 무늬는 사내아이를 낳고 싶은 의도를 표현했으며, 생명을 존엄시하는 정신에서 '목숨 수(壽)' 자도 천에 즐겨 넣었다.

한편 몸치레를 위해 허리띠나 옷고름에 차고 다니는 노리개엔 부귀다남 · 불로장생에 대한 소망이 실려 있으며 향갑, 향낭, 침낭, 장도와 같이 실용적인 면에서 찬 것도 있다. 향갑이나 향낭에 들어 있는 사향은 급할 때 구급약으로 사용했다. 장도는 몽골의 영향을 받아 고려 후기부터 남녀가 실용적인 목적으로 지니고 다니던 것이었으나 조선시대에 들어와 여인들의 장식물이나 호신용 도구로 쓰이게 되었는데 특히 은장도는 여성들이 생명처럼 소중히 여긴 정조를 지키기 위해 착용했던 호신용 노리개로 유명하며 음식 속의 독의 유무를 알아보는 데 사용되기도 했다. 혼례 때는 노란색 두루주머니에 자주색 끈목을 꿴 후에 씨 박힌 목화 한 송이와 팥 아홉 알을 넣었는데, 아들 아홉에 딸 하나를 두라는 뜻으로 신랑에게 차게 했으며, 주머니 끈에는 다남을 기원하는 뜻의 연밥이나 괴불 등을 만들어 장식으로 달았다.[43] 서민층의 부녀자들은 금 은 옥 등의 좋은 재료가 아닌 비단 헝겊 조각을 이용하여 정성껏 수놓아 만든 괴불을 찼던 것이다.

인간은 종종 압도적이고 불가해한 자연에 접하거나 또는 출생이나 죽음과 같은 생명 앞에서 두려움과 경외감을 느낀다. 시신에 입히는 수의의 생명과 관련된 상징성이나 금기사항은 예사로울 수 없다. 수의에는 인간의 죽음을 현세에 한정된 종말로 보지 않고 내세로 가서 새로운 삶, 즉 영생이 시작되기를 기원하는 뜻이 담겨 있다. 심지어 수의를 혼례복으로 빌려 입는 것은 결혼하는 자의 생명이 내세에까지 이어진다고 믿는 상징적 의미로 볼 수 있다. 제주시 새마을부녀회는 2023년 10월 '사랑의 수의' 전달식을 개최했는데 지금까지 30년 동안 어르신 총 743명에게 수의가 전달됐다고 밝히면서 장례 관련 시대상의 변화, 재원 부족 등으로 이번 행사를 마지막으로 전달식을 종료할 예정이었으나 부녀회는 노인 공경 · 생명 존중 인식 등이 약화되는 현실에서 '사랑의 수의' 전달 행사는 여전히 가치가 있다는 판단으로 종료를 유보하고 있다고 하였다.

43 이경자 · 홍나영 · 장숙환, 앞의 책, 152쪽.

3

실용과 심미

이분법적 사고로서 선택을 강요하는 효율성 중시의 정신문화가 서구형 모델이라면 균형적 사고로서 전체를 아우르고자 하는 융합적 정신문화가 동양형 모델이자 특히 한국적 모델이라고 할 수 있다. 다시 말해 서양의 개체를 존중하는 이원론적인 논리와 달리 한국을 비롯한 동양의 음양 원리는 하나이면서 둘인 상보적인 관계를 크게 인정한다. 이러한 관점은 우리의 한복에도 그대로 적용된다. 앞서 말했듯이 한국은 입는 데, 중국은 먹는 데, 일본은 집 사는 데 돈을 다 쓴다는 속설도 있을 만큼 우리는 의식주 가운데서도 옷을 중시하는 민족이다. 다만 지금까지 살펴본 '인간과 인간', '인간과 자연'은 복식이 제공하는 상징적 또는 정신적 의미의 파악이었다면 이제 살펴볼 '사물과 사물'은 인간에게 미치는 복식의 직접적인 의미인 물적 가치의 파악이라 할 수 있다. 사치스럽지도 않고 궁색하지도 않은 한복은 기능성과 표현성, 전체와 부분 등에서 융합과 조화의 원리를 잘 구현하고 있다.

모시로 만든 옷은 통풍이 잘 되고 촉감이 깔깔해서 더운 여름에도 청량감을 느낄 수 있을 뿐만 아니라 결에 따라 아른거리며 빨수록 윤이 나고 색이 희어져 단아한 멋을 더하게 된다. 깃도 동정도 없는 마고자에는 옷고름 대신 호박이나 금파 등 한두 개의 단추를 달아 실용과 멋을 겸하였으며, 추위와 더위를 막거나 소매가 흘러내리지 않도록 손목에 끼는 토시도 실용성을 넘어 색상과 모피로 장식적인 기능을 뽐냈다. 저고리나 두루마기의 깃 가장자리에 대는 하얀 동정에서도 실용성과 심미성이 돋보이는데, 목 주변에 동정만 새것으로 갈아 달면 깨끗한 느낌을 줄 뿐만 아니라 한층 정갈한 아름다움을 가져다준다. 원래 물건을 정교하게 묶는 수단으로 쓰이던 매듭이 노리개, 주머니, 댕기 등을 꾸미는 데 사용됨으로써 실용성과 장식성을 돋보이게 하였다. 솜을 넣는 버선에도 활동적 측면에 더하여 한국인의 미의식이 깃들어 있다. 여인들이 옷에 지니던 장도는 다양한 재료와 섬세한 무늬의 장식용 노리개이기도 하지만 유사시에는 정절을 지키는 도구가 되며 음식 속의 독의 유무를 알아보는 데도 쓰였다.

편리하고 안전한 차림새

우리의 의생활은 일찍이 신석기시대부터 꾸준히 발달해왔다. 5세기 중엽에 축조된 것으로 추정되는 고구려 대안리 1호 무덤에서 나온 〈베 짜는 여인〉 그림 등은 당시의 발달된 직조기술의 일면을 잘 보여준다. 백제도 고이왕(재위 234~286) 때 서소 같은 직공을 일본에 보내 길쌈 방식을 가르칠[44] 정도로 방직기술이 뛰어났다. 신라에서는 한가위 행사로 베짜기 대회를 열 만큼 직조가 중시되고 발달하였다.

44 오노 야스마로(大安萬呂), 『고사기(古事記)』, 강용자 역, 지식을만드는지식, 2014.

의복의 기본적인 소재 가운데 삼베 즉 마포는 땀을 빨리 흡수하고 건조가 빠르며 통풍이 잘 되고 질기며 물에 강해서 세탁할 때 손상이 적은 장점 때문에 우리나라에서는 일찍부터 널리 쓰였다.[45] 이 땅에서 생산되는 대마(삼베의 원료)는 다른 나라에서 자라는 대마에 비해 섬유를 만드는 인피 부분이 매우 가늘게 쪼개지는 성질이 있어 한국의 삼베는 그 품질이 대단히 뛰어나다. 촘촘하게 짠 베는 여름용 고급 옷감으로 쓰이고 거칠게 짠 베는 서민들의 여름 옷감으로 사랑을 받았다. 상례를 치를 때도 굵게 짠 삼베 옷을 입었다. 최고의 옷감으로 손꼽히는 안동포는 올이 곱고 빛깔이 아름다워 조선시대에는 궁중에 진상되기도 했다.

"모시 고르다 베 고른다"는 말이 있을 만큼 모시는 고급스러운 옷감이다. 한국에서 생산되는 모시풀은 다른 나라에 비하여 훨씬 품질이 우수한 데다가 모시를 짜는 여인들의 솜씨가 출중하였다. 모시 짜기 전 과정에서 가장 중요한 '모시째기' 기술은 오랜 숙련이 필요하며 가늘게 쪼개는 정도에 따라 모시의 품질이 달라진다. 삼국시대부터 있었던 모시는 조선시대 시장을 대표하던 육의전에서도 팔 만큼 널리 이용되었다. 한여름 한복으로는 모시로 지은 옷만 한 것이 없으며, 한산의 세모시는 잠자리 날개처럼 가볍고 섬세하여 질 좋기로 지금도 전국에서 제일이다. 2011년에 '한산모시짜기'는 직조기술의 역사성과 정체성을 인정받아 유네스코 인류 무형 문화유산에 등재되었다.

우리나라는 기후 풍토가 양잠에 적합해 상고시대로부터 오늘날까지 뽕나무를 심고 누에를 치며, 고치실을 켜서 비단을 짜는 일이 발달하였다. 일찍

45 이화형, 「융합으로 본 한국복식의 인본사상」, 45쪽.

이 신라의 진덕여왕(재위 647~654)은 당나라 고종(재위 628~683)에게 비단에 다「태평송」이라는 시를 수놓아 보낼 정도로 우리의 비단은 품질이 우수하여 주요한 수출 품목에 들었다. 우아한 광택과 풍부한 촉감을 지닌 명주는 부드럽고 따뜻하여 겨울은 물론 봄가을 한복감으로 적당하다. 비단옷이 건강에 좋다는 것은 널리 알려져 있는데, 비단실 그 자체가 피부에 좋기도 하지만 비단은 피부 노화의 원인인 자외선을 막아주는 효과가 크다.

무명은 목화에서 추출한 천연섬유로 통기성이 좋고 편안한 착용감을 준다. 염색을 하지 않아도 될 정도로 자연스러운 색상이 유지되는 편이며 내구성이 좋아 오래 입을 수 있다. 주로 봄가을에 애용하는 무명 적삼은 그냥 빨아서 꾸득꾸득할 때 다리기만 하면 편하게 입을 수 있고, 거기다가 쪽물들인 무명 치마를 받쳐 입으면 활동복으로 제격이었다. 겨울에 입는 빛깔이 곱고 보드라우며 잘 구겨지지 아니하는 뉴똥 치마저고리 또한 뜯어 빨지 않아도 되게 통짜로 박아 지어 물빨래를 해서 다려 입으면 그만이었다. 그만큼 우리는 장식적인 면과 더불어 실용적인 옷차림에 관심을 두었다.

옷에는 실제 옷의 무게와는 다른 무거움과 가벼움이 있다. 의례적이거나 미학적인 영역과 일상이나 노동의 영역은 분명 다르며, 이에 따라 착용하는 옷에도 차이가 있기 마련이었다. 무엇보다 일상적인 생활이나 노동을 위해서는 가볍고 편안한 복식이 요구되는데, 한복의 가장 큰 특징으로 활동의 편리성을 들 수 있다. 실학자 이덕무는 체면을 중시하고 겉치레에 치중하던 당시 복식문화에 대해 “소매와 옷자락이 쓸데없이 길면 일하는 데에 크게 방해가 된다”(『사소절』 제1, 사전1)고 지적하며 복식의 활동성을 강조한 바 있다.

상고시대부터 우리나라의 옷은 상의와 하의가 분리된 구조로서 몸을 움직이기에 여유롭고 편안했다. 특히 일찍부터 수렵과 목축 생활을 하던 알타이계 북방 유목민족이 입던 호복(胡服) 계통의 영향을 받아 우리의 복식은 비교적 소매통과 바지통이 좁아 활동적인 형태를 유지하였다. 삼국시대의 고구려 고분벽화를 보면 남녀가 모두 통이 좁은 저고리와 통이 좁은 바지를 입었음을 알 수 있다. 말하자면 우리와 문화적 교류가 활발했던 중국과 비교해볼 때 중국의 의복은 주로 따뜻한 평야에서 농사를 짓는 농경민형의 원피스에 해당하는 기다란 포(袍)였다고 할 수 있다면, 한국의 의복은 춥고 험악한 환경에 적응하기 위한 유목민형의 투피스인 바지 · 저고리였다고 할 수 있다.[46]

저고리의 형태는 생활에 맞게 시대에 따라 변해왔다. 중심선을 기준으로 벌어지기 쉬운 앞면에 겉섶과 안섶을 달아 여유롭게 움직일 수 있도록 했으며, 좌우에 옷고름을 달아 단정하게 여밀 수 있도록 했다. 섶과 고름은 활동성을 보장하는 적절한 수단이었다. 허리띠가 없어지고 옷고름이 생기며, 저고리의 길이가 짧아진 것을 불교의 영향으로 보기도 한다. 온돌이 승려들의 수행에 적합한 사찰에서부터 시작하여 백성들의 생활 공간으로 확대되었다고 보며, 의복도 같은 경로로 파급되어갔을 것으로 판단하는 것이다. 길이가 짧아진 저고리와 섶에 붙은 옷고름은 여성들이 온돌에서 아기에게 젖을 물릴 때 열었다가 여미기에 간편한 복식이었을 것이다.[47] 옷고름의 유연하고 동적인 선 또한 보는 이로 하여금 시선을 상하로 움직이게 하여 키가 커 보이게 하며 활동적인 느낌을 준다. 저고리의 겨드랑이 옆이나 뒤 중심선에 트임을 주어 복식의 품을 넓힌 것도 팔을 움직이거나 앉거나 걸을 때에 편

46 위의 글, 45~46쪽.
47 이화형, 『민중의 현실, 생활과 의례』, 43쪽.

안하도록 활동성을 높이기 위한 고려였다.

예복용 저고리뿐만 아니라 일반 저고리에도 소매 끝에 흰색 천에다 한지를 대어 만든 '거들지'를 단 옷이 많았다. 웃어른에게 손을 보이지 않는 것을 예의로 여겼기 때문에 창호지를 받친 너비가 6~8센티미터 되는 헝겊을 당의 · 장옷 등의 소매 끝에 길게 달았는데, 이는 때가 타면 그 부분만 떼어 세탁 후 다시 달아 입을 수 있도록 한 실용 의식의 작용이기도 하다. 거들지는 소맷부리 안쪽에 대고 꿰매어 겉으로 넘겨서 사용하는데, 원래 손을 가리기 위한 것이었으나 소맷부리의 더러움을 막아주기도 하여 거들지만 바꾸어 착용할 수 있었다. 처음에는 양반집 부녀자가 아니면 달지 못하였으나 나중에는 원삼이나 활옷을 갖추지 못한 서민들의 혼례용 겉저고리에 달아서 예복을 상징하기도 하였다. 원삼 · 활옷 등의 흰 소매인 '한삼'은 거들지와 달리 손을 완전히 가릴 수 있는 긴 것이다.

한편 말을 타기 위해 통이 좁게 만들어졌던 바지가 점차 우리의 생활 방식에 적합하도록 통이 넓어졌음에 주목하게 된다. 다시 말해 고려시대가 되어 방 안 전체를 데우는 전면 온돌의 보급에 따라 좌식 생활에 맞게 한복 바지의 밑위가 길고 통이 넓어지면서 활동하기에 편리해졌다. 그리고 바지의 허리 품은 매우 넓은데 같은 옷감으로 만든 허리끈으로 편안히 묶게 되었다. 또 바짓가랑이를 좁혀 행동을 간편하게 할 수 있도록 정강이에 감아 무릎 아래에 행전을 매었다. 즉 필요할 때마다 포(布)를 가지고 발에서 무릎 아래까지 감는 것이 불편하므로 조선시대에 와서는 헝겊으로 마치 소매통처럼 만들어 끈 두 개를 달아서 정강이에 끼고 위쪽에 있는 끈으로 무릎 아래를 둘러매게 했던 것이다. 바짓가랑이의 끝부분인 넓은 바짓부리는 발목에서 대님이라고 하는 끈으로 묶어 활동하기에 쉽게 하며 보온성도 높였다.

이렇듯 한복은 신체를 구속하지 않고 자연스럽게 몸을 배려하는 게 특징이다. 입식 생활을 하는 사람들은 꼭 끼는 옷에 크게 불편함을 느끼지 못할 것이나, 좌식 생활을 하는 사람들에게는 꼭 끼거나 품이 좁은 옷은 불편하기 짝이 없을 것이다.

북방 알타이계의 호복은 시대에 따라 변화되어갔으며 특히 바지와 치마는 시간적 차이를 두고 융합을 이뤄나갔는데, 앞서 언급되었듯이 남녀가 공통적으로 활동하기 수월한 바지를 입다가 그 뒤로 남방 또는 중국 복식 계통의 치마가 들어오면서 여성들은 치마를 입게 되었다. 다시 말해 고려시대까지 여성들이 바지를 겉옷으로 입다가 조선시대에는 속옷으로 입고 그 위에 치마를 착용했던 것이다. 그리고 남성 한복의 바지통이 활동하기에 알맞도록 넓어진 것처럼 우리 여성 한복의 치마폭도 좌식 생활에 편리하도록 넓고 풍성하게 변모되었다.

조선 후기 양란을 계기로 사회 전역에서 크게 변화가 일면서 신분 질서의 해이와 유교 윤리의 약화에 따른 인간 본능의 유로와 에로티시즘의 표출 등으로 복식의 장식성과 사치성이 두드러졌으나 한편으로는 실학사상의 대두와 서민의식의 확대와 함께 복식에서 실용적이고 기능적인 제도와 현상이 부각되었다. 우리의 전통 한복은 점점 편리하고 안전한 쪽으로 변화되기에 이르렀다. 조선 후기 저고리가 극도로 짧아지면서 치마허리가 넓어지고 가슴가리개가 생겼으며 그럼에도 불구하고 드러나는 가슴을 가리기 위해 치마의 새로운 착장법이 생겨나게 되었다. 치마를 옆구리에 끼우거나 치마를 당겨 가슴을 가린 다음 허리띠를 이용해 묶는 것이었다.[48] 걸을 때나 일

48 우나영, 『흑요석이 그리는 한복 이야기』, 한스미디어, 2019, 40쪽.

할 때에는 치마가 늘어지는 불편을 덜기 위하여 위를 접어 올리면서 허리띠로 동여매어 활동하기 편하도록 조절한 이 옷을 '거들치마'라 하였다. 예복용 치마 중 앞보다 뒤가 길어 땅에 끌리게 만들어진 이 거들치마는 뒤가 부피감이 있어 우아한 실루엣을 연출하였다.

한편 조선시대 여인들은 집안일을 할 때 치마를 더럽히지 않기 위하여 그 위에 '행주치마'라고 부르는 작은 앞치마를 입었다. 대개 소색의 무명이나 모시로 만들며, 길이는 치마보다 약간 짧게 하고 폭은 허리에 둘러 입으면 뒤에서 맞닿을 정도가 되었다. 행주치마를 입고 일을 하다가도 웃어른 앞에 나설 때에는 반드시 이를 벗는 것이 예법이었다. 노동으로 살아가는 서민층의 부녀자들은 폭이 좁고 길이도 짧은 '두루치'라는 치마를 흔히 입었다.

개화기 이후 의복 개량 운동과 함께 활동하기 편하도록 여성 저고리의 길이가 길어지거나 치마 길이가 걷는 데 끌리는 불편함이 없도록 약간 짧아지기도 했다.[49] 특히 19세기 말에는 서양 문물의 도입과 함께 주름을 넓게 잡고 길이를 줄이며 치마의 트인 곳을 모두 박아 통으로 만들고 어깨허리를 달아 활동하기에 편리한 짧은 '통치마'가 등장했다. 이 당시 여학생들은 흰 저고리에 검은색의 짧은 통치마를 교복으로 입기 시작했고, 여성들의 사회 참여가 활발해지자 긴 풀치마보다 활동하기 편안한 짧은 통치마가 나라 전체에 퍼졌다. 1920년대 이화학당 교장 앨리스 아펜젤러(1885~1950)는 조선복은 편리하고 예쁘므로 조금만 개량하면 좋을 것이라면서 이화학교 학생들에겐 이미 개량복을 입게 하고 있다[50]는 말을 하기도 했다.

49 맹문재, 「일제강점기의 여성지에 나타난 여성미용 고찰」, 『한국여성학』 19권 3호, 한국여성학회, 2003, 18쪽.

50 「외국인의 눈으로 본 조선 의복의 장처단처」, 『신여성』, 1924.11.

한복을 오랫동안 입어온 일본인 쓰다 세쓰코 씨는 일본 옷이나 양장에 비해 조선 의복은 경쾌하여 활동적인 것이 특징[51]이라고 예찬한 바 있다. 옷고름과 띠가 물질과 노력의 측면에서 경제적인 단추로 바뀌고, 매듭을 지어 만든 매듭단추로 단출한 멋을 내기도 했다. 허리띠가 바지 말기(서양복의 웨이스트밴드)에 부착되었으며, 바짓부리를 여미는 대님도 단추나 호크로 바뀌었다. 삼국시대부터 번번이 갈아 달던 종이로 된 동정도 천으로 고정되었다. 한복문화가 옷의 기능에 의해서 적절히 달라지고 있는 것이다.

1884년 고종(재위 1863~1907)이 사대부에게 두루마기 착용을 권장하는 복제개혁안을 단행하자 사대부가 어찌 상놈의 옷을 입겠느냐고 반발했으나 두루마기의 간편함을 알고 몇 년 안 되어 오히려 넓은 소매의 고루함을 비웃기에 이르렀다. 겉옷의 활동성이 요구됨에 따라 넓은 소매나 뒷자락이 덧붙은 도포보다 간편한 옆이 터진 창의나 중치막을 입다가 이보다 더 편리한 두루마기를 입게 되었던 것이다. 다시 말해 도포, 중치막, 창의 등이 자락이 너털거리고 사방이 터지기도 하고 소매가 넓기도 하여 불편한 데 비하여 두루마기는 소매가 좁으며 두루 막힌 단정한 옷이었다. 한편 근래에 와서는 먼 곳에 갈 때만 두루마기를 입고 가까운 이웃에 갈 때나 손님의 방문을 받았을 때는 두루마기 대신에 마고자만 입고도 예의에 어긋나지 않게 되었다.

노동복 같은 경우 팔다리의 길이를 칠부 정도로 짧게 하여 일을 하는 데 옷이 방해가 되지 않도록 제작하는 특징이 있다. 위에 입는 등거리에는 주머니가 달려 있어 편리하도록 했고, 무릎까지 오는 짧은 바지로서 잠방이

51 津田節子, 「조선부인복예찬론」, 『여성』, 1938. 11(이화형 외, 『한국 근대여성의 일상문화 3』, 국학자료원, 2004, 220쪽 재인용).

라고 하는 하의는 허리를 끈으로 묶을 수 있게 하였다. 제주도에서 농부들이 입었던 무명옷에 감물을 들인 '갈옷'은 노동복으로 유명하다. 일제 시기 막바지에 "긴 치마저고리를 벗고 몸뻬로 나서자 싸움에는 두 몫"(『조선일보』, 1943.5.16)이라는 실용성을 내세우며 여성 인력의 동원을 목적으로 입혔던 '몸뻬'도 간편한 복장으로서 그 후 우리의 일상생활 속에서 노동복으로 많이 착용되었다.

누비옷은 물에 빨아 입어도 되는 실용적인 옷이요 누빔은 천을 튼튼하게 해주므로 어른들도 옷을 누벼 입었지만 금세 해지는 어린이옷은 곧잘 누벼 입혔다. 똥오줌을 가리지 못하는 두어 살 아이들에게 입히던 풍차바지나 그 위에 입히던 더그레 따위에는 누빈 것이 많았다. 어른이 입던 옥양목이나 무명옷을 뜯어 탄탄히 누벼 입히면 빨기도 좋고 따뜻한 옷가지를 돈을 안 들이고 댈 수 있어 좋았다.[52] 1~4세까지의 어린이용으로 솜을 넣어 누벼서 만들고 예쁘게 수를 놓고 술까지 달았던 타래버선은 방한과 장식을 겸한 버선이었다. 명주, 무명, 옥양목 등으로 만든 타래버선의 뒤꿈치에는 남아는 남색, 여아는 홍색의 대님을 달아 앞쪽에서 묶게 하여 벗겨지지 않도록 기능성을 더하였다.

우리 옷에는 남자의 조끼를 제외하고는 물건을 넣을 수 있는 주머니가 없었다. 삼국시대부터 등장하는 주머니는 그런 불편함 때문에 실용적인 면에서 만들어 차게 된 것이고 시간이 지나며 점점 모양이 다양해지고 길상 문양의 수가 많아질 만큼 장식화되었다. 궁중에서는 새해 궁내와 종친들에게 복을 기원하는 뜻으로 볶은 콩을 오방낭에 넣어 보냈고 민간에서도 세시풍

52 뿌리깊은나무, 『봄가을 한복』, 대원사, 1997, 110쪽.

속으로 볶은 콩이나 곡식을 주머니에 넣어 선물했다. 돌, 혼례, 회갑 등 특별한 날에는 주머니를 만들어 선물하는 것이 관례였다. 주머니에는 둥근 모양의 두루주머니와 양 옆에 모가 나 있는 귀주머니가 있으며, 색상과 자수의 문양에 따라 다양한 명칭이 붙는데 대표적인 것이 오방색 주머니이다. 현재와 같은 형태의 호주머니가 바지에 달린 것은 16세기부터라고 한다. 중세 서양인들도 호주머니가 없어서 돈을 담는 주머니를 따로 만들어 허리띠에 매달고 다녔는데 16세기 중엽 프랑스의 샤를 9세(재위 1560~1574)가 주머니에 자객들이 칼을 담아 다닐 수 있다고 우려하여 재봉사들에게 이를 만들지 못하도록 했고, 이때부터 직접 옷에 주머니를 단 호주머니가 크게 유행했다는 것이다. 중국에는 19세기 서구 열강의 침략 때 양복과 함께 전해졌으며, 우리나라에는 중국으로부터 건너왔기 때문에 '호주머니'라 부르게 되었다. 호주머니 외에도 호떡, 호박, 호로자식 등 '호(胡)'로 시작하는 단어들은 보통 중국에서 들여온 것에 붙이는 접두사다. 갑오개혁 이후 서양복의 영향으로 조끼를 입기 시작했는데, 그전에 입던 배자에는 주머니가 없어 불편함이 컸던 데 비해 조끼는 주머니가 여러 개 달려 있기 때문에 일반인에게 널리 보급된 바 있다.

색과 선과 형태의 조화

한국의 옷처럼 색이나 선은 물론 형태, 질감 등이 절묘하게 조화를 이루는 경우도 흔치 않을 것이다. 옷감이나 옷이 보여주는 대비된 색상, 간결한 직선과 부드러운 곡선, 짧은 저고리와 긴 치마, 겉감과 안감의 질감 등의 조화·융합은 우아한 자태를 품어내는 우리 복식의 매력이 아닐 수 없다.

세계의 미인도 가운데 최고의 걸작으로 평가되는 신윤복의 〈미인도〉는 한양의 풍류 생활을 주도하던 아리따운 기생의 모습을 보여주고 있다. 탐스럽게 얹은 가체머리, 젖가슴이 드러날 만큼 기장이 짧아지고 소매통이 팔뚝에 붙을 만큼 좁아진 저고리, 속에 무지기치마를 받쳐 입어 풍만하게 부풀어 오른 열두 폭 옥색 치마, 큰 치마 밑으로 살짝 드러낸 하이얀 버선발 등은 여체의 관능미를 유감없이 드러내는 자태이다. 게다가 왼쪽 겨드랑이 근처에서 흘러내린 두 가닥 주홍색 허리끈과, 풀어헤친 자줏빛 옷고름은 대장부를 뇌쇄시키기에 충분하다. 특히 깃과 겨드랑이에는 옷고름과 같은 진자줏빛으로 회장을 대고 끝동은 치마와 같은 쪽빛으로 덧대어 삼회장으로 멋을 부린 것도 세련된 옷차림이다. 두 손으로 만지작거리는 묵직한 마노 노리개도 예사롭지 않다.

일찍이 유팔극은 옷과 관련하여 「여성의복 개량문제에 대하야」라는 글을 통해 "남 보기에 아름다움을 느끼게 해야만 하겠다는 문제에 들어가서는 우선 이러한 세 가지를 갖추어야 되겠습니다. 색의 미, 선의 미, 구격의 미가 있어야 될 것입니다"(『신여성』, 1924. 11)라고 한 바 있다. 중동학교 교장이었던 최규동(1882~1950)은 일본에 갔을 때의 목격담을 적은 「순 조선복의 우아성」에서 "일본 여학생들 틈에서 두 조선 여학생을 보았는데 조선옷이 우미하고 고상한 것을 더욱 통감하였습니다. 구태여 양복을 입을 필요가 어디 있는가 생각합니다"(『여성』, 1938. 11)라고 한복의 우아함을 말했다. 여성운동가 유각경(1892~1966)도 「미적으로 세계 제일이다」라는 글에서 "조선 부인 옷은 미적으로도 세계 제일입니다"(『여성』, 1938. 11)라고 말한 적 있다. 한국의 조형미에 대해 화려하지 않은 색, 유기적으로 통합된 선, 절제된 형태를 비롯하여 인위를 거부하는 소박한 미, 자연에의 신뢰에서 나온 청초한 미, 조용한 가운데 깊은 의미를 지닌 해학의 미 등을 언급[53]한 내용은 시사하는 바가 크다.

"의복은 첫째 빛깔의 조화가 잘되어야 한다. 우리가 의복을 볼 때 옷감보다 먼저 눈에 띄이는 것이 역시 빛깔이니만치 (…) 참으로 빛깔은 옷의 미를 보여주는 열쇠가 되는 것이다"[54]라고 했다. 실제로 먼 곳에서 누군가가 다가올 때 그 사람의 옷에서 가장 먼저 눈에 띄는 것은 색일 것이다. 한국 복식에서 색채의 배합은 중요한 의미를 제공한다. 비록 백색과 청색 지향이라는 한국인의 미의식에 따라 전통 한복의 색채가 단순하고 화려하지 못한 편이지만 이 또한 다양하지도 돋보이지도 않는 색채를 조화시킨 기법에 의한 것이라 할 수 있다. 조선시대 의복의 특징 중 하나가 의복의 각 부위에 색상의 대조를 주어 선명한 대조미와 색채미를 도출시킨 것이었다[55]고도 한다. 한복 색채의 대비와 조화는 용도, 신분, 연령 등에 따라 이루어졌다.

가령 혼례 시 입는 활옷은 음양의 색을 사용했는데, 남색은 여성이나 달을 상징하는 음을 표현했고, 빨간색은 남성이나 해를 상징하는 양을 표현하였다. 바지(치마)와 저고리 상하를 서로 다른 색으로 배치하는 것에서부터 저고리, 두루마기 등 오행의 원리에 기초한 색동옷의 색채적 배합을 비롯하여 저고리의 바탕과 달리 깃 · 고름 · 끝동 등에 제3의 색채를 사용함으로써 단조로운 한복에 생동감을 주었다. 처녀들은 주로 다홍치마에 노랑 저고리, 신부는 다홍치마에 연두저고리를 입었다. "같은 값이면 다홍치마"라는 속

53 한옥공간연구회, 『한옥의 공간문화』, 교문사, 2004, 241쪽.

54 임정혁, 「우리의 의복은 무엇을 의미하나」, 『여성』, 1937.9(이화형 외, 『한국 근대여성의 일상문화 3』, 188쪽에서 재인용).

55 최해율, 「전통 복식의 미적 특성과 현대적 패션 디자인으로의 활성화」, 『한복문화』 9권 1호, 한복문화학회, 2006, 56쪽.

담은 이처럼 과부나 기생이 아닌 젊고 어린 여성이 입었던 좋은 치마가 다 홍치마였다는 데서 유래됨을 짐작할 수 있다. 출산한 부인들은 남색 치마에 옥색 저고리를 입었는데, 저고리에는 자주색(또는 남색) 고름과 남색 끝동을 달았다. 자주 고름은 남편이 있음을, 남색 끝동은 자식이 있음을 나타냈다는 점에서 색의 상징성과 더불어 복식과 인간의 관계성에도 주목하게 된다.[56] 자주색 깃은 부모가 살아 계심을 상징했다. 대개 자주색은 황제나 임금 옷에 쓰이는 귀한 빛깔일 뿐만 아니라 자주색으로 물들이려면 옷감 한 필 값이 더 들어야 하므로 국가의 규제를 받으면서도 민간에서 많이 이용되었다. 고려시대에는 신분에 관계없이 모든 여성들이 흰 모시 저고리에 노랑 치마를 입기도 했다. 현대와 달리 조선시대에는 반드시 다른 색으로 지었음을 알 수 있다.

저고리의 고름, 곁마기, 끝동, 깃에 바탕과 대비되는 다른 색의 천을 댄 것을 '회장(回裝)저고리'라고 한다. 고려 후기부터 저고리 길이가 짧아짐에 따라 고려말에 이르러 허리띠를 대신하여 옷고름이 등장했고, 겨드랑이 부분에 바탕감과 배색이 되도록 덧댄 감, 또는 그 부분으로서, 곁을 막았다 하여 붙여진 이름의 곁마기는 단순한 장식적 요소뿐만 아니라 품이 큰 사람이 이용하면 날씬해 보이는 장점이 있기도 하다. 저고리의 여러 부분 중 어느 한두 군데만 다른 색으로 댄 것을 반회장저고리라고 했는데, 고름과 소맷부리만 다른 색으로 장식하고 깃은 나이나 기호에 따라 다른 색으로 장식하였다. 사대부가 여성들은 노랑이나 연두색 바탕에 자줏빛 천의 깃 · 끝동 · 고름을 단 반회장저고리를 평상복으로 착용했으며, 자주 고름을 단 남색 끝동

56 이화형, 「융합으로 본 한국복식의 인본사상」, 48쪽.

의 반회장저고리를 많이 입었다. 깃과 옷고름과 끝동은 물론 겨드랑이에까지 자줏빛 천으로 된 곁마기를 댄 삼회장저고리는 왕실에서는 평상복으로 입던 옷이나 사대부가에서 최고의 예복으로 쳤다.

일상복의 은은한 색조와 비일상복의 강렬한 색조의 융합도 돋보인다. 저고리가 화려하면 치마는 소박한 것으로 또 반대로 치마가 화사하면 저고리는 가라앉은 것으로 해야 색상의 균형과 조화가 이루어졌다. 현대의 색깔 감각으로는 감히 시도하기 힘든 배색도 전통 한복에서는 자연스럽고 태연하게 연출해냈다. 튀기 쉬운 빛깔마저도 전통 한복에서는 차분하게 어우러지도록 고상하게 소화해냈으며, 다른 색채의 대비는 서로의 색에 영향을 주어 상대색이 더욱 돋보이는 장식적 효과를 낳았다. 무엇보다 중요한 것은 조선 후기 여성 복식에서의 오방색에 근거한 색채의 사용은 화려함과 순수함, 적극성과 소박함의 이중성의 즐거움으로써 해학미의 유희성을 표현하였다는 점이다. 이는 여성의 솔직하고 인간적인 측면과 함께 여유롭고 자유롭고자 하는 성향을 감각적으로 세련되게 나타낸 것이다.[57] 전통적 아름다움과 파격적인 미 사이에서 아슬아슬하게 균형을 찾아가는 색상의 창조를 발견하게 된다. 요즘은 서양 복식이나 일본 복식(기모노)의 영향으로 치마와 저고리를 비슷한 계통의 색으로 하는 경향이 있다.

질감과 관련된 색상에서도 한국적 융합과 조화의 미를 잘 보여주었다. 가령 한복의 겉감은 검정을 사용하되 안감에는 홍색이나 청색 등을 사용하여 배색이 나도록 했다. 원삼은 초록색 비단에 안감을 붉은색으로 하고 소매에

57 권하진 · 김민자, 「조선 후기 풍속화에 표현된 여성 복식의 해학미」, 『복식』 60권 2호, 한국복식학회, 2010, 49쪽.

는 붉은색과 노란색으로 색동을 달았다. 또한 겉감과 안감의 질감을 달리하여 움직임에 따라 물결무늬의 '무아레(moire)'가 나타나도록 했다.[58] 흔히 무명옷에는 명주 안감을, 비단옷에는 무명 안감을 썼다. 물론 최근에는 색의 상징성은 거의 사라지고 서로 잘 어울리는 색끼리 배색하여 입는다. 전통적으로 한복에서 색상은 옷감과 함께 중요한 조형적 요소가 되었으며 특히 여성의 한복에서의 색상은 아름다운 선과 융합을 이루며 여유로운 정감을 한껏 이끌어낸다. 무엇보다 다채로운 색깔과 모양의 노리개 또한 단조로운 의상에 섬세한 아름다움을 더하여 한복 고유의 미를 돋보이게 한다. 〈성균관 스캔들〉(2010), 〈구르미 그린 달빛〉(2016), 〈연인〉(2023), 〈혼례대첩〉(2023) 등으로 "해외 시청자에게 의복에 관한 DM을 많이 받았는데, 이들이 호응하는 가장 큰 이유는 한복이 가진 심미적 색감이 동시대적 감각과 통했기 때문"이라는 이진희 의상 감독의 말은 시사하는 바 크다.[59]

한편 일본의 야나기 무네요시(柳宗悅, 1889~1961)는 동양 3국의 도자기를 비교하면서 "조형의 3요소를 형 · 색 · 선이라고 할 때 중국은 형태에, 일본은 색채에, 한국은 선에서 그 특징을 찾을 수 있다"고 했다. 중국 도자기는 완벽한 형태를, 일본 도자기는 화려한 색채를 과시한다면 한국의 도자기는 유연한 곡선에 매력이 있는 것이다. 이처럼 동양 3국의 미학적 특징에서 한국의 선을 언급할 정도로 무엇보다 오묘한 선에서 우리의 전통적인 생활 감정과 미적 감각이 잘 드러난다. 우리 옷의 경우 선을 통한 심미성이 돋보인다. 한복은 직선과 곡선의 조화를 이루어 옷의 맵시를 나타내는데, 저고리

58 윤지원, 「중국과 사뭇 다른 한국 복식」, 『한국문화는 중국문화의 아류인가』, 소나무, 2010, 66쪽.
59 이마루 · 전혜진, 「한국적인 게 뭔데? 게임, 웹툰, K팝, 드라마에 녹아든 우리다운 것」, 『ELLE』, 2024.1.16.

의 경우 섶과 등솔의 수직선과 도련과 배래의 부드러운 곡선의 조화가 두드러진다. 다시 말해 한복의 아름다움은 간결한 직선과 우아한 곡선이 서로 어우러져 만들어내는 단아한 선의 흐름에서 찾을 수 있다. 먼저 남성 관복의 겉옷은 깃이 둥근 단령으로서 속에 받쳐 입은 깃이 곧은 직령과 조화를 이룬다. 그리고 여성 복식미의 초점이 되는 저고리의 소매는 직선 배래였던 것이 점차 곡선적인 경향을 띠게 되었다. 여성복의 경우 고운 자태를 곡선으로 잘 살려내고 있는 어깨와 둥근 옷소매, 여린 마음을 절제 있게 잡아주는 곧고 긴 동정과 고름의 조화가 예사롭지 않다. 사실 저고리의 경우 남녀 모두 팔을 폈을 때 위쪽은 직선이고 아래쪽은 가운데가 넓고 매끈한 곡선을 이루고 있어서 세련되고 아름답다. 한편 신여성들은 옷이 지닌 선의 미를 레이스나 리본이나 자수 같은 것으로 살렸다.[60]

남녀복 모두가 모난 데가 없이 온유한 곡선을 보인다고 하는데 이 선의 구성이 남복에서는 매우 단순하나 여복의 선은 리듬이 있어 오히려 동적이라고 한다. 그리고 여복의 경우 "저고리의 어깨와 소매가 다소곳한 선을 보이는 데 대하여, 허리의 휘감은 치마는 불규칙한 소용돌이를 그리고 있어 선의 구성에서도 여복은 상하가 대조를 이룬다"[61]고도 한다. 한복은 치마허리에 풍성하게 주름을 잡아 가슴에서부터 발치까지 완만한 곡선이 만들어지게 하고 치마의 긴 허리끈은 안정적으로 치마를 감아 입을 수 있게 하여 율동적인 곡선이 생기도록 하는 것이다. 치마의 아름다움은 허리의 잔주름에 따라 나타나는 선의 흐름이 대표적인 특징이라 할 수 있다. 또한 긴 치마

60 맹문재, 앞의 글, 18쪽.
61 이경자, 앞의 책, 223쪽.

밑으로 비치는 하얀 버선의 갸름한 맵시가 한복이 지닌 고상하고 부드러운 곡선미와 비정형의 경이로운 조화를 이뤄냈다.

요컨대 동정의 곧고 정갈한 선과 삼회장의 분명한 윤곽뿐만 아니라, 소매 끝에서 겨드랑이 밑 진동까지의 배래기의 풍부한 선과 치마 밑의 독특한 테두리는 한국미를 한껏 표현해준다. 특히 배래기에서 버선코에 이르는 여성 한복 전체에서 일어나는 아름다운 곡선은 한국미의 정수라 하겠다. 우아하면서도 절제된 선을 통해 표현된 아름다움은 유연하면서도 법도를 중시하는 우리 민족의 정신적인 일면을 나타내고 있다.[62]

끝으로 한복의 형태적인 경우, 삼국시대 엉덩이까지 내려오던 긴 저고리는 몇백 년을 두고 줄곧 짧아져왔는데,[63] 18세기부터 치마허리가 드러나며 저고리가 신체에 밀착되어 여성의 몸매를 드러내기 시작했다. 마침내 조선 후기에는 가슴을 가릴 수 없을 정도로 짧아서 요망스럽다는 소리까지 나왔다. 조선시대 여인들의 저고리는 치켜 올리면 젖가슴을 보여줄 수 있었는데, 더욱이 아들을 많이 낳은 서민 여성들은 당당하게 가슴을 드러내기도 했다. 1900년경 저고리가 가장 짧아지는 시기에는 정부에서 "저고리를 길게 하여 살이 보이지 않게 했다"(『제국신문』, 1906.5.31)고 할 정도로 겨드랑이 아래로 내려오지 않고 배래선에서 그대로 도련선으로 연결되는 것도 있었다. 저고리가 짧아지는 경향은 1920년대까지 지속되었다.

지금과 같은 형태의 조선시대 치마로는, 평상시에 입는 겹치마와 홑치마가 있었고, 예복용으로는 치맛단에 금박을 수놓은 스란치마, 대란치마 등

62 이화형, 「융합으로 본 한국복식의 인본사상」, 49쪽.
63 이경자, 「여자 저고리 소고」, 『가정학회지』 8권, 대한가정학회, 1970, 82~83쪽.

이 있었다. 서민층에서는 짧고 좁은 치마를 입었으나 양반층에서는 길고 풍성한 치마를 입었다. 우리 옷은 속옷을 잘 받쳐 입어야 그 맵시가 산다고 할 수 있다. 겹겹이 잘 받쳐 입은 속옷들로 인하여 '열두 폭 치마'란 말이 있을 만큼 사대부가 여성들의 치마는 한층 풍부해지고 길어져 미적으로 우아하고 고상한 멋을 더 해주었다. 19세기 서양에서 유행한 버슬 스타일(bustle style)이 이미 우리나라에선 16세기에 이루어질 정도였다고 한다.[64]

조선 초기에는 저고리의 길이가 길어서 치마의 길이가 짧았으며 후기로 올수록 저고리가 짧아짐에 따라 치마는 길어짐을 알 수 있다.[65] 한국 여성의 일상복인 치마와 저고리의 조형은 끊임없이 변화하는데, 이와 같은 변화가 가장 급격하게 이루어진 것은 조선 후기이다. 이때 길이가 짧고 단정한 저고리와 풍성하고 땅에 스쳐 닿을 듯 말 듯 늘어진 긴 치맛자락의 조화는 놀라울 정도가 된다. 한 마디로 '상박하후(上薄下厚)'로 요약되는 기본 실루엣은 비정형의 절묘한 아름다움과 인간의 감각을 움직일 만한 우아미를 창출한다. 가슴이 드러날 정도로 짧은 저고리와 풍만하게 부풀어 오른 열두 폭 치마의 차림새는 인간의 본능을 자극할 만한 세련미가 있었다. 이에 조선 후기 여성 복식에 나타난 에로틱한 자연성의 표현을 지적하며 이러한 미의식은 인간애를 기본으로 하는 휴머니즘의 성격에 근거한다[66]고 보는 논의는 설득력을 얻게 된다.

저고리의 고요히 흐르는 단순함과 치마의 주름이 만들어내는 넓은 부피

64 박은주, 「한복에 관하여」, 2016. https://blog.naver.com/soyna0826/220814079813).

65 백영자 · 최해율, 『한국의 복식문화』, 경춘사, 2001, 284쪽.

66 권하진 · 김민자, 「조선 후기 풍속화에 표현된 여성 복식의 해학미」, 『복식』 60권 2호, 한국복식학회, 2010, 49쪽.

감은 상체로부터 하체에 이르는 복식 전체의 통일성을 확보한다. 저고리와 치마의 상하 비대칭을 비롯하여 저고리의 깊은 여밈의 결과로 나타난 좌우 비대칭, 치마를 휘감아 입어서 생긴 상하 좌우의 비대칭[67]의 융합과 균형이 돋보인다. 또한 옷고름을 넓고 길게 달아서 좌우 비대칭인 저고리를 안정시켜주는 균제미도 특이하다. 저고리 길이가 짧아지던 고려 말에 이르러서는 남편을 상징한다는 옷고름이 등장했다. 서양 옷의 단추 구실을 하는 고름은 앞이 터져 있는 저고리의 앞부분에 달린 끈으로서 저고리의 앞길을 맵시 있게 묶어 여미게 되어 있다. 고름이 처음 나왔을 때는 실용성만을 고려했기 때문에 길이도 짧고 폭도 좁았으나 저고리의 길이가 짧아짐에 따라 점차 길어지고 폭도 넓어지게 되었다. 그리고 옷고름은 짧은 저고리와 긴 치마를 야무지게 조화시켜 주기도 한다.

짧고 단출한 저고리, 길고 풍성한 치맛자락, 치마 밑으로 살짝 보이는 하얀 버선코가 만들어내는 비정형의 융합미는 우리 옷만이 가지는 멋이라 하겠다. 전체적으로 단조롭고 정적인 한복에 부분적으로 장식을 함으로써 깊고 세련된 구성미를 연출한다. 다름에서 부각되는 조화, 비대칭을 통한 균제 등 인간이 연출하는 미의식이 한복에서처럼 자연스럽게 나타나기는 힘들 것이다. 학의 다리가 길고 오리의 다리는 짧은 것이 천성이요 자연스럽다. 이를 억지로 자르거나 늘리는 것이야말로 부자연스러움을 우리 조상들은 한복 문화 속에서도 은근하게 일깨워주고 있다.

67 이경자, 『우리 옷의 전통양식』, 250쪽.

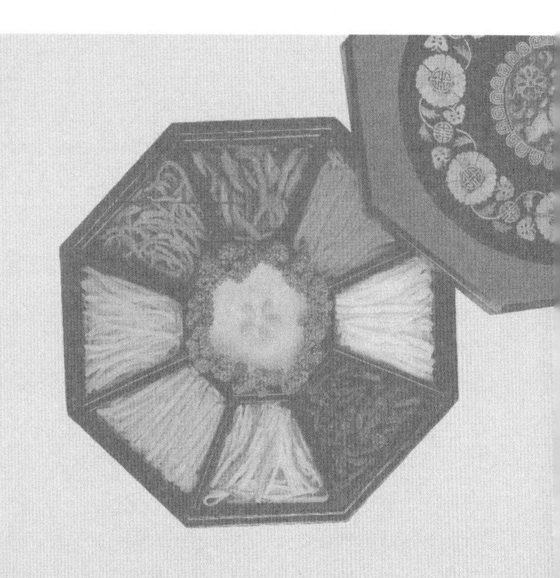

제2부 한식

韓食

1

한솥밥과 밥상머리 예절

인간의 아름다운 관계가 더욱 절실히 요구되는 때에 우리는 살고 있다. 만화가 허영만(1947~)의 『식객』(『동아일보』 연재, 2002~2008)에 대해 전문가들은 "『식객』은 한국의 정을 반영해 음식보다 인간 자체가 이야기의 기둥을 이룬다"(『동아일보』, 2007.2.5)고 말한 적이 있다. 또한 TV드라마 〈대장금〉(2003~2004)은 궁중음식의 진미를 소개하면서 중국, 일본, 태국 등 동아시아에서 한류를 선도한 바 있다. 〈대장금〉의 음식 자문을 맡았던 한복려(1947~) 궁중음식연구원장은 십수 년 전에 언론을 통해 "요리란 사람과 사람을 이어주는 끈"이라며 "만드는 사람과 먹는 사람의 교감이 있어야 제대로 된 요리"(『조선일보』, 2007.11.10)라고 설명했다. 생텍쥐페리의 『어린 왕자』에서 여우는 어린 왕자와 헤어지기 전 하나의 비밀을 말해준다. "가장 중요한 건 눈에 보이지 않는단다. 네 장미꽃을 그토록 소중하게 만드는 건 그 꽃을 위해 네가 소비한 그 시간이란다." 관계에서 중요한 건 상호 간에 얼마나 시간과 정성이 담보되는가 즉 관계를 맺느냐인데, 그런 깊은 인간관계를 이끄는 것이 음식임을 느끼게 된다.

국보 1호가 숭례문(崇禮門)일 정도로 예절을 강조하는 한국의 문화 속에서

의례음식이 크게 발달해온 것은 자연스러운 일이다. 설이나 추석 등의 세시 풍속, 혼례나 제례 등의 일생 의례에 반드시 올라갔던 떡을 대표적인 의례 음식으로 들 수 있다. 우리는 식탐을 하면 예의에 어긋나는 것으로 여겨 "주접스럽다"고 힐난하는가 하면, 음식을 남기지 않고 깨끗하게 먹는 것도 올바른 식사예절이라 생각하였다. 식사 중에 자리를 뜨는 것은 예의에 벗어나는 행동으로 인식했으며, 식사하면서 말을 많이 하면 복이 날아간다고도 했다. 우리 사회에서는 지금까지도 어린 사람이 어른한테 술을 따르거나 받을 때 공손하게 두 손을 사용하는 편이며, 함께 식사를 하면 어른이 먼저 수저를 든 다음에 아랫사람들도 식사를 시작하는 습관이 이어지고 있다. "밥 먹을 때엔 개도 안 건드린다"는 말도 있듯이 이성적인 인간으로서 우리는 식사 때 깍듯이 예절을 지켜야 했다. 한국인들은 음식을 중시하고 식사하기를 즐기면서도 유교사상적 영향 아래 음식 탐하는 것을 경계하고 무례한 행동으로 식사 분위기를 해치는 것에 조심하였다.

정을 나누는 공동체 사고

요즘 자유로운 분위기를 구가하면서 1인 가구가 증가하는 가운데 '혼밥', '혼술'이라는 말들을 많이 한다. 물론 근대화 이전까지만 해도 독상이 기본이고 밥을 먹으면서 대화하는 것을 금기시했던 것도 사실이다. 하지만 한국의 식사문화는 누군가와 함께 하는 것이 일반적이요, 근본적으로 커뮤니케이션이 포함된 사회적 성격을 띠고 있다고 본다. 우리는 허물없이 서로 가깝게 지내는 관계를 식구, 즉 '한솥밥 먹는 사이'라고 표현해왔다.

한국의 음식문화는 조선 후기 소반이 남녀유별 · 장유유서 등의 유교적 이념의 상징이 될 만큼 역사적으로 독상 차림을 기본으로 하면서도 여럿이 식사를 할 경우 자기 접시의 음식만을 거두는 서양의 방식과 달리 맛과 함께 정(情)을 공유한다는 점에서 독특하다고 볼 수 있다. 찌개 같은 경우 우리는 각각 자신의 입에 들어갔던 서로의 숟가락을 냄비나 뚝배기 같은 그릇 하나에 한꺼번에 넣고 휘저으면서 먹는다. 한 그릇의 국물 맛마저 공유하고자 하는 태세다. 명분을 중시하여 독상을 원칙으로 하던 때를 제외하고 한국인은 혼자 식사하는 것을 좋아하지 않으며 함께 식사를 하는 사람들과 공동체적 유대감을 강하게 느끼고자 했다. "숨어서 음식을 먹으면 감기 든다"고 하는 금기어도 있다. '두레반'(두레상), '두레밥'이 시사하듯 공유하는 음식문화를 지닌 우리가 의례적으로 처음 만나는 사람이나 다시 만나고 싶은 사람에게 "밥 한번 먹자"고 하는 데도 '정을 나누자'는 뜻이 내포되어 있다.

우리는 "한솥밥을 먹는다"는 말을 자주 한다. 같은 솥으로 지어 나온 밥을 뜻하는 '한솥밥'은 가족을 의미하는 데서 나아가 조직에서 같이 일하는 동료까지 표현하는 말이 되었고 이는 인간관계의 돈독함을 과시하는 대표적인 언어로 쓰이고 있다. 그러므로 친밀한 사이를 깨는 행위를 경계하는 "한솥밥 먹고 송사한다"는 속담도 나온 것이다. 서양은 '헬프 미'라고 하나 우리는 '사람 살려'라고 한다. 그릇에 남아 있는 음식 한 점을 쉽게 가져가지 못하는 것도 한국의 공동체적 사고에서 나오는 것이다. 물론 가까운 중국에서도 이러한 행동을 볼 수 있는데, 이는 상대방에 대한 배려와 식사 법도라고 한다. "콩 한 쪽도 나누어 먹는다"라는 속담이 있듯이 별다른 음식이라도 생기면 항상 이웃끼리 나누어 먹는 것이 우리의 오랜 관습이다. 우리 민족이 매우 좋아하는 녹두 빈대떡의 유래가 여러 가지인데 그중 가난한 사람을 위한 요리에서 왔다고 보는 설이 대두되는 것도 이해할 만하다. 어원이나 유래의 진위와 관계없이도 빈대떡은 녹두가 흔한 한반도 전역, 특히 좁은 골목에서 백성들이 막걸리 한잔과 함께 돼지기름에 부쳐 먹을 수 있었던 조출한 음식이다. 기름에 부쳐 먹는 빈대떡을 전이 아니라 떡이라 한 것은 이를 끼니로 먹었기 때문이라고도 한다.

옛날 장자고을은 천석꾼이 살던 곳인데, 매일 손님이 10여 명 이상은 되니 이 집 며느리는 손에 물이 마를 날이 없었다. 하루는 어떤 스님이 대문 밖에서 시주하라고 염불하는 것을 보고, 며느리가 "내 손에 물 좀 마르게 해주면 시주를 많이 하겠다"고 했다. 스님은 살강 밑에 구멍이 하나 있을 텐데 손가락으로 툭 찌르면 손님이 저절로 마를 것이라 가르쳤다. 스님이 돌아가자마자 시킨 대로 했더니 갑자기 구름이 일고 뇌성벽력이 치며 억수 같은 비가 퍼부으며 장자의 집도 없어져버렸다고 하는 '장자골전설'[1]은 안일과 이욕을 버리고 남에게 베풀며 사는 것이 우리의 도리요 생활이었음을 단적으로 시사한다. 식사 중이라도 손님이나 행상이 왔을 때 밥 한 술 뜨기를 권했다.

기강이 무너진 조선 후기 인간의 도덕성을 강조했던 실학자 이덕무는 "주인은 육식을 하고 손님에게는 채식을 대접하는 것은 아름다운 일이 아니다"(『사소절』 권1 사전1)라고 했다. 그리고 "굶주린 사람을 보고 밥을 먹을 때는 음식의 간이 맞지 않음을 탓해서는 안 된다"는 말까지 하였다. 무엇보다 우리의 밥상이 시사하는 바가 큰데, 원천적으로 밥과 국을 제외하면 모든 반찬을 함께 나눠 먹는 구조이기 때문이다.

우리나라 고유의 집단의식의 소산이라 할 수 있는 음식 공유의 현상으로

1 최래옥, 『한국구비전설의 연구』, 일조각, 1981, 286쪽.

궁중의 음식이 양반들에게 '봉송(封送)'으로 내려지고 이 음식이 남아서 다시 평민들에게 꾸러미로 전해지던 '상물림'의 문화도 있었다. 제사를 지내고 나서도 참석하지 못한 친척과 이웃에게 남은 제물을 보내는 '봉송'이 행해졌다. 제례 절차인 음복 때도 상물림을 하게 되었는데, 일반적으로는 가장이 가족들에게 상물림을 하였다. 음식을 준비하는 사람은 상물림을 예측하고 음식을 넉넉하게 장만하는 편이었다. 신분 질서에 기반하고는 있으나 상물림은 아랫사람을 배려해 음식을 적당히 남기는 나눔의 도리와 함께 음식의 낭비를 줄이는 우리 음식문화의 특징이기도 했다. 또한 가정이든 지역에서든 잔치나 의례를 치르고 나서 집으로 돌아가는 사람들에게 나눠주기 위해 나무 그릇에 담아놓은 음식을 '반기(頒器)'라 일컫기도 했다. 특히 혼례를 비롯하여 회갑례, 회혼례 등 큰 잔치 때 많은 음식을 높이 고여서 차리는 큰상의 음식들은 잔치가 끝난 후 하나하나 헐어서 축하객들에게 고루 나누어 주었다. '봉송하다(싸서 보내다)', '반기를 나누다', '음복하다' 등의 관습들에서 새삼 한국인의 음식 공유의식을 확인할 수 있다.

조선 중기를 지나 신분이 와해되기 시작하면서 중인계급이 대두되고 양반과 서민의 간격이 좁아지는 가운데 계층 간 식생활의 교류가 가속화되었다. 천재지변이나 국정 혼란 등으로 백성의 생활에 어려움이 닥칠 때 국왕이 수라상에 오르는 음식의 가짓수를 줄이거나 육식을 거부했던 것도 굶주리는 백성과 함께하려는 공동체 의식의 발로다. 폭군이라 알려진 광해군(재위 1608~1623)이 기근으로 굶주린 백성들의 이야기를 듣고 하루 저녁 내내 울고는 개인재산인 내탕금을 한푼 남기지 않고 구휼에 내놓았다고 할 만큼 굶주리는 사람들이 있으면 국가가 나서서 구제 부양하고자 애썼던 나라다.

"음식은 한데 먹고 잠은 따로 자라", "먹는 데 귀천이 없다"는 속담처럼 한국 음식문화의 특징으로 정을 위한 음식 공유와 함께 계층 간의 교류나 화합이 활발하게 이루어졌다는 점도 들 수 있다. 지금도 사랑받는 비빔밥이 이를 뒷받침하는 좋은 예이다. '비빔밥'이란이란 용어는 19세기 말에 반가의 음식을 소개하면서 최초로 상차림의 형태를 문자로 제시한 『시의전서』에도 등장하며, 그 이후에 편찬된 근대식 한국요리책인 방신영(1890~1977)의 『조선요리제법』(1917) 등을 보면 비빔밥은 양반 음식에서 평민도 즐기는 대중 음식으로 변화했다[2]고 할 수 있다. 한편 논밭에서 일하다 간편하게 공동으로 식사를 하거나 집에서 남은 반찬과 찬밥들을 모두 처리해야 하던 때 먹던 음식이 바로 비빔밥이라고도 한다. 즉 비빔밥은 서민들 사이에서 유행하던 것인데 나중에 상류층에까지 전파되면서 모두가 즐기게 되었다는 것이다. 유래야 어쨌든 비빔밥은 한국의 대표적인 음식이 되었고, 무엇보다 제사를 마치고 비빔밥을 한 양푼 만들어 선조까지 '우리' 속에 포함시켜 고루 떠먹는 모습에서 공동체적 정신의 극치를 보게 된다. 비빔밥은 제사를 지내던 풍속에서 비롯되었을 것이라고도 한다. 제삿날이 아닌 때 제사 음식을 마련하여 동네 사람들과 나눠 먹었던 경상도 안동이나 진주 지역의 '헛제삿밥'이야말로 전형적인 공유음식이다. 우리가 즐겨 먹고 있는 설렁탕도 유래에 관해서 조선시대에 왕이 선농단에서 친경할 때 참석자들과 나눠먹었다는 등 여러 설이 있는 바와 같이 왕부터 천민에 이르기까지 모든 계층이 제사를 지낸 후 제물로 바쳤던 소를 끓여 함께 먹던 음식이라 할 수 있다.

청포묵(녹두묵)을 잘게 썬 다음 미나리, 숙주나물 등 갖은 채소와 볶은 쇠

2 김경은, 『한중일 밥상문화』, 이가서, 2012, 113쪽.

고기, 채 썬 배를 섞어 넓은 그릇에 담고, 간장, 참기름, 식초로 고루 버무린 후, 황백 지단, 김, 고추를 가늘게 채 썰어 고명으로 얹어낸 묵무침을 '탕평채'라 하였다. 조선 영조(재위 1724~1776)가 탕평책을 논하던 날 처음 선을 보였기 때문에 붙여진 이름이라는 탕평채에 들어가는 재료의 색깔은 사색 당파를 상징했는데, 청포묵의 흰색은 서인을, 쇠고기의 붉은색은 남인을, 미나리의 푸른색은 동인을, 김의 검은색은 북인을 각각 의미했다. 제각기 다른 색깔과 향을 지닌 재료들이 서로 섞여 조화로운 맛을 이뤄내는 탕평채는 화합을 기대하며 공동체 정신을 드러내는 대표적인 음식이었다.

우리가 중 · 일과 다르게 차보다 술을 더 일상음식으로 여겨왔던 점은 한국 음식문화의 특징이라 할 수 있다. 백제의 수수보리가 일본의 주신이 되었다는 것은 삼국시대부터 술 빚는 기술이 뛰어났음을 말해준다. 우리는 고되게 일하면서 술을 통해 잠시 숨을 돌렸고 저녁 식사를 할 때 대체로 피로를 풀고 식욕을 돋우기 위해 밥 먹기에 앞서 한두 잔 '반주(飯酒)'를 들었다. 영조가 식욕이 떨어지자 건강을 담당했던 약방의 도제조 김흥경(1677~1750)은 "만약 주량만 된다면 반주가 실로 위장을 편안하게 해줍니다"(『승정원일기』, 영조 13년 윤 9월 16일)라고 한 바도 있다. 돈독한 인간관계를 중시했던 우리는 중국이나 일본과 다르게 손님에게도 차보다 술을 대접할 만큼 술은 생활 속의 필수적인 음료에 가까웠다. "사흘 밥은 굶어도 하루 차는 못 굶는다"고 할 정도로 세계 최초로 차를 발견한 국가답게 중국인은 차를 좋아하지만, 독일의 상인 오페르트가 조선의 중남부 어디서나 차나무가 자라는데 왜 재배에 힘쓰지 않는지 모르겠다[3]고 할 만큼 우리는 차를 많이 마시지

3 오페르트(Ernst Oppert), 『조선기행』, 한우근 역, 일조각, 1974.

는 않았다. 우리 민족이 얼마나 술을 좋아했던지 국가의 곡식을 축낼 정도로 술을 빚자 조정에서는 수없이 금주령을 내려야 했다. 우리의 술은 조선시대의 문헌에 전하는 것만 해도 260종을 넘었었다. 전통주 가운데 현재 서울 문배주, 면천 두견주, 경주 교동법주 이 세 가지가 국가무형문화재로 지정되어 전하고 있으며, 2021년 막걸리가 국가무형문화재로 지정되었다.

주로 건강을 위해 뜨겁게 마셔야 한다는 차와 달리 "반잔 술에 눈물 나고 한잔 술에 웃음 난다"(속담)고 할 정도로 술은 정을 나누는 주요 수단이었다. 오늘날 흔히 "술 한잔 하자"는 것도 '정을 나누자'는 뜻이다. "술에 일의 성패가 달렸다"고 할 만큼 풍속이나 의례는 물론 봉제사 및 접빈객 나아가 사회활동에서 가장 중요하게 취급되었다. 특히 "외모는 거울로 보고 마음은 술로 본다"는 속담이 말해주듯 술이 인간의 삶에 핵심적인 요소로 작용했다. 술을 만드는 데도 술을 마실 사람을 먼저 생각하며 성의를 다해야 했다. 온갖 열의를 쏟아 만들어내는 한국인 특유의 '빚는' 정신 즉 자기를 빚고 송편을 빚던 마음은 술을 빚는 데도 정성을 기울였음에 틀림없다. 세상에 가장 맛있는 음식은 재료나 기술에 좌우되는 것이 아니라 마음을 다하는 정성에 있다고들 한다. 우리 식문화에서는 '손맛'이 제일이었던 것이다. 칠산 앞바다에서 잡은 조기가 영광굴비로 재탄생되는 것은 정성과 지혜에 기인한 것이다. 재료만으로는 안 된다. 정성이 더해져야 최고의 맛을 낼 수 있다.

우리는 맑은 물이 풍부한 환경 속에서 따뜻한 인간관계를 위해 술을 빚고 마시는 데 익숙해 있었다. 유럽 중심부는 연 강수량이 우리나라의 3분의 2밖에 되지 않고 석회질 지형이 많아서 늘 식수가 부족한 데다 우물을 파기가 어려워서 강물을 끼고 평지에 도시를 건설해야 했다. 이런 이유로 유럽인은 고대부터 포도로 와인을 만들어 식수용으로 많이 마셨고, 근대에 커피와 차가 들어오자 열광했다[4]는 점과도 견줘볼 만하다. 세조(재위 1455~1468)가 서민의 술이라는 막걸리조차 즐겼던 사실에서 알 수 있듯이 술은 계층에 관계없이 두루 음용되었다. 주인은 손님에게 술을 권하고, 손님은 주인에게 밥을 대접한다는 '주주객반(主酒客飯)'이라는 말도 있다. 이렇듯 술은 역사적으로 우리 사회에서 일상 음료로 애용되어왔으며, 서민적인 술을 즐기는 데서 인정과 미각을 공유하는 한국의 음식문화를 느낄 수 있다. 『주방문』, 『침주법』, 『주방』 등 옛 조리서는 대부분 술을 중요하게 여겨 술 만드는 방법을 상당히 많이 다루고 있다. 민간에서 쓴 최초의 조리서라는 『수운잡방』(1540년경)의 경우 조리법 내용의 절반이 술 빚기이며 포도주 제조법도 적고 있다.

한국인은 서양인들과 다르게 홀로 술을 마시지 않는다. 술자리에서도 우리는 소외되는 사람이 없게 잔을 돌려가며 마시는 수작 습관이 있다. 중국어에도 '자기 잔을 내밀어 상대방과 교환한다'는 '추배환잔(推杯換盞)'이라는 사자성어가 남아 있을 정도로 옛날에는 중국에서도 잔을 돌려가며 마시는 습관이 있었다고 하나 비위생적인 관계로 이미 사라진 편이다. 일본에서도 예전에는 술잔을 돌리는 관습이 있었으나 일본의 수작문화도 시골을 제외하고는 거의 사라졌다고 할 수 있다. 흔히 우리 사회에 통용되는 '늦게 온 사람에게 벌주 석 잔을 권하는' '후래자삼배(後來者三盃)'라는 말도 정을 나누고자 하는 집단의식을 나타내는 한국 술 문화의 성격을 부각시키는 예라 하겠다. 물론 중국에도 춘추시대부터 있었다는 '지각한 자는 벌주 석 잔을 마셔야 한다'는 뜻의 '지도자벌주삼배(遲到者罰酒三杯)'라고 하는 술 문화가 아

4 정기문, 『역사학자 정기문의 식사(食史)』, 책과함께, 2017, 229~240쪽.

직까지 남아 있다고 한다. 우리에는 애초부터 좌석에 잔을 하나만 놓고 이것으로 순서대로 돌아가며 권하는 풍습도 없지 않다.[5]

가을에 감이나 대추를 따면서 '까치밥'이라 하여 먹이가 귀한 겨울철 새들을 위해 몇 개 남겨놓았다고도 하는 것은 음식 공유 의식의 소산이라 할 수 있다. 장편소설『대지』로 1938년 노벨 문학상을 받은 미국 소설가 펄 벅(1892~1973) 여사가 자신의 작품「살아 있는 갈대」(1963)에서 "한국은 고상한 민족이 사는 보석 같은 나라다"라고 극찬했던 것도 '까치밥'에 얽힌 일화를 듣고 감동했던 일이 바탕이 되었다고 한다. 인정을 베푸는 이와 같은 생명 존중의 행위는 놀이에 가서 음식을 먹기 전에 자연에 감사하는 마음으로 음식의 일부를 떼어 던지는 '고수레' 행위와도 무관하지 않을 것이다. 하늘을 나는 새, 바다 속의 물고기, 심지어 땅 위의 벌레와도 나눠 먹어야 마음이 편안했다. 벌레가 죽을까 봐 개숫물을 식혀버린 민족이다. 우리가 어릴 때 어머니가 밥 위에 또는 숟가락 위에 맛있는 반찬을 얹어주었을 뿐만 아니라 갓난아기 시절 어머니들이 음식을 먼저 자신의 입안에 넣어 식히거나 씹은 다음 입에 넣어주기도 했다. 여기에 비위생성 또는 비합리성이 끼어들 여지는 없다.[6] 남자 어른들은 독상을 받는 데 비해 주부나 아이들은 공동으로 상을 받거나 마루 · 부엌에서 식사하던 시대와 경우를 제외하고 우리에게는 인간적 정리(情理)와 집단적 유대감이 소중하게 인식되었던 것이다.

특별히 정을 강조하는 우리의 식문화는 자기 것이 따로 차려지는 서양이나 일본과는 크게 다르다고 할 수 있다. 무엇보다 일본의 경우는, 차려놓

5 강인희,『한국식생활사』, 삼영사, 1990, 333쪽.
6 이화형,『음식은 문화다』, 세창미디어, 2020, 54쪽.

은 음식을 각자 덜어 먹을 수 있는 '토리자라(取り皿)'라는 접시가 있는가 하면, "다른 사람의 젓가락이 간 요리에 손이 가는 것은 금기"[7]라고 표현할 정도이다. 일본인들이 얼마나 다른 사람과의 접촉을 꺼리는지를 짐작할 수 있는[8] 대목이다. 한국인들은 식사할 때 공동으로 음식을 나누어 먹는 것이 일반적이며, 음식을 함께 공유함으로써 가족이나 지인들과는 물론 많은 사람들과 소통하고자 하는 문화를 지니고 있다. 프랑스 선교사 다블뤼(1818~1866) 주교는 "조선 사람들은 자선 행위를 정말 소중하게 여기고 실천합니다. 적어도 식사 때 먹을 것을 달라면 거절하지 않습니다. 심지어 어떤 경우에는 일부러 밥을 다시 하기도 합니다. (…) 없는 사람과 나누는 것 이것이 바로 조선 사람들이 가진 덕성 가운데 하나입니다"[9]라고 편지에 적은 바 있다. 외국인들은 이웃끼리 서로 돕는 조선인들의 공동체 정신에 감탄했던 것이다. 정성과 겸손으로 남을 정중하게 대접하는 게 우리의 풍습이다. 서민가정과 양반가의 음식 차이는 음식의 종류나 가짓수, 조리법이라기보다는 음식 정신으로서 실고추 하나 깨소금 하나를 쓸 때도 정성을 다하여 쓰는 것[10]이라 했다.

물론 중국도 여럿이 음식을 나눠 먹는다고 할 수 있으나 방법이 우리와 다르다. 한 접시의 음식을 공콰이(公筷)라는 공용 젓가락이나 자기 젓가락으로 덜어다 먹기는 하지만 자기 입에 들어갔던 숟가락을 같은 그릇에 집어넣었다 꺼냈다 하며 음식을 먹는 건 아니다. 우리의 샤브샤브와 달리 공동 식

7 이시게 나오미치(石毛直道), 「食事と酒, タバコ」, 『日本人の生活』, 研究社出版, 1976, 58쪽.
8 노성환, 『젓가락 사이로 본 일본문화』, 교보문고, 1997. 81쪽.
9 조현범, 「프랑스 이방인의 조선관찰기」, 『세상 사람의 조선여행』, 글항아리, 2012, 201쪽.
10 정혜경, 『한국음식 오디세이』, 생각의나무, 2007, 48쪽.

사의 대표적인 음식인 훠궈(火鍋)도 고기를 건져 먹는 냄비를 각자 따로 사용하는 편이다. 중국에서 음식을 남기는 관습도 정을 나누는 것과 무관하지 않은데 접시를 깨끗이 비우면 음식 준비가 소홀했다는 뜻이 되기 때문에 손님은 음식을 남겨야 한다. 남는다는 '위(余)'와 부유하다는 '위(裕)'의 같은 발음에 따라 남는다는 것은 복이 넘치는 것이요 길상을 추구하는 정신과 맞닿아 있었던 것이다. 우리에게도 이런 현상이 있긴 하지만 음식을 만든 사람보다 음식이 나오기까지 수고한 모든 이들에 대한 감사의 뜻을 담아 "음식 남기면 가난하게 산다", "음식 먹다 남기면 복 나간다"고 했던 우리와는 분명 차이가 있다. 일본인도 이와 비슷한 이유로 음식 남기는 것을 매우 싫어한다.

고려시대부터 겨우내 먹을 김치를 미리 담가두는 김장이 시작되었다. '김장은 반년 양식'이라는 말을 한국전쟁까지 들어왔는데, 김장철이 되면 친척과 이웃들이 서로 돕는 '김치 품앗이'가 행해지고 마을 전체가 함께 치르는 행사가 되어 온 동네가 들뜬 분위기에 젖었다. 일의 품삯 대신 김치를 받아 가는 '김치 돌림'은 인간의 정을 나누는 집단의식의 극치라 할 수 있다. 이러한 아름다운 풍속은 공동체 문화 발전의 동력이 되어 마침내 2013년 우리의 김장 문화는 유네스코 세계 인류무형유산 목록에 올랐다.

어느 날 어머니가 냉장고 안에 시든 상추가 가득 담겨 있는 검정 비닐봉지를 발견한 적이 있었다고 한다. 알고 보니 고등학생인 아들이 육교에서 한 할머니가 땡볕 날씨에 상추를 팔고 있었는데 아무도 사 갈 것 같지 않아서 본인 용돈으로 다 사 가지고 왔다는 것이었다.

상대방을 존중하는 예의

예의 근본은 사양지심(辭讓之心)이다. 즉 나보다 먼저 남을 생각할 줄 아는, 양보하는 마음이요 배려하는 정신이 바로 예이다. "한국인은 이기적이다", "한국인은 예의가 없다"는 소리를 많이 듣고 있는 요즘과 달리 우리는 예전부터 '동방예의지국'이라는 말을 들으며 예의 바른 나라로 칭송받아왔다. 우리가 예를 중시했음은 생활 속 음식문화에도 잘 나타난다. "예는 음식에서 시작된다"(『예기』 예운)고 하는 유교적 전통에 충실히 따랐던 우리는 생활하면서 "예절은 밥상머리에서 배운다"는 말을 들으며 지냈다. 예의가 관념이 아닌 실용으로서 생활 속에서 실행되어야 했다.

"곳간이 차야 예절을 알고, 의식이 넉넉해야 영욕을 안다"고 한 제나라의 재상 관중(기원전 725?~기원전 645)뿐만 아니다. 국가와 백성을 위한 의리를 내세우며 청렴하게 살았던 조선의 율곡 이이(1536~1584)는 "백성들이 하늘로 여기는 것은 먹을 양식"(『성학집요』)이라고 말했고, 서경덕(1489~1546)의 제자로서 개혁적 인물이자 유능한 경제학자였던 토정 이지함(1517~1578)도 "먹고살 만해야 도덕이 바로 설 수 있다"고 했다. "사흘 굶어 담 아니 넘을 놈 없다"라든가 "'목구멍이 포도청'"이라는 속담도 있듯이 우리는 윤리 이전에 먹고사는 문제가 해결되어야 한다고 생각해왔다.

이와 같이 우리는 음식을 매우 귀하게 여겼으며 함께 식사하는 것을 소중하게 인식했을 뿐만 아니라 그에 따른 식사 예절은 인간의 품위와 교양을 나타내주는 척도이기도 했다. 흐트러진 자세나 돌출적인 행동 등은 남을 불쾌하게 만드는 요인이 될 수 있으므로 바른 몸가짐과 단정한 옷차림 등으로 즐겁게 식사할 수 있는 분위기를 조성하는 예의는 절실하다. "식사 전에 얼굴과 손을 깨끗이 씻는다"는 것도 중요한 예절이지만 "화가 나는 일이 있으면 마음을 가라앉힌 다음 식사한다"는 것은 자신을 위해서는 물론 다른 사람들도 편안하게 한다는 점에서 필요한 예절이다.

1876년 강화도조약 이후 서양의 식탁이 들어오기 전까지 지배적이었던 좌식 식사 양식도 한국 식생활의 특성이라 할 수 있다. 우리는 동굴이나 움막에서 살던 부족국가 시대부터 앉아서 식사하는 습속이 있었다. 그러나 벽화를 보면 알 수 있듯이 고구려 때는 주방이 입식으로 되어 있으며, 고려 때도 좌식과 더불어 식탁 차림으로 식사를 했다. 그러고 보면 식사 양식이 확고하게 좌식이 된 것은 조선시대부터라고 할 수 있다. 임진 병자년의 전쟁 이후 조선 중기에 온돌 설비가 일반화되면서 식사 방식도 좌식으로 일원화되었다. 과거에는 좌식문화였다가 송나라 때부터 입식문화로 바뀌어 의자에 앉아 식사하게 되었다는 중국과도 차이가 있다. 이러한 좌식 테이블에서의 식사는 곧 우리의 안락한 생활로 이어지며 오랫동안 관습이 되었다고 할 수 있다. 따라서 앉아서 얌전히 식사를 하지 않고 서서 돌아다니면서 식사하는 것이 금기시됨은 당연했고 나아가 좌식식사는 더욱 예절을 강화하는 결과를 낳았다.

1809년에 출간된 생활 지침서인 『규합총서』(권1 주사의)에는 "내가 먹을 이 음식이 얼마나 어려운 과정을 거쳐서 여기 놓였는지를 생각해보라", "음식을 먹기 전에 자기 할 도리를 다했느냐를 생각해야 한다", "탐내는 마음을 막아 참다운 성정을 쌓아야 한다" 등 사대부가 지켜야 할 식사 예절 다섯 가지가 제시되어 있다. 지금도 우리는 식사하기 전에 서로가 "잘 먹겠습니다", "맛있게 드세요"라고 감사의 마음을 나타내고, 식사가 끝날 때도 특히 음식을 제공한 사람에게 감사의 뜻으로 "잘 먹었습니다"라고 예를 표한다. 우리의 식생활에서는 형식적인 에티켓 표시가 아니라 마음속 깊이 우러나오는 존중과 겸손을 요구했던 것이다. 물론 중국이나 일본을 비롯하여 많은 국가들의 식사 예절에서도 식사하기 전에 인사를 하고 식사를 끝내면서도 감사를 표시하나 우리나라만큼 상대를 배려하는 '예'의 가치를 강조하는 나라는 드물다고 본다.

전통적으로 우리의 식문화에서 어른이 아닌 젊은이들은 반상(밥상)을 따로 받지 않는다. 그래서 장가들어 신부가 반상기 일습을 해 와서 살림 날 적에 썼던 것이다. 물론 반상의 첩수는 밥, 국, 김치, 장류, 찌개 등 기본이 되는 음식을 제외하고, 뚜껑이 있는 찬을 담는 작은 그릇인 쟁첩에 담겨진 찬품의 수를 가리킨다. 보통 가장(家長)의 식기는 크고 좋으며 수저도 재질이나 문양 등에서 다른데, 아직도 이런 현상이 남아 있는 편이다. 상물림이 궁중에서만 이루어지거나 의례가 있을 때만 행해지는 것이 아니었다. 손님이나 어른들에게 먼저 쌀밥이나 맛있는 반찬을 올리고, 웃어른이 먹던 밥상을 물려 아이들이 먹는 상물림의 관습은 유교적 기강과 질서 유지의 형태로 나타났다.

전통적인 독상 차림은 일제강점기부터 점차 사라져 1920년대부터 가족이 두레반을 놓고 둘러앉아 식사하는 것이 일반화되었다. 해방 이후 온 가족이 함께 식사를 할 경우 어른이 자리에 앉은 다음에 아랫사람이 앉는다든가 가장이 수저를 들 때까지 자녀들은 기다리는데, 이 관습은 지금까지도 지속되고 있다. 우리뿐만 아니라 중국, 러시아, 일본 등 가부장적 사회에서는 가장이 수저를 든 후에 가족들이 식사하는 습관이 일찍 자리를 잡았었다(『소학』 입교). 그러나 이 국가들도 공적인 자리를 제외하고 한국에서처럼 윗사람이 먼저 수저를 든 다음에 식사를 할 수 있다는 의식이 많이 사라졌다.[11] 우리의

11 이화형, 앞의 책, 64쪽.

음식문화에는 엄격한 예절 이전에 함께 식사하고자 하는 공동체 의식이 강하게 깃들어 있다.

오랫동안 유교적 이념이 사회를 지배했고 생활하면서 몸에 배다 보니 우리들에게는 잠재적으로 의식주를 본능적인 것으로 폄하하는 인식이 있었다. "군자는 배불리 먹으려 하지 않는다(君子食無求飽)"(『논어』 학이)는 가르침에 따라 배불리 먹는다는 것은 부도덕한 것으로 간주되거나 식탐하면 예의에 어긋나는 것으로 여기고 '주접스럽다'고도 하였다. 같은 유교권이면서 중국에서 음식에 대한 욕구를 강하게 드러내는 것과도 비교가 된다. TV 드라마 〈상도〉(2001~2002)의 주인공이자 의주 상인으로서 과욕을 경계했던 조선의 거상 임상옥(1779~1885)이 가까이 두고 지냈던 것이 계영배였다. 7할 이상의 술이 차면 밑바닥 구멍으로 넘치는 술이 줄줄 새어 나간다고 하는 잔이다. 더구나 요즘 우리는 과잉의 시대를 살고 있다. 비만, 고혈압, 당뇨병 같은 만성 질환의 위험에서 보듯 먹어서 생기는 병이 더 많다. 조선 최초의 음식 비평서라고 하는 『도문대작』(1611)에서 "식욕과 성욕은 사람의 본성이다. 더구나 먹는 것은 몸과 생명에 관계된다"(『성소부부고』 권26)는 말까지 하며 음식의 가치를 최고조로 끌어올렸던 미식가 허균(1569~1618)조차도 "지나치게 음식 사치를 말아야 한다"고 경고한 바 있다. 실학자 중에 조선 사회의 문제적 근원을 인간에서 찾고자 했던 이덕무는 "탐식해서는 안 된다"고 하면서 "내 앞에 있는 것만을 천천히 먹어야 한다"(『사소절』 권1 사전1)고 했다. 이 밖에도 식사예절로서 전통사회에서는 음식 타박하는 것에 대해 바르지 못한 태도로 보았다.

"음식 먹을 때 잔소리 많이 하면 가난해진다", "음식 먹을 때 이야기하면 복 날아간다"고 했던 것도 식사예절을 소중히 여긴 데서 나온 말이다.

OECD 국가 중에 우리나라가 식사시간이 가장 빠르다고 하며 우리는 선천적으로 스피드 DNA를 물려받았다고 하는데 이도 여유롭게 앉아서 대화를 하기 힘들게 하는 이유가 될 것이다. 외국인들이 가장 먼저 배우는 한국어가 "빨리빨리"임은 잘 알려진 사실이다. 많이 달라지기는 했지만 아직까지도 외국과 달리 식사할 때 말을 많이 하지 않는 것을 바른 예의로 여기는 편이다. 서양에서도 입안에 음식을 문 채로 이야기하는 것을 금하고 있다.

사실 서양에서 식사예절이 까다롭게 발전한 것은 17세기 이후로 여럿이 한 식탁에서 맨손으로 집어 먹던 습속에서 유래되었다고 한다.[12] 원래 공자(BC. 551~479)는 "식사를 할 때와 잠자리에서는 말을 하지 않아야 한다"(『논어』 향당)고 했었다. 중국은 청나라 때부터 외침을 많이 받으면서 서양화의 추세로 갔으며 특히 1949년 중화인민공화국이 세워진 이후 사회주의적 평등 사상의 확산에 따라 남을 배려하는 식사예절이 크게 변화되었다고 할 수 있다.

"멀리 있는 음식은 자제하고 가까이 있는 음식을 주로 먹는다", "반찬을 들었다 놓았다 하지 말고 한 번에 집어먹는다", "수저에 음식이 묻지 않게 깨끗하게 빨아먹는다", "누워서 음식을 먹으면 가난해진다"고 했던 것도 예절을 강조하는 것이다. 인간의 심미적 · 정서적인 차원은 물론 건강, 위생, 소화 등을 우려하는 과학적 인식까지 내포된다고 할 수 있다. 아직까지 국은 밥 오른쪽에 놓아야 하는 것도 우리의 식탁예절이자 실용성이 내재된 식문화이다.

여성 교육의 선봉에 섰던 인수대비(1437~1504)가 말하듯, 다 함께 식사할

12 정연식, 「조선시대의 식생활과 음식문화」, 『조선시대 사람들은 어떻게 살았을까 1』, 청년사, 1996, 244쪽.

때는 젓가락으로 흩어 먹지 말며, 뼈를 깨물어 씹지 말고, 먹던 생선이나 고기를 다시 그릇에 놓지 말며, 뼈다귀를 개에게 던져주지 말아야 한다(『내훈』 언행장). 또한 그릇을 포개놓고 먹지 않으며, 혓바닥으로 그릇을 핥지 않고, 밥을 먹으며 짭짭거리는 소리를 내지 않고 발을 까불지 않아야 한다. 이덕무는 "상추 · 취 · 김 따위로 쌈을 쌀 적에는 손바닥에 직접 놓고 싸지 말라, 무례하고 방자한 행동이 좋지 않기 때문이다"(『사소절』 권1 사전1)라고도 했다. 불미스러운 행동을 보이고 소음을 유발하는 등 예의에 어긋나는 거리낌 없는 모습은 남들에게 불쾌감을 주기 쉽다. "밥 먹을 때엔 개도 안 때린다"는 말도 있듯이 생명을 중시하는 존귀한 인간으로서 식사 때 깍듯이 예절을 지켜야 했다.

중국과 달리 음식을 남기지 않고 깨끗하게 먹는 것도 우리의 올바른 식사 예절이다. "곡식을 가지고 장난하면 곰보 색시(신랑) 얻는다"는 속담이 있는 것을 보더라도 식량을 소중히 여기는 의식과 그에 따른 식문화나 법도를 짐작할 수 있다. 우리는 식사 전에 얼마나 많은 사람들의 수고에 의해 자신 앞에 음식이 놓였는지를 생각하고 감사해야 한다는 깊은 윤리의식을 지닌 민족이다.

한편 식사 중에 자리를 뜨는 것은 예의에 어긋난다고 볼 수 있다. 이덕무는 식사를 마치자마자 밥상도 채 물리기 전에 일어서는 것은 점잖은 행동이 아니라고 하면서 "식사가 끝나면 반드시 수저를 정돈하여 상 밖으로 나가지 않게 하라"(『사소절』 권2 사전2)고 했다. 상을 물릴 때 수저의 끝부분이 문설주에 부딪혀 수저는 물론 그릇까지도 떨어뜨릴 수 있음을 걱정했기 때문이다. 음식을 한꺼번에 차려놓고 먹다 보니 상차림도 까다롭고 식사예절이 더 엄격해지기도 했다.

하지만 우리의 전통적인 식사예절은 서양이나 중국, 일본 등에 비해 매우 관대하고 오히려 단순하다고 할 수 있다. 서양의 경우 식사 도구의 사용법이나 음식 먹는 법 등 매우 까다로운 격식과 복잡한 순서를 지켜야 한다. 서양의 엄격한 식사예절은 폭력적인 포크나 나이프를 다스리기 위한 것이라고 하니 살벌한 느낌마저 든다. 공자의 제자 임방이 스승에게 예의 근본 정신이 무엇이냐고 묻자 공자가 "예란 사치함보다는 차라리 검소해야 되고 상례는 형식에 익숙하기보다는 차라리 슬퍼해야 된다"(『논어』 팔일)고 했듯이 우리는 예의의 본질을 깨닫고 '가가이례'라고 집집마다 형편에 맞게 예를 달리하며 "남의 제사에 감 놔라 배 놔라 한다"는 속담까지 만들어냈다. 다만 정성을 다해 인격적 소통과 질서를 위한 노력을 게을리하지 않았다. 식사문화에서도 예외일 수 없었다. 우리는 역사적으로 식사를 하기 전에서부터 식사를 하는 과정은 물론 식사를 끝낸 후에 이르기까지 다른 사람을 불편하게 하지 않고 남을 존중하고 배려하려는 깊은 뜻이 담긴 예절을 실천하고자 하였다. 그러나 가족이 빙 둘러앉는 밥상의 기회가 점점 줄고 있는 가운데 밥상머리 교육이 오늘날 사라지고 있어 안타깝다.

향음주례, 전통 다례 등에서 볼 수 있듯이 동아시아 3국의 음식문화에는 주례, 다례 등의 예의가 상당히 많이 나타난다. 더구나 중국이나 일본에 비해 한국은 유교 사상의 엄격한 질서와 절제의 영향을 고스란히 받아서 (아직도) 비교적 정중한 식사예절, 식탁문화를 잘 지키고 있음에 공감할 수 있다.

특히 정을 나누기 좋아하여 술을 마시다 보면 이성을 상실하고 남들에게 불편함을 초래하기 쉬운 점 등 때문에 주례가 더욱 요구되었을 것이다. 어른이 되기 전에 행하던 '관례'를 통해 술 마시는 법을 배우던 것이나 유생들이 학덕 있는 분을 모시고 술을 배우는 향음주례 같은 것이 대표적인 예이다. 전통 주법에서는 대략 해 진 다음에만 마시고, 술을 마신 뒤에는 입안을 물로 씻으며, 석 잔 이상 마시지 않도록 했다. 무엇보다 웃어른에게 술잔을 올리는 방식은 고대 중국과 조선에서 가장 고급한 예절에 들었다. 이것이 민간에 내려와서 아랫사람이 어른에게 술을 올리거나 주인이 손님을 예우하여 술잔을 주면 술잔을 받은 사람은 답례로 다시 그 잔을 아랫사람이나 주인에게 주고 술을 따랐다.[13] 우리 사회에서는 어린 사람이 어른한테 술을 따르거나 받을 때도 공손하게 두 손을 사용하며, 특히 중국 · 일본과 달리 인간의 윤리성을 촉구하는『예기』나『소학』에 나오는 대로 술을 마실 때 약간 돌아서서 마시는 예도 지금까지 행해지고 있다. 금주령이 내려지더라도 사신 접대용, 제사용, 혼례용 등 의례에 쓰이는 술은 예외로 인정했다.

차를 마시는 것을 두고도 주로 한국에서는 다례(茶禮), 중국에서는 다법(茶法), 일본에서는 다도(茶道)라고 한 데서 우리가 예의를 얼마나 강조했는지 알 수 있다. 사전적 의미로 보면 다도나 다법은 차를 달이거나 마실 때의 방식이나 법도이고, 다례는 차를 대접하는 의식이라고 할 수 있다. 다시 말해 다도나 다법은 심신의 수련을 위한 구도적 자세를 요구하는 근엄하고 심오한 것이라고 한다면, 다례란 각종 의례나 접대에서 갖춰야 할 일상의 생활 규범이라 할 것이다. 또한 다례는 다도나 다법 같은 고상하면서도 광범위한 개념의 한 단계 아래이자 일부에 속하는 경지라 할 수 있다. 상대방을 존중하는 마음을 담아 정성 들여 차를 달여서 대접하는 것이 다례의 매력이다. 차례는 명절에 지내는 제사를 가리킨다. 한국 명절의 특징이 차례를 지낸다는 점에 있다는 데서도 우리의 예에 대한 지극한 관심을 엿볼 수 있다.

13 주영하,『한국인은 왜 이렇게 먹을까?』, 휴머니스트, 2018, 322쪽.

시서화의 삼절이라 불렸던 조선 후기의 유학자 신위(1769~1845)는 시문에서 "차를 마시면 사람의 정신을 환하게 한다"고 했다. 차는 인도가 원산지요, 중국에서는 당나라 때부터 차가 성행하여 천하를 풍미했다(『조선상식문답』). 우리나라는 신라 흥덕왕 3년(828) 당나라에 사신으로 갔던 김대렴이 차나무를 들여와 지리산 일대에 심었다(『삼국사기』 권10)고 한다. 신라시대 주로 왕가와 절을 중심으로 마셨고 고려시대에는 불교적인 관습과 함께 차의 재배가 성행했으나 조선시대에는 승려들이 주로 차를 마실 뿐 양반층조차도 차를 즐겨 마시지 않았다. 사실 우리는 중국이나 일본과 달리 차를 잘 마시지 않는 편이었다. 차는 발효 유무에 따라 불발효차, 부분발효차, 발효차로 나누며, 불발효차의 대표격인 녹차는 제조법에 따라 덖음차와 증제차로 분류한다. 증기로 쪄내는 일본과 달리 중국에서는 찻잎을 솥에 넣어 발효를 막는 부초법을 이용하며 한국은 덖음차와 증제차를 모두 생산하지만, 우리나라의 녹차는 대부분 덖음차로 불리며 덖음차 중 좋은 것은 아홉 번 덖어 은은한 연갈색에 연한 푸른빛이 돌며 약간 떫고 구수한 배냇향이 난다. 한국 차는 맛으로, 중국 차는 향으로, 일본 차는 빛깔로 먹는다고 할 만큼 우리의 차는 깊은 맛이 있다. 삼국시대부터 중국에서 유입된 녹차가 전파되는 한편, 쌍화차 · 생강차 · 율무차 등의 국산차가 개화기 커피가 이 땅에 들어오고 나서 1970년대 국내 생산이 시작되기까지 꾸준히 음용되었고 지금까지도 50여 종의 국산 차가 시판되고 있다.

예절과 그에 따른 음식을 중히 여겼던 만큼 의례 음식을 대표하는 것이 떡이다. 조리법에 따라 떡은 크게 찐떡, 친떡, 삶은떡, 지진떡으로 분류되는데, 쌀가루를 시루에 앉혀 익히는 찐떡에는 켜시루떡, 증편, 송편, 두텁떡 등이 있고, 찐 다음 떡메로 치는 친떡에는 인절미, 절편, 개피떡 등이 있으며, 삶은떡에는 단자, 경단 등이 있고 지진떡 즉 전병에는 화전, 주악, 부꾸미 등이 있다. 중국은 밀가루를 주로 하여 굽고, 일본은 찹쌀가루를 주로 하여 치며, 한국은 멥쌀가루를 주로 하여 찌는 편이라(『조선상식』)고 하였다. 수백 종이 넘도록 떡이 우리나라에서 발달한 것은 예의를 중시했기 때문이다. 한국인에게 떡은 단순한 식품 이상의 의미를 갖고 있다. '밥 위에 떡'이라는 표현만큼 귀하게 생각하던 음식이요 떡은 이웃과 나누어 먹는 교류의 수단이었다. 예로부터 음식을 나누어 먹기를 좋아하는 풍속에서 "남의 떡에 설쉰다"는 속담도 나왔다. 떡은 관혼상제, 세시풍속 등 격식을 차려야 하는 의례와 행사에 빼놓을 수 없는 식품이다. 설날이나 추석 등의 명절에는 떡을 차렸고, 단오날에 먹는 수리취 절편에는 차바퀴 모양의 떡살을 찍어 장수를 기원했다. 일생의례 시에도 우리는 정성을 다해 떡을 장만했는데, 특히 백일 때 준비하는 백설기의 경우 칼을 대는 것이 불길하다고 하여 주걱으로 떼기도 하였다. "떡 본 김에 제사 지낸다", "굿이나 보고 떡이나 먹지" 등의 속담이 있고, 실제로 떡이 제수로 나오듯이 떡은 종교의례에서 으뜸으로 꼽히는 특별음식이다. 최남선(1890~1957)은 예부터 '남주북병(南酒北餠)'이라 하여 남산 아래의 남촌에서는 술을 잘 빚고 안국동 일대의 북촌에서는 떡을 잘 만들었음(『조선상식문답』)을 전했다. 가난한 선비들이 많은 남촌에서는 세상을 한탄하며 술 소비량이 많고, 부유한 집이 많은 북촌에는 잔치가 많고 음식 사치가 대단하여 떡 만드는 솜씨가 발달했다는 것이다. 지금도 북촌에 가까운 서울의 낙원상가 일대의 떡집은 불경기가 없다.

유밀과 · 강정 · 다식 · 정과 · 과편 등 전통적인 과자는 양과자가 들어온 이후에 한과라 불리게 되었다. 신라시대부터 조선시대에 이르기까지 혼례, 제례, 명절 등 의례적 상차림에는 한과가 필수적으로 사용되기도 했다. 한과는 대체로 쌀이나 밀 등의 곡물가루에 꿀이나 조청을 섞은 다음 기름에 튀겨서 만든 것인데, 제조에 쌀 소모량이 너무 많고 들어가는 재료도 귀하며 만드는 데 일품과 시간도 많이 드는 등 평소에 먹기 힘든 고급스러운 식품이다. 임금이나 매일 식후 과자와 떡을 먹을 수 있었을 것이다. 80여 종에 이르는 한과는 한때 서양과자에 밀리는 듯했으나 최근에는 맛과 영양 등의 품질 향상으로 인해 소비층이 느는 추세이다.

동양의 유교문화권에서는 관혼상제 등의 일생의례를 중시했고 의례에 부합하는 상차림을 중요하게 여겼다. 우리나라에서는 관례 날을 택하면 이삼일 전에 사당에 알리는데 제수는 술, 과일, 포, 혜 등으로 간소하게 차렸다. 혼례식을 앞두고 함이 도착하면 떡시루 위에 올렸다가 받았으며, 교배상에는 곡물과 과실을 차렸고, 대례가 끝나면 신부집에서는 신랑에게 큰 상을 차려 축하했다. 폐백음식은 지방에 따라 다른데 고기와 대추는 빠지지 않았다. 상례 시 망인에게 마지막 음식으로 쌀을 떠 넣어드리고 저승으로 인도하는 사자를 위해 사잣밥을 차렸으며, 입관이 끝나면 술, 과일, 포로 혼백상을 차렸고, 출상 후에는 상청을 차리고 조석으로 상식을 올렸다. 『소학』(가언)에 따라 상중에 있으면서 버젓이 고기 먹고 술 마시는 자가 있을 수 없었다. 한편 제례 때 술, 과일, 포를 중심으로 떡, 메, 갱, 적, 전 등의 찬물을 놓았으며, 차례 시 설날에는 떡국을, 추석에는 송편을 올렸다. 떡국을 끓이는데 길조인 꿩이 귀해 닭고기를 넣어 "꿩 대신 닭"이라 했고, 솔잎 위에 찐다 하여 '송편'이라 하였다.

우리 조상들은 의례를 치를 경우 정성을 다해 음식을 마련하였다. 위와 같은 관혼상제의 사례는 물론 아기가 태어나기 전부터 삼신상을 차려 순산을 기원하고 출산 후에 산모는 첫국밥을 먹었으며, 백일이나 돌에는 백설기 · 수수팥단지 등을 만들어 아기의 장수를 빌어주었다. 부모의 회갑을 맞게 되면 이를 축하하기 위해 일가친척과 친한 친구들을 초대하여 정성껏 술과 음식을 대접하는 것이 예로 되어 있다. 이 밖에도 명절을 비롯하여 중요한 날을 맞아 의식을 치를 때는 반드시 음식을 성의껏 장만해왔다. 이로써 예절을 강조하는 한국문화 속에서 자연히 의례 음식이 크게 발달해왔음을 발견하게 된다. 무엇보다 유학의 최고 가치인 효의 실천을 위해서는 아침저녁으로 올리는 음식 봉양이 매우 중시되었다. 서울의 반가 음식의 특징이 조상을 위하는 정신으로 설명되기도 한다.

2

자연식과 건강식

세계적으로 비만 인구가 많아지면서 성인병이 증가하고 있다. 다른 나라에 비해 우리나라의 비만 인구의 비율이 낮은 이유는 우리의 식단이 채식 위주이면서 곡물로 탄수화물을 섭취하고, 생선으로 단백질을 보충하며, 식물성 기름으로 지방을 공급받듯이, 3대 영양소의 비율이 적절하고 열량이 낮기 때문이라 한다. 건강식의 제일 조건은 음식이 탄생한 자연환경이라 할 수 있다. 한국 음식은 빽빽히 들어찬 산과 아득히 드넓은 바다로 둘러싸인 영토에서 산출된 것이다. 따라서 자연친화적 음식의 제조와 향유는 한국 음식문화의 특성이 되었다. 최초의 한글 요리책이라는 장계향(1598~1680)의 『음식디미방』(1670년경)에 등장하는 음식은 제철에 생산되는 재료를 써서 자연의 맛을 최대한 살려 만드는 것이 특징이다.

우리는 '약과 음식은 근원이 같다'고 하는 '약식동원(藥食同源)'의 개념을 중시해왔다. 의학서인 『동의보감』(1610)에서는 "병이 난 곳을 알아서 음식으로 치료한 후에도 낫지 않으면 다음에 약으로 구하는 것이다"라고 하였다. 우리가 일상적으로 사용하는 약주, 약식, 약과, 양념(←약념) 등의 음식 관련 이름도 약식동원의 정신에서 나온 것이라 할 수 있다. 한국인이 원기를 보충하기 위해 많이 먹는 보신탕, 삼계탕도 대표적인 약식동원 사상의 소산이며, 비빔밥을 비롯한 밥 또한 보약으로 인식되었다. 이 밖에도 우리는 무, 배추, 부추 등 채소의 약효와 함께 홍어, 해삼, 그리고 흑염소 등의 보양 효과를 크게 인정해왔으며 검은깨, 녹두 등도 보약처럼 귀하게 여겨왔다. 우리 음식은 건강식이면서 슬로푸드로 세계인의 주목을 받고 있다.

자연을 담은 음식

우리의 문화는 자연과 떨어질 수 없다. 생활에서부터 예술이나 신앙에 이르기까지 자연친화적이지 않은 것이 없다. 특히 의식주의 경우 자연으로부터 원료를 가져오고 모든 인간의 노력이 자연을 닮고 하나가 되는 것이다. 자연친화적 음식의 제조와 향유를 한국 음식문화의 주요한 특징으로 삼을 수 있다. 한국 음식의 원형을 규정할 때 첫째 재료, 둘째 조리법 등으로 기준을 잡는 것도 이와 무관하지 않다. 그런데 우리나라는 1997년 외환 위기 이후 서구식 식습관에 빠져들었고, 밀가루와 육류 음식으로 인한 고혈압, 당뇨, 비만 등 대사증후군과 아토피, 비염, 암 등의 염증성 질병이 열 배, 수십 배로 늘어났다고 한다. 말하자면 요즘 우리가 즐겨 먹고 있는 치킨, 피자, 햄버거 등은 기름지고 입에 달지만 수많은 질병을 유발하며 우리 몸을 망가뜨리고 있는 것이다.

특히 코로나19 발생 이후 죽는 중증 환자들은 전통 슬로푸드를 먹는 아프리카인들이 아니고 주로 미국과 유럽 등 가공식품을 먹어 기저질환에 노출된 선진국 사람들이라는 사실이 밝혀졌다. 신종 바이러스가 창궐하게 된 가장 근본적인 원인은 우리 인류에게 있다. 개발과 성장을 과도하게 추구한 나머지 동식물의 서식지를 파괴해왔기 때문이다. 코로나 팬데믹은 탐욕을 억제하지 않은 우리 인간에게 반성을 요구하고 있다. 자연은 자유를 빼앗지 않지만 문화는 자유를 빼앗는다. 생태계를 파괴하는 인간들에 의해 우리 스스로 고통받고 있는 것이다.

세계적으로 풍부한 맛과 정갈한 모습으로 명성이 높은 프랑스 요리는 14세기 이탈리아 메디치 가문의 카트린(1519~1589)이 프랑스 왕실로 시집올 때 데리고 온 요리사들에 의해 발전되었다. 성공의 비결은 프랑스에서 구할 수 있는 신선한 재료들을 가지고 이탈리아가 아닌 프랑스 요리로 만들었다는 데서 찾을 수 있다. 이처럼 프랑스 요리의 가장 중요한 특징 가운데 하나는 풍부한 재료의 깨끗함에 있다. 다양한 지리적 특성을 가지고 있는 프랑스는 채소, 과일, 해산물, 육류 등 다양한 식재료를 신선하고 고품질로 사용하여 요리의 맛을 높이는 데 최선을 다하고 있다.

해외가 K푸드를 주목하는 이유는 자연식, 채식을 통틀어 건강이라는 키워드로 내 고장 식재료를 사용하기에 글로벌 자연식 트랜드에도 부합하기 때문이라 한다. 실제로 영양소 분석을 해보면 제철음식이 더 많은 비타민을 함유하고 있는 것으로 입증된다. '2022 대한민국 교육산업대상'을 수상한 신아가 원장은 사람의 몸이 자연 상태로 회복하도록 돕는 음식은 자연에 가까운 재료로 만든 음식이라며 약선의 자연 음식 전문가로 크게 활동하고 있다.[14] '자연음식'이라는 식재료의 우수성과 함께 음식의 색깔에 있어서도 중·일에 비해, 한국에선 비빔밥의 오방색, 무의 흰색, 고추의 붉은색, 미역

14 〈월간 인터뷰(INTERVIEW)〉, 2022.03.17.(http://www.interviewm.com)

의 검은색, 가지의 자주색 등 자연 그대로의 색이 들어가는 편이다.

우리나라는 사계절의 변화가 뚜렷하여 식품 생산에 계절성이 크게 작용하는 편이다. 음식의 문화적 기능은 자연, 경관, 계절적 순환의 중요성을 강조하면서 물과 토양과 같은 자연 자원의 지속 가능한 관리에 기여한다.[15] 다달이 즐기는 시식이나 명절에 만들어 먹는 절식을 통해 우리 조상들이 계절의 변화에 맞게 새로운 음식을 즐겨 먹는 풍습이 있었음을 잘 알 수 있다. 공자는 "제철음식이 아닌 것은 먹지 않았다"(『논어』 향당)고 하는데, 우리는 제철에 나오는 재료의 사용은 물론 자연물의 감각을 살리려고 매우 노력했다.

밥만 하더라도 봄에는 거피팥을 섞어 만든 밥, 여름에는 햇보리밥, 초가을에는 강낭콩밥이나 청태콩밥, 겨울에는 붉은 팥을 삶아 쌀과 함께 지은 밥이나 검은콩밥 등을 먹었다.[16] 봄이 되면 들과 산에 나는 나물로 식탁을 채웠고 산에 만발한 진달래꽃을 뜯어다가 지져 먹는 화전은 봄의 미각을 한층 돋워주는 별식이다. 여름에는 보리굴비, 오이, 애호박, 들깨 등으로 밥상을 차렸고, 복중에 물가에서 닭을 푹 고아서 그 국물에 넣고 끓이는 칼국수는 여름철의 별미다. 가을이 되면 집 나간 며느리도 돌아오게 한다는 전어를 비롯하여 낙지, 꽃게 등 해산물이 식탁을 풍성하게 하며 사과, 배, 감 등의 과일 및 버섯나물 등이 제격이다. "가을 새우는 굽은 허리도 펴게 한다"는 속담도 있다. 겨울에는 청국장, 갓김치, 코다리 등이 일품이며, 살얼음이 동동 뜨는 동치미 국물에 먹는 녹말이나 메밀가루로 만든 우리 특유의 냉면은 겨울 음식의 백미다. 사계절의 변화를 담아냈던 음식문화를 통해 한국인

15 함한희 · 오세미나, 「평양랭면, 바게트, 보르쉬-유네스코 무형문화유산 목록에 등재된 음식 종목의 특징과 시사점」, 『무형유산학』 8권 1호, 무형유산학회, 2023, 56쪽.

16 정혜경, 앞의 책, 179쪽.

의 지혜롭고 아름다운 정신을 읽어낼 수 있다.

"국은 밥 다음이요 반찬의 으뜸이라. 국이 없으면 얼굴에 눈이 없는 것과 같다"(『조선무쌍신식요리제법』)고 하는 국만 하더라도 계절의 맛을 살려 봄에는 냉잇국, 여름에는 오이냉국, 가을에는 토란국, 겨울에는 우거짓국 등을 먹었다. "가을 아욱국은 문 닫아 걸고 먹는다."라는 속담이 있을 만큼 국은 한국인의 생활에 밀착된 음식이기도 하다. 이처럼 우리의 음식은 한국적 풍토와 환경에서 나온 것이라 할 수 있다. 여성학자인 빙허각 이씨(1759~1824)는 "봄에는 신 것이 많고, 여름에는 쓴 것이 많고, 가을에는 매운 것이 많고, 겨울에는 짠 것이 많으니 맛을 고르게 하면 미끄럽고 달다 하였으니, 이 네 가지 맛이 목, 화, 금, 수에 해당하는 바이다"(『규합총서』「주사의」)라고 하면서 달고 미끄러움은 토를 상징한다고 했다. 계절과 관련된 맛의 조화로움을 강조하며 한국의 음식문화가 음양오행의 원리를 실천했음을 밝혔다.

한국인들은 봄철이 되면 입맛을 돋워줄 무기질과 비타민이 풍부한 햇나물을 장만하여 식탁에 올리는 풍습이 있었다. "봄나물은 독이 없으니 먹어도 좋다"(『증보산림경제』 권6)고 했는데, 한국인이 성인병에 강한 것도 나물 덕분이다. 나물은 제사상에도 반드시 올라가는 음식으로 조선시대 문헌에 나오는 것만도 150여 종이나 되었다. "그 나물에 그 밥"이라는 말이 회자될 정도로 이 땅에서 생산되는 나물은 부식을 대표하면서 우리를 '나물국가'로도 불리게 했다. 나물 자체가 반찬으로 식탁에 오르기도 하나 국밥, 잡채, 국, 찜 등 다양한 음식에 들어가 개운한 맛을 더하기도 한다. 나물은 참기름·깨소금·초장 등 여러 양념을 넣어 무친 음식인데, 쓰이는 재료에 따라 날것으로 무친 생채, 익혀서 무친 숙채, 말린 재료로 조리한 진채로 나눌 수 있다. 생채의 재료는 무·도라지·오이·미나리·더덕 등인데, 양배추·

브로콜리 · 로메인 · 치커리 · 케일 · 파프리카 등 서양의 채소가 보급되고 샐러드가 일반에 알려지면서 생채 역할을 대신하게 되었다. 나물이라고 하면 대개 숙채를 가리키는데, 우리가 개발한 나물류로 손꼽히는 것이 콩나물이다. 국이나 찜에 많이 들어가는 콩나물은 콩과 달리 비타민C가 많이 함유되어 감기나 몸살에 특효가 있고 아스파트산이 콩나물 뿌리와 줄기 부분에 70% 이상 들어 있어 숙취 제거에 효과가 크다.[17] 숙채 중에는 봄에 나무의 새순을 끓는 물에 데쳐 초고추장에 무쳐 먹는 두릅나물을 최고로 쳤고, 녹두를 시루에 물을 주어 기른 숙주나물은 가을철의 별식이다. 해독 작용이 뛰어나 디톡스 식물로 꼽히는 녹두가 싹을 피워 숙주나물이 되면 비타민A는 2배, 비타민B는 30배, 비타민C는 40배로 늘어난다. 숙채를 조리할 때도 살짝 데쳐서 비타민의 파괴를 막고 나물의 본색과 맛을 살린다.[18] 진채는 무 · 가지 · 시래기 · 고사리 등을 말려서 저장해두었다가 물에 불려 삶아서 무쳐 먹는 '묵은나물'을 가리킨다. 이런 나물들을 정월 대보름에 먹으면 여름에 더위를 타지 않고 한 해 동안 질병에 걸리지 않는다고 하였다.

계절감을 살릴 수 있는 자연친화적 음식으로 묵을 들 수 있다. 곡물이나 열매의 전분을 물에 풀어서 응고시킨 묵은 우리나라 고유의 전통 식품이다. 묵은 원래 담백한 음식이기에 "묵 맛은 양념 맛"이라고도 하는데, 하얗고 말갛게 비치는 청포묵도 맛이 싱겁고 깨끗한 것이 특징이다. 묵 중에 제일로 치는 파란 녹두로 만든 녹두묵, 즉 청포묵은 단백질과 필수 아미노산의 함량이 풍부하며 그냥 먹거나 탕평채 등을 만들기도 하는데 우리 풍속과 역사

17 한복진, 『우리 생활 100년 · 음식』, 현암사, 2001, 130~131쪽.
18 김경은, 『한중일 밥상문화』, 이가서, 2012, 215쪽.

에 관심이 많던 유득공(1748~1807)은 "매우 시원하여 봄밤에 먹기 좋다"(『경도잡지』 권1)고 했다. 여름과 가을에는 주로 도토리묵을 먹고, 겨울에는 메밀묵을 먹는다. 외국에서는 다람쥐의 주식 또는 가축의 사료로만 사용되는 도토리를 우리는 묵으로 만들어 혈액순환, 근육강화, 중금속 해독, 소화 개선 등의 효과를 얻고 있다. 집터의 기운을 누르기 위해 도깨비에게 바쳤다는 메밀묵은 콜레스테롤과 혈당을 낮추며, 효소가 많아 소화를 용이하게 해주는 음식으로 통한다. "묵 먹은 배"라는 속담이 있는데, 냉수 먹고는 체해도 묵 먹고는 체하는 법이 없을 만큼 금방 소화되는 섭섭한 음식이 바로 묵이다. 그래서 낟알이 오들오들하게 씹히는 조밥을 곁들여 먹어두어야 나중까지 뱃속이 든든하다고 한다. 얻어맞거나 하여 얼굴 따위가 형편없이 깨지고 뭉개진 상태를 속되게 일컬어서는 '묵사발'이라 하였다.

국토의 삼면이 바다인 우리만큼 다양한 수산물을 즐기는 나라도 세계에 드물다. 조선의 백성들은 해변이나 강가에서 제철에 잡히는 신선한 생선으로 회를 즐겨 먹었다. 최근에는 기술의 발달로 거의 모든 어종을 양식하고 있어 계절과 무관하게 항상 싱싱하고 저렴한 가격의 활어를 먹을 수 있게 되었다. 1년 중 자연산 활어가 가장 많이 잡히는 시기는 4, 5월과 10, 11월인데 이때는 동해안의 한류와 난류가 교차되기 때문에 많은 어종이 몰려든다. 활어회 외에도 끓는 물에 살짝 익혀 먹는 숙회와 생선을 발효시킨 홍어회도 즐겨 먹었다. 어패류뿐만 아니라 미역, 다시마, 김, 파래, 매생이, 톳 등의 해조류도 있다. 해조류는 알칼리 식품인 데다 단백질, 당질, 비타민, 무기질 등이 많이 함유되어 있고 식이섬유소가 풍부하다. 이 해조류를 날로 먹기도 하고 굽거나 국에 넣는 등 다양한 방법으로 조리하여 먹었다. 조선 중기에는 각지에서 김을 생산했는데 정월 대보름에 오곡밥을 굽지 않은 생김에 싸 먹는 '복쌈' 풍습이 있었다. '복을 싸서 먹는다'는 복쌈으로 처음에는 김에 밥을 싸서 먹다가 나중에는 삶은 취나물 · 배추잎 · 토란잎 등을 쓰기도 했다. 쇠고기의 연한 살코기와 간 · 천엽 · 양 등의 육류도 정갈한 조리 과정을 거쳐 날로 먹곤 하였다. 1980년대 이후에는 양식하는 생선이 다양해지고 해수를 담은 수조에 살아 있는 생선을 보관할 수 있어 식당이나 가정에서도 편안히 먹게 되었다.

우리가 자랑하는 담백하고 깊은 맛이 나는 발효식품도 자연친화적인 음식이다. 전통 발효식품의 시장 규모가 약 3조 1천억 원으로 전통 식품 시장 4.4조 원의 약 70%를 차지(2012년 통계)하고 있을 만큼 우리나라는 세계에서 가장 발효음식이 발달했다. 중국에서도 "고구려인들은 술빚기, 장 담그기, 젓갈 등의 발효식품을 잘 만든다"(『삼국지』 위서 동이전)고 인정한 바 있다. 한국인뿐만 아니라 서구인들도 즐겨 먹는 숯불 쇠고기 갈비는 양념으로 살짝 발효시켜 구운 것이고, 전골 찌개도 양념으로 살짝 발효시켜 끓인 음식이다.[19] 우리나라 식초가 특별한 이유는 곡물을 재료로 발효시키기 때문이다.

세계가 우리의 발효식품에 주목하는 이유는 채소를 이용한다는 점이다. 2006년 미국의 월간지 『Health』에서 우리나라의 채소 발효식품인 김치를 세계 5대 건강식품으로 발표한 바 있다. 곡류와 채소류를 발효시키는 기술은 치즈와 요구르트 같은 유제품 발효기술과는 전혀 다른 것이다. 채소를 소금에 절이면 풀이 죽는데 발효의 마술을 거친 김치는 채소의 신선도와 촉감을 유지한다. 낮은 온도에서 자연스럽게 발효시킴으로써 영양소의 파괴를 막았다. 중국, 인도 등 대부분 온도, 소금, 기름 등을 사용해 부패 미생물의 활

19 이종철, 「전통문화의 계승과 한국문화의 세계화」, 『우리길벗』 21호, 신사회공동선운동연합, 2006.8.1.

동성을 억제하는 방식으로 음식의 저장성을 높여온 데 비해 우리는 다른 미생물을 이용해 부패 미생물을 제어하는 발효의 지혜를 발견했다. 발효가 진행되면서 미생물의 작용으로 김치의 풍미가 더해지고 유산균 번식이 가속화되는데 김치가 적당히 익었을 때는 막 담갔을 때보다 무려 6천 배나 많은 유산균을 함유하게 된다.[20] 이렇듯 김치는 이 땅의 환경과 우리만의 식문화 속에서 자연스럽게 탄생한 한국의 대표적인 발효식품이다. 아삭아삭 씹히면서 새콤달콤한 맛이 일품이며 비타민C와 무기질이 풍부한 알칼리성 식품인 김치는 인체에 복합적인 효과가 있으므로 국내외 영양학자들이 김치를 미래식품으로 손꼽고 있다. 2001년에 코덱스에서 국제식품규격으로 인정받은 우리의 김치는 마침내 미국의 등록 영양사들이 뽑은 '2023년 10대 슈퍼푸드' 중 1위로 선정되기에 이르렀다.

발효를 위해 김장에 쓰이는 배추와 무는 품질이 좋았다. 개성과 한양의 배추가 인기가 높았는데 한양의 경우 을지로 6가와 종로 연건동 일대에서 나는 배추가 대갓집 차지가 되었고 가난한 사람은 배추밭에서 남은 이삭을 주워다 막김치를 담가 먹었다. 무가 덜된 것은 아주 헐값이므로 이것으로 알깍두기를 담갔는데 알깍두기의 인기가 높아져서 일부러 씨를 늦게 뿌려 계획적으로 어린 무를 만들어 김장거리로 쓰게 된 것이 소위 '총각김치'이다.[21] 무청째로 김치를 담그는 '총각무'는 '알타리무'로 더 잘 알려져 있다. 김치는 겨우내 먹는 김장김치 외에도 봄철의 나박김치와 돗나물김치, 여름의 오이소박이와 열무김치, 가을 김치인 섞박지 등으로 채소의 계절성에 따

20 권대영, 『한식 인문학』, 헬스레터, 2019, 152~169쪽.

21 한복진, 앞의 책, 93~95쪽.

라 종류가 다양한데, 조선시대 문헌에 나오는 김치만도 150여 종에 이른다. 2003년 중증 급성 호흡기 증후군(SARS)이 사그라지면서 한국 김치 수요가 급격히 늘어났었는데, 사실 사스를 물리친 것은 김치 속의 마늘이었다. 마늘을 김치 속에 넣거나 장아찌 등으로 발효시켜 먹는 나라는 지구상에 한국이 유일하다. 강한 냄새만 빼면 백 가지 이로움이 있다는 마늘에 함유된 알라신은 페니실린보다 더 높은 항생 효과가 있고 혈액을 맑게 하며, 셀레늄과 게르마늄 성분도 암세포를 억제하는 효과가 있다. 마늘은 미국 국립암연구소(NCI)가 선정한 항암식품 중에서도 최고의 식품으로 꼽혔다.

젓갈은 어패류의 알, 내장, 살을 절인 뒤 상온에서 보관하면 자가 분해 효소와 미생물이 생성되어 발효되는 염장 식품이다. "젓갈은 밥도둑이다"라는 말이 있을 정도로 어패류의 단백질 성분이 분해되면서 내는 특유의 감칠맛과 향은 밥맛을 돋구어준다. 신라의 신문왕(재위 681~692)이 왕비를 맞을 때 받은 예물 목록에 술, 장, 젓갈 등이 들어 있었다(『삼국사기』 권8). 명란젓, 오징어젓, 어리굴젓, 조개젓, 창란젓 등의 젓갈은 칼슘과 단백질의 함량이 높은 알칼리성 식품으로 체액을 중화시킨다. 조선시대 문헌에 나오는 것만 해도 무려 160여 종이나 되는 젓갈은 반찬으로 먹어도 되지만 조미료로도 쓰인다. 기후가 온화한 중부 이남에서는 김치를 담글 때 신선도를 위해 염도가 높은 새우젓과 멸치젓을 가장 많이 쓴다. 김치가 한국의 대표 음식으로 발전할 수 있었던 것은 단순한 채소절임에 젓갈을 사용한 지혜의 덕분이다. 젓갈이 첨가됨으로써 김치는 식물성 재료와 동물성 재료의 융합이 이루어지고 밥과 김치만으로 식사를 해도 필요한 영양소를 얻을 수 있게 되었다. 발효기간을 젓갈보다 2~4배 이상 연장시켜 육질이 모두 분해되도록 하면 수년간 보관할 수 있는 액체 육젓이 된다. 1980년대에는 액체 육젓이 나와서 김치에 많이 쓰이게 되었고 1990년대에는 까나리 액젓이 유행하였다.

식해는 곡식의 식(食)자와 젓갈 해(醢)자를 합쳐 표기한 것으로 한국 · 중국 · 일본 등지에 고루 분포하는 음식이다. 바다에서 먼 산간 지대에서 생선을 저장하는 방법으로 시작되었다는 '식해'는 생선 같은 수산물과 조밥이나 쌀밥 같은 곡물에 소금을 넣어 숙성시킴으로써 곡물의 전분이 분해되면서 젖산이 생산되고, 젖산이 소금과 더불어 식품의 부패를 막아주는 역할을 했다. 처음으로 해(醢)에 관한 기록이 나오는 우리나라 최초의 조리서인 『산가요록』(1450)에는 7가지의 식해류가 등장하고 있어 시대가 올라갈수록 식해가 우리 식탁의 중요한 식품이었음을 입증해준다.[22] 우리나라에서 식해를 담가 먹는 지역은 모두 동해안에 접한 함경도 · 강원도 · 경상도 등이다. 식해에 쓰이는 생선류는 가자미 · 고등어 · 도루묵 · 명태 · 멸치 등으로 다양하다. 요컨대 식해는 어패류에 곡물을 한데 섞어서 고춧가루 · 마늘 · 소금 · 파 등으로 조미하여 만드는 저장 발효음식이다.

부식류 중 으뜸을 차지해온 것이 발효식품으로 뛰어난 장류이다. "구더기 무서워 장 못 담글까"라는 속담까지 있을 만큼 가정에서 반드시 해야 할 일 중 하나가 장 담그는 것이었다. 김장을 '겨울 농사'라 하는 데 비해 장 담그기는 '1년 농사'라 했음이 허투루 나온 말이 아니다. 장 담그는 부녀자는 사흘 동안 외출을 삼가며 근신해야 했던 것도 장의 위상을 말해준다. "인가의 장맛이 좋지 않으면 비록 좋은 채소나 맛있는 고기가 있어도 좋은 요리가 될 수 없다"(『증보산림경제』 권8 치선상)고 했고, "장맛이 변하면 집안이 망한

22 정혜경, 「남녀 저술가의 조리서에 담긴 생물학적 문화적 차이」, 『선비의 멋 규방의 맛』, 글항아리, 2012, 401쪽.

다"[23]고 하며 "장맛 보고 딸 준다"는 속담도 있을 정도로 장은 맛의 으뜸이요 집안의 길흉을 가늠하는 척도였다. 장맛이 변하지 말라고 장독에 숯과 고추를 띄우고, 장독대에 돌담을 쌓고 기와까지 얹으며 신성한 곳으로 가꾸었다. 중국을 비롯한 다른 나라에서는 해(醢)라는 육장(肉醬)·어장(魚醬)이 발달했지만 한국에서는 콩을 발효시킨 시(豉)라는 두장(豆醬)이 발달했다. 동짓달이나 섣달에 콩으로 메주를 쑤어서 띄워 정월이 지나면 장을 담근다. 조선 후기 실학자로서 민생 구제를 위해 노력했던 이익(1681~1763)은 "곡식이 사람을 살린다고 보면 콩의 힘이 가장 크다"(『성호사설』 권9, 인사문)라고 할 정도로 콩 사랑이 대단했다. 콩에는 필수 지방산과 필수 아미노산이 풍부하여 건강식품으로 알려져 있다. 콩은 단백질이 약 40%나 되어 '밭에서 나는 쇠고기'라고 불리며, 콩 속의 단백질은 혈관을 깨끗하게 해주고 동맥경화와 치매의 예방, 노화 방지, 항암작용 등에 효능이 크다. 서양인들도 이제 콩을 기적의 작물이라고까지 극찬하고 있다. 일본의 낫토(納豆)와 인도의 렌틸콩이 세계5대 건강식품으로 선정된 것도 이 같은 콩의 위력 때문이다. 한편 콩으로 만드는 두부는 콩보다 소화율이 뛰어난 단백질의 중요 공급원이 된다.

콩을 삶아 뭉쳐 띄워 메주를 만들고 그 메주를 소금물에 담가 햇빛이 드는 곳에서 40~50일간 발효시킨 후 즙액을 거른 것이 간장이다. 이렇듯 소금기의 짠맛(salty)을 의미하는 '간'이 들어간 재래식 조선간장 외에도 콩가루, 소맥 등과 함께 누룩균을 사용해 만드는 개량식 양조간장(왜간장)이 있다. 집간장 또는 국간장으로도 불리는 재래식 간장은 숙성 기간에 따라 담근 지 1~2

23 최래옥, 『한국 민간 속신어 사전』, 집문당, 1995, 255쪽.

년 정도 된 묽은 간장, 3~4년 정도 된 중간장, 5년 이상이 된 진간장으로 나눈다. 특히 국간장은 색이 연하고 짠맛이 강해 국물 요리에 적합하며 고기나 생선의 비린 맛이나 잡내를 제거하는 데 많이 쓰인다. 시판하는 양조간장은 대부분 개량간장으로서 색이 진하고 짠맛이 약하여 무침의 양념이나 생선회의 소스 등에 좋으며 단맛을 내야 하는 요리에도 적합하나 열이 가해지면 맛과 향이 날아간다. 시중에 판매되고 있는 진간장은 양조간장에 산분해간장이라는 화학간장을 섞은 혼합간장으로 3년 이상 숙성되어 깊은 맛과 풍부한 향이 나고 가열해도 맛이 변하지 않아 무침, 볶음, 조림 등 모든 요리에 두루 사용할 수 있고 저렴하기까지 하나 유해성이 제기되고 있다.

메주를 소금물에 담가 발효시켰을 때 발효된 소금물이 간장이고 메주를 건져내 따로 묵힌 것이 된장이다. 즉 소금물에서 불어난 남은 메주 덩어리를 됨직하게 삭힌 된장은 '되게 만들어진 장'이라는 뜻으로 붙여진 이름이라 할 수 있다. 우리의 발효식품 중에도 항암효과가 가장 탁월한 것으로 알려진 된장에서 발암물질인 아프라톡신 등을 박멸하는 발암 억제효과를 확인한 바도 있다. 또 된장은 간기능 증진에도 효과가 크며, 노화 방지 효과는 더 잘 알려졌다. 된장에 들어 있는 불포화지방산은 콜레스테롤의 체내 축적을 막아줄 뿐만 아니라 된장은 고혈압이나 골다공증을 예방하고 뇌졸중이나 뇌출혈 등 혈액순환 장애로 인한 질병을 예방할 수 있으며, 동맥경화나 심장질환의 예방, 당뇨 개선에도 좋다. 소화가 잘 안 되는 콩과 달리 소화가 잘되고 구수한 맛과 향이 있고 단백질 공급원이기도 한 된장은 예로부터 오덕을 갖춘 식품으로 일컬어지고 있다. 오덕이란 첫째로 다른 맛과 섞여도 제맛을 내며, 둘째로 오랫동안 상하지 않고, 셋째로 비리고 기름진 냄새를 제거하며, 넷째로 매운맛을 부드럽게 하고, 다섯째로 어떤 음식과도 조화를 이루는 것을 말한다.[24] "화이부동"의 인간적 이상을 된장이 구현하고 있다는 생각이 든다.

완전 건강식품이라는 청국장은 우리의 장류 중 유일하게 소금을 첨가하지 않고 고온(40~50° C)에서 발효시킨 것이 특징이다. 메주를 만들지 않고 속성으로 발효시킬 수 있는 발효의 주역은 볏짚에 붙어 있는 바실러스균으로서, 유산균음료보다 1,000배나 들어 있다. 청국장은 강력한 항산화 효과로 암 예방에 도움이 되고, 고혈압이나 콜레스테롤을 떨어뜨리는 것으로 알려졌다. 골다공증 같은 갱년기 증상도 없애고 노인성 치매에도 효과가 있으며 비타민B^2가 많아 간의 해독기능을 좋게 한다. 청국장의 식이섬유와 사포닌은 변비 개선에 도움을 준다. 기원설이 분분한 청국장 문화는 우리나라를 포함하여 일본은 물론 실크로드를 따라 중국의 서역, 태국, 인도네시아 등 동남아시아로 퍼져나갔다. 우리의 청국장과 비슷한 일본의 낫토는 자연발효가 아닌 인공배양된 것이며, 우리 된장보다 더욱 끈끈한 점액성 발효식품이다. 우리는 생으로 먹는 일본과 달리 찌개로 끓여 먹는다.

유산균과 아미노산이 풍부한 고추장은 우리나라에서만 생산되는 전통 식품이다. 고추장은 맵고 달고 구수한 맛이 잘 어우러지며 곡물에 들어 있는 탄수화물, 메주의 단백질, 고추의 비타민 등이 녹아 있어 영양소도 매우 풍부하다. 국내에서 유일하게 100% 콩메주를 발효 첨가하는 등 전통적인 제조법을 고수해오고 있는 전북의 순창 고추장은 해외에까지 잘 알려져 있다. 비빔밥이 세계적으로 유명해진 것도 고추장 덕분이라 할 수 있다. 인공 감미료로 맛과 향을 보태고 불린 요즘 음식에 넌더리가 난 사람들이 일부러 찾는 음식이 고추장에 깡보리밥이 아닐까. 간암 세포의 증식을 억제하는 효

24 이화형, 앞의 책, 86쪽.

과와 함께 엔도르핀을 얻을 수 있는 고추는 당과 지방 함량이 낮은 저칼로리 식품이다. 사과의 50배나 함유하고 있는 비타민C와 캡사이신은 항산화 기능을 통해 인간의 노화를 억제한다. 풋고추 2~3개를 먹으면 비타민C 하루 필요량을 충당할 수 있고, '활명수'라는 소화제의 주성분이 바로 고추에서 추출한 캡사이신이라[25]고 한다. 고추를 고추장에 찍어 먹는 나라는 우리밖에 없을 것이다. 우리나라는 음식에 맛과 향을 더하고 식욕을 증진시키는 고추 최대 소비국 중 하나다. 고추에 '태양초'라는 이름을 붙일 만큼 인공으로 건조시키지 않고 햇볕에 말린 것을 귀하게 여기고 있다. 김치를 담글 때 젓갈의 비린내를 막기 위해 들어가는 고춧가루는 채소류의 색과 맛이 변하는 것도 막을 뿐만 아니라 소금이나 젓갈과 어우러져 몸에 좋은 효소를 만들어내고 피의 흐름을 좋게 하며 몸의 지방 성분을 산화시켜 추위를 덜 타게 하며 다이어트 효과가 있다.

우리의 대표적인 발효음식으로 술을 들지 않을 수 없다. 술은 크게 발효주와 증류주로 나눌 수 있는데, 발효주는 곡물의 전분이나 과일의 과당을 발효시켜 만든 술이고, 증류주는 발효된 양조주를 증류시켜 알코올 도수를 높인 술이다. 발효주에는 우리의 막걸리나 청주를 비롯하여 일본의 사케, 서양의 맥주, 와인 등이 있고, 증류주에는 우리의 소주를 포함하여 중국의 바이저우, 서양의 위스키, 보드카, 코냑 등이 있다. 엿기름을 쓰는 서양과 달리 동양의 발효주 제조에 꼭 필요한 누룩의 경우 중국은 찹쌀, 일본은 쌀을 쓰는 데 비해 한국은 밀 · 보리 · 쌀 · 찹쌀 등을 사용한다. 가마솥에 고두밥을 지어 큰 독에 담고 누룩을 섞어서 꼭 덮어두면 술밑[酒母]이 만들어

25 권대영, 앞의 책, 296쪽.

진다. 발효가 거의 완성된 상태에서 밥알이 동동 뜨게 되는데, 이 술을 '동동주'라 하며 그 모양이 개미가 물에 떠 있는 것 같다 하여 부의주라고도 한다. 막걸리와 자주 혼동을 일으키는 동동주는 청주의 일종이다. 이 맑은 동동주는 연노랑 빛을 띠고 은은한 향기가 나며 달면서도 콕 쏘는 맛이 있어 더운 여름철에 시원하면서도 입맛을 돋우는 역할을 한다. 그리고 술독에 용수를 박고 떠낸 술은 말갛고 노란빛을 띠는데 이를 청주라 했다. 청주를 쉽게 맛볼 수 없던 백성들은 술밑에 물을 부어 걸러낸 탁주의 술지게미에 다시 물을 섞어 체로 막 걸러낸 막걸리를 마셨다. 가장 한국적인 술은 이 막걸리로서 1960년대까지도 시장의 80%를 점유했으며 인류무형문화유산으로까지 등재되었다. 농가에서 만들어 즐겨 마신다 하여 '농주'라고도 하며, 제주도에 유배된 인목대비의 어머니가 막걸리를 팔아 생계를 유지했다고 해서 '모주(母酒)'라고도 불린다. 막걸리 속에 포함된 효모균체는 단백질과 비타민의 함량이 높아 영양이 풍부하고, 특히 청주에 0.5%, 맥주에 0.4%의 단백질이 들어 있는 데 비해 쌀막걸리에는 1.9%의 단백질이 함유되어 있다. 간질환을 예방하는 메티오닌, 피로물질을 제거해주는 유기산, 항암물질인 파네졸 성분도 들어 있다. 최근 항암물질의 일종인 '스쿠알렌' 성분이 맥주나 와인에 비해 50~200배까지 함유되어 있다는 사실이 밝혀져 주목받고 있다. 고려시대부터 널리 알려진 대표적인 막걸리로 이화주가 있으며, 고양 쌀막거리, 포천 이동막걸리, 국순당의 옛날막걸리 등이 유명하다.

자연의 변화에 따라 계절 감각을 살려 마시는 술도 다양했다. "술 이름에는 소국주 · 도화주 · 두견주가 있는데 이것들은 모두 봄에 빚는 것으로 가장 좋은 것들이다"(『경도잡지』 권1)라고 했듯이 봄철에 먹는 술이 있는가 하면, 더운 여름에 약주를 맛보기 어려웠던 우리 조상들은 과하주(過夏酒)를 만들어 먹었다. 즉 약주에 저장성이 높은 소주를 섞어 빚는 세계 유일의 제조법으로 오래 두고 마셨다. 은은한 국화향을 내는 과하주는 조선 초기부터 임금에게 바치던 술 가운데서도 최상품으로 꼽혔다. 가을에는 평양기생들이 즐겨 마셨다는 감홍로주를 비롯하여 국화주 등의 달콤한 향과 부드러운 맛을 즐겼다는데 감홍로주는 조선의 위스키로 불리고 있다. 겨울이 되면 엄동설한의 고난을 이기고 만개한 매화를 넣은 매화주, 700년 전부터 내려온 안동소주와 같은 독한 술로 추위를 이겨냈다.

한식은 전통적으로 참기름, 들기름, 콩기름 같은 불포화성 식물성 기름을 주로 이용해 음식을 만들고 기본적으로 기름기가 적어 몸에 유리한 편이며, 우리 식사가 채식 위주여서 다이어트 효능도 크다. 한국의 음식은 채식에서 비롯된다고 해도 과언이 아니다. 익히지 않은 싱싱한 오이나 토마토를 그냥 먹기도 한다. 채소의 영양을 보존하기 위해 우리는 들깨의 잎사귀인 깻잎을 비롯하여 호박잎, 배추, 상추, 쑥갓 등의 날채소로 밥이나 고기나 회 등을 싸 먹기도 한다. "맛은 있어 보이나 이렇게 거추장스럽고 창피한 음식은 없다"(『조선무쌍신식요리제법』)는 말을 하면서도 쌈을 싸서 먹는 식사법은 들밥에서 유래된 우리나라 사람들의 독특한 문화이다. 채소 재배가 위생적으로 이루어지면서 채소를 날로 먹는 일이 많아져 생채나 샐러드는 물론 쌈을 즐기게 되고 1990년대 초기부터는 건강식 취향에 부합하는 쌈밥 전문점이 등장하여 인기를 얻고 있다. 자연과의 융합을 꾀하는 인간 노력의 극치라 아니할 수 없다. 이는 또한 한국 음식문화에 나타나는 다양한 재료의 융합이나 복합적인 맛의 조화를 의미하기도 하며 나아가 절제를 중시한 유교문화 속에서도 미각을 중시했음을 시사한다.

자연친화적인 음식문화라면 채소, 과일, 생선, 가축 등이 풍부한 중국 ·

일본도 예외는 아니다. 더구나 불교는 중국이나 일본에서 채소 위주의 요리를 발전시키는 데 공헌했다. 그러나 중국요리에서는 기름에 볶거나 튀기는 방식이 전체 조리법의 80%로 주류를 이룬다고 한다. 특히 음식 가운데 단연 중요한 것은 물인데 중국은 물이 안 좋아 기름에 튀겨 먹고 볶아 먹는다고 하며, 불에 지지고 볶는 것은 식용 재료가 깨끗하지 않기 때문이라고도 한다. 차를 많이 마시는 것도 기름기가 많은 음식으로 인한 몸의 산성화 경향을 막기 위한 것이다. 일본도 우리와 다르게 덴푸라(天浮羅) 같은 기름에 튀기는 음식을 많이 먹고 우리처럼 산채를 생으로 식용하기보다는 아사즈케(浅漬け) 또는 타쿠안즈케(沢庵漬け) 같은 절임 채소류를 많이 먹는다.

"좋은 술은 질그릇에 담지 않는다"라든가 "음식은 담기 나름이다"라는 말이 있듯이 계절과 용도에 따라 우리는 다른 그릇을 사용했다. 음식을 담는 용기마저도 단오 무렵부터 추석까지는 도기나 사기 또는 목기(칠기)를 썼고, 추석 무렵부터 이듬해 단오까지는 유기(놋그릇)와 은기를 썼다. 계절과 어울리는 재질의 그릇으로 더울 때는 음식을 시원하게 먹고, 추울 때는 음식을 따뜻하게 먹기 위한 지혜였다. "우리나라 풍속에 유기를 가장 귀하게 여긴다. (…) 요사이는 산간벽지의 초막에서도 유기 아닌 것이 없어 밥그릇과 국그릇 서너 벌을 갖추고 있다"(『임원경제지』 섬용지)는 19세기 전반의 상황이 전해지기도 한다. 불에 달구면서 모양을 잡아가는 기법인 단조로 만든 것은 인체에 해롭지 않아 식기류로 많이 애용되었으며 단조품을 방짜라 했는데, '방짜'란 용어에는 우리 고유의 과학기술이 숨어 있다. 대개 두드려 만든 것을 방짜라고 알고 있지만, 과학적으로는 구리 78%에 주석 22%를 정확히 합금하여 만든 것이 바로 방짜인 것이다. 놋그릇은 살균, 보온의 효과가 있고 깨지지 않으며 광택이 나는 장점이 있다. 발효음식은 인체에 좋다는 항아리나 독에 담았다. 흙으로 빚은 옹기는 외부의 신선한 공기를 제공받는 '숨 쉬는' 그릇이라고 불릴 만큼 통기성이 좋고 단열의 효과가 뛰어나 외기의 온도 변화로부터 음식물을 잘 보호하여 변질을 막아주는 구실을 했다. 그릇을 씻을 때 세제를 사용하면 스며들었던 세제 성분이 조리할 때 빠져나오므로 주의해야 하는 것도 공기 구멍이 있기 때문이다. 항아리나 독은 자연과 소통하는 구조이기 때문에 발효가 잘 되는 것이다. 옹기의 형태를 배가 불뚝하게 만든 것도 햇볕과 바람 등 자연환경을 고려한 것이다.

보약으로 여긴 음식

중국 『사기』의 「역이기열전」에 "임금은 백성을 하늘로 삼고, 백성은 먹을 것을 하늘로 삼는다"는 말이 나올 만큼 인간에게 음식은 중요한 것이었다. 중국이나 한국의 문헌에 직접 등장하지는 않지만 '약과 음식의 근원이 같다', '음식이 곧 약이 된다'는 생각에서 우리는 '약식동원(藥食同源)' 또는 '식즉약(食卽藥)'이라는 개념을 중시해왔다. 앞에서 언급한 자연친화적 식생활도 약식동원 사상과 무관하지 않다. 평소에 섭취하는 음식이 곧 보약이라는 약식동원 사상은 중국에서 발상되어 한국에 전해졌다. 의관 전순의가 편찬한 『식료찬요』(1460)는 음식으로 질병을 다스리는 법을 소개한 우리나라 최초의 식의서이다.[26] 이후에도 식료, 식치를 강조한 의학서가 많은데 그중 가장 잘 알려진 것이 『동의보감』(1610)이다. 원나라 『산거사요(山居四要)』에, '약

26 한복려 · 한복진 · 이소영, 『음식고전』, 현암사, 2016, 28쪽.

으로 보충하는 것은 음식으로 보충하는 것만 못하다'는 "약보불여식보(藥補不如食補)"라는 말이 나오며 『동의보감』에서는 "병이 난 곳을 알아서 음식으로 치료한 후에도 낫지 않으면 다음에 약으로 구하는 것이다"라고 하였다. 『규합총서』(1809)에서도 "음식으로 의약을 삼아 나날이 좀 부치는 듯하게 먹어야 한다"고 했다. 제철에 나는 식재료로 오색과 오미를 담은 음식에는 '약식동원'이라는 조상들의 지혜가 깃들어 있다.

무엇보다 앞 자연 친화에서 언급된 발효식품은 한식의 효능에 중요한 역할을 하는 약식동원의 대표적인 음식에 해당한다. 즉 발효식품은 우리 몸에 영양을 공급하면서 우리의 전반적인 건강에 지대한 영향을 미친다. 2015년 5월부터 10월까지 이탈리아 밀라노에서 열린 '2015 밀라노 엑스포'에서 우리나라 발효음식이 전 세계 참가자들의 시선을 사로잡았는데, 우리의 발효식품을 외국에서는 미래의 건강을 담보할 수 있는 완벽한 음식이자 융합(조화)과 치유의 음식으로 받아들였다.

아울러 약주, 약식, 약과, 약념, 약포 등의 음식명도 약식동원의 정신에서 나온 것이라 할 수 있는바, '약(藥)'자는 병을 고쳐주는 동시에 이로운 음식이라는 개념을 내포하게 된다. 특히 조선의 실학을 집성했다는 정약용(1762~1836)은 꿀[蜜]을 약이라 하여, 밀주를 약주, 밀반을 약반, 밀과를 약과라 하였다.[27] 구기자, 도라지, 생강, 쑥, 유자, 율무 등 약재가 음식에 들어가기도 했으며, 심지어 약으로 쓰는 반찬이라는 뜻의 약선도 있다. 최근에는 한약재를 활용한 약선 음식에 대한 관심이 날로 높아지고 있다.

술은 예로부터 '백 가지 약의 으뜸'이라고도 불렸다. 원래 약효가 있다고

27 정약용, 雅言覺非 『與猶堂全書』, 한국문집총간 281, 민족문화추진회, 529쪽.

인정되는 종류의 술이거나 처음부터 약재를 넣고 빚은 술을 약주라 하였다. 그러다가 조선 선조때 문신 서성(1558~1631)의 집에서 빚은 술을 약주라 했다는 설과 함께 조선 후기부터 밑술 속에 용수를 박아 맑은 술만 떠낸 청주를 '약주(藥酒)'로 불렀다고 할 수 있다. 집집마다 전해오는 청주는 반주로 들거나 제사에 적합하며 고기나 생선 냄새를 제거하고 요리의 풍미를 돋우는 데 쓰였다. 요즘과 달리 청주는 따끈하게 데워 마시는 것이 특징이다. 한편 과일을 비롯한 부재료가 첨가된 청주도 약주로 불렸다. 맛에 취해 선비가 과거 일자를 놓치고 도둑도 훔치기를 잊은 채 술을 마셨다는 '앉은뱅이술'로도 불리는 한산소곡주를 비롯하여 삼해주, 경주 교동법주, 면천 두견주, 백하주 등이 약주에 속한다. 전통 약주에서는 잘 융화된 맛을 으뜸으로 치며, 다섯 가지 맛을 지닌 오미자주가 2012년 핵안보정상회의 만찬에 칵테일로 제공되었다. 오미자는 만병통치약으로 불리는 자연의 선물이다. 과실주 중 가장 오래되었다는 잣을 넣은 백자주에 대해 "신중과 방광이 냉한 것을 다스리고 두풍과 백사, 귀매 들린 것을 없앤다"(『수운잡방』 권상)고 했고, 약용으로 마셔온 오가피주에 대해 "공복에 먹으면 풍증이나 시리고 저려 불편한 증상을 고칠 뿐 아니라(…)"(『음식디미방』)고 하는 등 술이 보약으로 여겨졌다. 특히 강화도조약 이후 이 땅에 일본식 청주인 '세이슈'가 들어오면서 우리의 청주는 약주로 불리게 되었다. 다행히 경주법주에서 나오는 화랑과 초특선, 롯데주류에서 생산되는 백화수복과 설화, 국순당에서 만드는 예담이나 백세주 등 세계적으로 인정받을 만한 국산 청주들이 등장하여 오늘에 이르고 있다.

본래 소주는 약용으로 쓰였지만 소주 중에도 대쪽에서 빼낸 진액으로 만든 죽력고, 꿀과 자초 등을 넣어 만든 감홍로주, 배즙과 생강즙을 넣어 만든 이강고는 약술로 유명했다. 역사학자인 최남선(1890~1957)은 이를 조선의 3

대 명주라 했는데, 그중 으뜸으로 꼽은 '감미롭고 붉은 이슬처럼 맑은 술'이라는 감홍로주는 평양지역서 생산되는 명주로서 누구나 평안감사를 부러워했던 것은 이 술을 마실 수 있었기 때문이라는 말도 전한다. 감홍로주는 소주에 일곱 가지 약재를 넣은 40도의 높은 도수와 특유의 향과 맛으로 '조선의 위스키'라는 별명까지 붙어 있다. 특히 장을 따뜻하게 해주는 이 술을 선조들은 구급약으로 상비했을 정도이다. 현재 유일하게 이기숙 명인이 파주에서 감홍로주 제조의 명맥을 잇고 있다.

중국의 경우 당나라 의사 진장기(陳莊器, 678~757)가 "백 가지 병에는 백 가지 약이 있지만, 차는 만병통치약이다"(『본초습유』)"라고 했고, 송의 시인이자 미식가로 유명한 소동파(1037~1101)도 차를 마시는 것은 약을 먹는 것보다 몸에 더 이롭다[28]고 했다. 중국문학이 자랑하는 소동파의 「적벽부」에는 찻잎의 향기가 은은하게 드러난다는 표현이 있다. 차를 밥이나 약보다 중시했던 중국과 달리 우리나라는 술을 약으로 인식했다. 요즘에 즐겨 마시는 희석식 소주와 달리 소줏고리로 내리는 전통적 증류식 소주는 곡식이 많이 들어가고 제조공정이 복잡하여 값이 비쌌으므로 아무나 즐길 수는 없었다. 우리나라의 대표적인 증류식 소주로는 문배주를 비롯하여 안동소주, 전주 이강주 등을 꼽는다. 옐친, 클린턴 등 외국 정상이 방한했을 때 내놓았던 문배주는 다른 첨가물 없이 조, 수수와 누룩으로 빚는 순곡 증류주로 문배나무 향이 물씬나고 부드러운 맛이 난다.

신라 소지왕(재위 479~500)이 거문고 갑을 화살로 쏘아 모반을 막고 목숨을 구할 수 있게 해준 까마귀에 대한 보은으로 찰밥을 지어 먹였다는 설화

28 김인옥, 『중국의 생활민속』, 집문당, 1996, 171쪽 재인용.

(『삼국유사』 기이 제1 ; 『용재총화』 권2)를 지닌 정월 대보름의 음식으로 '약식(藥食)'을 빼놓을 수 없다. 약식은 찹쌀을 시루에 쪄서 밥을 짓고, 곶감 · 밤 · 대추 등을 넣고 맑은 꿀과 참기름 · 간장 등을 섞어 다시 찐 다음 또다시 잣과 호도 열매를 넣어 만든다(『열양세시기』). 그 맛이 매우 좋고 영양가가 풍부하다 하여 이를 '약밥[藥飯]'이라고도 하며, 잔칫상에 빠지지 않고 오르던 음식으로, 밥에 속하지 않고 특별음식인 떡류에 속한다. 사신들이 우리 고유의 음식인 약밥을 중국에 가져갔을 때도 대인기였다(『도문대작』)고 한다.

전통적으로 '과줄'이라 하던 우리의 한과는 잘 상하지도 않고 영양 면에서도 우수하다. 한과류인 유밀과, 강정, 다식 등은 의례의 필수품이었는데 특히 유밀과는 최상으로 쳤다. 유밀과는 밀가루나 쌀가루 반죽을 넓적하게 또는 둥글게 여러 모양으로 조각내어 기름에 지져 꿀을 흠뻑 묻힌 것으로 보통 '약과(藥果)'라 부른다. 유밀과를 약과라 하는 것은 밀은 사계절의 정기요 꿀은 모든 약의 으뜸이며 기름은 벌레를 죽이고 해독하기 때문(『규합총서』 주사의)이라 한다. 유밀과는 가정의 혼례, 제례뿐만 아니라 국가의 행사에도 쓰이게 되면서 곡물 · 꿀 · 기름 등의 소비가 많아져 물가가 오르고 민생이 어려워지는 부작용을 빚기도 하였다. 결과적으로 국가가 수없이 식용금지 명령을 내릴 정도로 너무나 고급스런 기호품이었다.

조미료를 '약을 다루는 마음으로 취급해야 한다'는 의미의 '약념(藥念)'이라 하는 것도 약식동원 관념의 소산이다. 양념[藥念]은 식욕의 촉진, 살균 · 살충의 효과와 더불어 저항력을 길러주는 역할도 한다. 한식의 기본 양념이 되는 장류의 복합적인 영양가는 정평이 나 있다.[29] 매우 비싸 약용으로나 쓰

29 이화형, 「한국 음식문화에 나타나는 융복합성 일고」, 『동아시아고대학』 23집, 동아시아고대학회, 2010,

일 정도였다는 후추를 비롯해 설탕, 고춧가루, 깨소금, 참기름, 마늘, 파, 생강 등 양념이 크게 발달하면서 갖은 양념을 통해 맛과 영양의 융합을 극대화하는 것도 우리 음식문화의 특성이다. 비타민과 포도당, 과당, 무기질이 풍부한 파는 감기에 좋고 신경안정의 효과가 있으며 배뇨를 돕는다. 생강은 약용식물의 하나로 감기 치료는 물론 식중독을 예방하고 진통 및 해열뿐만 아니라 메스꺼움이나 멀미 증상도 없애준다. 양념의 첨가를 자제하는 일본에 비해 우리는 여러 가지가 섞인 조화미를 즐기는 습성이 있다.[30] "한 집안의 일은 양념 맛에서 본다"고 하는 옛말에서도 양념이 차지하는 한국문화적 비중을 느낄 수 있다.

우리가 한여름에 원기를 보충하기 위해 먹는 개장국, 삼계탕 등도 에너지를 공급하는 영양소가 많이 함유된 대표적인 약식동원 음식이다. 음양오행설에서 가을을 상징하는 개를 통해 여름의 더위를 물리치려 했을 뿐만 아니라 개는 불(火)의 성질, 복날은 쇠(金)의 성질을 가지므로 '불이 쇠를 이긴다'라는 이열치열의 원리에 따라 우리는 개고기를 먹으면 더위를 이길 수 있다(이수광, 『지봉유설』)고 생각해왔다. 『동국세시기』의 "삼복에 개고기를 삶아 파를 넣고 푹 끓인 것을 개장이라 한다"고 기록되어 있듯, 개고기는 더위에 지친 사람들에게 기력을 보충해주는 보신탕으로 정평이 나 있다. 『동의보감』에도 "개고기는 성질이 따뜻하고 맛은 시면서 독이 없다. 장과 위를 튼튼하게 하여 기력을 증진시킨다"고 적혀 있다. 개고기는 심혈관질환을 예방할 수 있는 불포화지방산이 많이 들어 있고, 활성산소를 제거하는 항산화 물질

491쪽.

30 강인희, 『한국식생활사』, 삼영사, 1990, 278쪽.

을 함유하고 있다. 우리의 개고기 문화를 최초로 해외에 소개했다는 프랑스 선교사 달레(1829~1878)는 "개고기는 맛이 퍽 좋다고 하는데, 조선에서는 가장 훌륭한 요리의 하나이다"[31]라고 했다.

삼계탕은 약식동원의 정신이 적절히 구현된 우리의 보양음식이다. "닭고기에는 사람에게 필요한 양양분이 많이 들어 있어 여름철 몸의 기를 보충, 각종 면역 기능을 튼튼하게 만들어준다"(『동의보감』)고 한다. 닭은 특별히 날개와 발 부위에 콜라겐이, 가슴에 단백질과 필수 아미노산이 많다. 한편 혈액순환을 개선하고 암세포를 억제하는 등 우리 몸의 면역력을 증진시킨다는 사포닌이 다량 함유된 인삼은 닭고기의 육질을 부드럽게 하고 누린내를 잡아주며 고기 맛을 좋게 한다. 영양성분의 보완이 극대화되는 따뜻한 성질의 닭과 인삼은 복날의 더위를 물리칠 수 있는 이열치열의 음식이다. 한의학적으로는 상극에 해당하지만 끓는 과정에서 중화되면서 최고의 보양 음식으로 바뀌는 것이다. 기후와 토양 등 최적의 조건을 갖춘 우리나라에서는 약효가 뛰어난 인삼이 생산된다. 인삼은 재배와 가공방법에 따라 종류가 다양하다. 산속에서 자생한 인삼은 산삼, 산에 씨를 뿌려 재배한 인삼은 장뇌삼이다. 또 인삼을 캐낸 상태 그대로를 수삼이라 하고, 수삼의 껍질을 벗겨 햇볕이나 바람에 건조한 것을 백삼이라 하며, 수삼을 껍질째 쪄서 말린 것을 홍삼이라 한다. 홍삼을 만드는 과정에서 만들어지는 사포닌, 아미노당, 미네랄 등은 피로회복과 면역력 증진에 도움을 준다.

여름철 기력 회복을 위한 보양 음식으로 오리 백숙을 들 수 있다. 오리고기는 알칼리성 식품으로 불포화지방산이 풍부하여 혈관 안의 콜레스테롤

31 샤를 달레, 『벽안에 비친 조선국의 모든 것』, 정기수 역, 탐구당, 2015, 36쪽.

축적을 막아주거나 동맥경화와 같은 성인병 예방에 도움을 준다. 또한 콜라겐 성분이 있어 피부 건강과 노화 방지에 좋으며, 비타민과 단백질이 풍부하여 면역력 증진, 피로 해소 등의 효과를 가지고 있다.

우리 선조들은 건강을 관리하면서 몸에 이상이 오면 기가 허약해진 탓이라 여겼다. 더위나 추위가 극성을 부릴 때는 체력이 떨어지기 마련인데 이 시기에는 기를 보강하기 위해 특별한 음식을 마련하였다. 음기가 부족하기 쉬운 여름에는 숙지황, 구기자, 검은깨, 두부, 콩나물, 배추, 된장, 돼지고기, 오리고기 등으로 보충했는데, 논두렁에서 잡은 미꾸라지로 끓인 추어탕도 여름에 쇠한 몸을 보강하는 데 효과적이었다. 추어탕에는 무수한 단백질 및 칼슘과 비타민C가 풍부하게 들어 있다. 특히 "민어탕은 일품이요, 도미탕은 이품, 보신탕은 삼품"이라는 말이 있을 만큼 선조들은 단백질이 풍부하고 지방이 적은 민어를 탕으로 끓여 보양식으로 섭취했다. 한편 양기가 부족하기 쉬운 겨울에는 녹용, 복분자, 호두, 생선, 염소고기, 쇠고기, 닭고기, 양고기 등으로 보충했다. 겨울철 청정한 바다에서 채취되는 매생이는 5대 영양소를 고루 갖춘 최고의 보양식으로 많이 알려져 있다. 식물성 고단백 식품으로 인정받는 매생이에는 식이섬유라는 점액 성분의 알긴산이 풍부하여 혈관이나 장 건강에 도움이 된다. 칼슘 함유량이 우유의 5배, 철분이 우유의 40배 이상이므로 성장기 어린이나 노년기 발생하기 쉬운 골다공증 예방에도 좋다. '미네랄의 보고'라는 매생이는 면역력 강화에도 도움이 되고, 클로렐라 성분이 풍부하여 대사성질환과 암 예방에도 효과적이다. 겨울철 보양식으로 인삼어죽은 원기회복에 좋은 고단백 저칼로리 음식이며, 코다리조림도 지방함량이 낮으며 단백질이 풍부하다.

한국 음식문화의 중요한 특징으로, 감각적인 맛뿐만 아니라 과학적인 재료의 융합으로 이루어내는 약식동원의 정신을 간과할 수 없다. 가령 세계 항공기내식 대회에서 1등을 하는 비빔밥은 복합적인 맛의 조화로도 뛰어나지만 밥, 나물, 고기 등 다양한 재료가 어우러져서 만들어내는 균형 잡힌 영양식으로 음식이 곧 보약이 될 수 있는 가능성을 잘 보여주고 있다. 비빔밥은 지방과 콜레스테롤이 적어 운동이 부족한 현대인에게도 웰빙 식품이 된다고 한다. 1980년대 이후 돌솥에 담아 뜨겁게 내주는 돌솥비빔밥은 국내외적으로 대단한 인기를 얻게 되었다. 한마디로 비빔밥은 한 끼에 필요한 영양소들을 고루 섭취할 수 있는 건강한 음식이다. 30여 가지 재료가 들어간다는 비빔밥으로 유명한 전주는 2012년 유네스코가 지정한 세계 4번째 음식창의도시가 되었다. 이밖에도 육회를 얹어 내놓는 함평 비빔밥, 선짓국을 곁들이는 진주 비빔밥, 멍게가 들어가는 통영 비빔밥, 기름에 볶은 밥을 소금 간을 한 뒤에 닭고기를 고명으로 얹는 해주 비빔밥도 유명하다.[32] 여러 재료를 섞어서 끓이는 찌개도 마찬가지인데, 이와 같이 재료의 융합을 통해 영양을 도모하는 것은 맛을 넘어서는 한국 음식문화의 특성이다.

김지하(1941~2022) 시인을 비롯한 많은 사람들이 '밥은 하늘(우주)'이라고 말하듯이 우리 민족에게 밥은 문화와 철학의 근간이 되어왔다. 더구나 외국과 달리 밥을 중심으로 한 우리의 주식 위주의 식습관은 약식동원과 관련이 있다. 부족국가 시대에 이미 곡류를 주식으로 하고 어패류를 부식으로 하는, 주부식 분리의 조건이 모두 갖추어졌다[33]고 할 만큼 우리의 음식문화에는 주식 위주의 관념이 뚜렷했다. 밥이 문헌에 처음 보이는 것은 삼국시대

32 이화형, 『민중의 현실, 생활과 의례』, 푸른사상사, 2014, 76쪽.
33 강인희, 앞의 책, 72~73쪽.

부터이며, 밥은 한국 식생활에 가장 기초가 되는 주식으로서 지금도 식사 때가 되면 대다수가 "밥 먹으러 가자"고 할 정도로 우리의 식사는 밥을 중심으로 한다. 귀한 손님이 오면 밥을 사발에 넘치도록 수북하게 담아주는 것이 상례며, 오랫동안 함께 산 사람을 가리켜 "한솥밥을 먹고 지낸 사이"라고도 했다. 심지어 밥을 중시하는 현상은 상대하기 싫은 남을 비하하는 "밥맛없다"는 거친 표현에서도 알 수 있다. 밥은 곧 생명으로 인식되어 "밥심으로 산다"고 했고, 사람이 죽었다는 뜻으로 '밥숟가락 놓았다'라고도 했다. 우리는 밥을 건강에 이로운 보약으로 알고 살았다.

쌀을 주식으로 하는 경우 쌀은 성인병을 예방하는 데 도움을 줄 뿐만 아니라 변비를 막아주고 대장암 발생을 억제시키며 콜레스테롤을 낮추어주고 중금속이 인체에 흡수되는 것을 막아준다. 또 한국인의 소장이 다른 민족보다 길어 각종 스포츠나 노동을 뒷받침하는 지구력을 형성해왔는데, 이는 쌀밥을 먹고 살아왔기 때문이라고 한다.[34] 서양에서는 쌀을 최고의 해독작용을 하는 약품으로까지 인식하는 만큼 밥과 쌀의 영양 가치는 과학적으로 입증되고 있다. 빵을 먹는 서구사회는 현재 비만 등의 성인병에 시달리고 있으며 우리도 최근 쌀 소비량이 줄어들면서 성인병 발병률이 늘고 있다. 쌀은 밀가루에 비해 단백질을 구성하는 아미노산의 조성이 우월하다. 즉 쌀은 밀가루보다 지방이 3.5배쯤 적기 때문에 비만에 걸릴 염려가 적고 '단백가'로 보면 밀가루는 42인 반면 쌀은 70이므로 쌀의 영양가가 밀가루보다 우수하다.[35] 우리도 오래전부터 국수를 만들어 먹었으나 밀의 생산이 여의치 않아 국수

34 이화형, 『민중의 현실, 생활과 의례』, 87쪽.
35 정혜경, 『한국음식 오디세이』, 177쪽.

는 생일, 혼례 등에나 먹는 특별음식이었다. '좋은 음식 맛을 내는 방법(飮食知味方)'이라는 뜻의 『음식디미방』(1670)에도 등장하는 국수와 만두는 오늘날과 달리 제사상과 잔칫상에 올리거나 손님에게 대접하는 귀한 음식이었다.

물론 삼국시대 이후 조선시대까지 보리와 콩을 주식으로 하는 서민들은 생일, 명절, 제사 때나 흰쌀밥을 먹을 수 있었지만 살림이 넉넉해지면서 우리 민족은 곡식 혼합의 식습관에 따라 쌀에다 여러 곡물을 섞어 잡곡밥을 짓기도 했고, 쌀에다 채소, 어패류, 육류 등을 혼합해서 밥을 짓기도 했다. 잡곡밥은 식이섬유, 미네랄, 비타민, 단백질 등이 풍부하여 혈압 조절, 당뇨 예방, 심장 건강에 효과적이며 소화 개선과 체중 감량에도 도움이 된다. 또한 잡곡밥에는 비타민C, 비타민E, 카로티노이드, 폴리페놀 등이 풍부하여 항산화 작용, 노화 방지, 면역력 강화 등에도 효과적이다. 그 밖에도 잡곡밥에 함유된 식물성 단백질과 영양소는 뇌 기능을 개선하고 미세먼지를 제거하는 데 도움을 줄 수 있다.

우리나라에서 죽은 밥보다도 먼저 발달한 음식으로, 환자식이기보다는 곡물 이외에 채소, 육류, 어패류 등을 한데 넣고 끓여 먹는 보양식으로 여겨왔다. "매일 아침에 일어나 죽 한 사발을 먹으면 배는 비어 있고 위는 허한데 곡기가 일어나서 보(補)의 효과가 매우 좋으며 부드럽고 매끄러워 위장에 좋다. 이것이 음식의 가장 좋은 묘책이다"(『임원경제지』)라고 했다. 우리가 보양식으로 먹는 죽은 인삼죽 · 녹두죽 · 우유죽 · 녹각죽 · 마죽 · 쇠고기죽 · 삼계죽 등 약 200여 종에 이르렀다. 초조반상이라 하여 이른 아침에 내는 죽과 마른 찬이 있는 작은 밥상에는 무리죽을 많이 먹었으며,[36] 죽 중에서

36 한복진, 앞의 책, 67쪽.

단백질이 풍부한 콩죽을 제일로 쳤다. 들깨죽은 비타민이 골고루 많이 들어 있기 때문에 체력이 저하될 때 기운을 돋게 하는 우수한 식품이며 혈관 노화 예방에 좋고 콜레스테롤 해독에도 효과가 있다. 들깨죽을 1년만 상식하면 나이를 거꾸로 먹는다는 오해를 받는다고 한다. 조선의 왕 중에서 가장 오래 살았던 영조(1694~1776)는 평생을 채식 위주의 식사를 했으며 쌀가루에 우유를 섞은 타락죽으로 단백질을 보충했다고 한다.

우리 선조들은 따뜻한 성질을 지닌 누룽지를 약으로 사용했다. 『동의보감』은 식사를 잘하지 못할 경우 누룽지를 달여 아무 때나 마시는 약으로 쓸 것을 권하고 있다. 누룽지에 들어 있는 에탄올 추출물은 산성 체질을 알칼리성으로 중화, 항산화 작용을 강하게 하기 때문에 밥보다도 영양가가 높다고 할 수 있다. 누룽지에 물을 붓고 끓인 숭늉은 한국 고유의 뜨겁게 마시는 음료이다. 차갑게 마시는 대표적인 음료로는 찹쌀을 찐 후 엿기름으로 식힌 식혜와 생강과 계피를 달인 수정과를 들 수 있다. 식혜와 수정과는 대개 후식으로 많이 마셨는데 품질이 좋은 곡물이나 한약재를 써서 맛과 향을 살리고 몸을 보할 수 있도록 한 것이 특징이다.

우리 음식은 채식과 육식의 비율이 8:2 정도로 영양학 면에서 매우 이상적인데 부식을 대표하는 식물성 김치가 동물성 반찬과 융합을 지향하는 점도 약식동원 사상과 무관하지 않다. 명나라 약학서에서 "무는 소화를 촉진하고 설사를 다스리는 데 도움을 준다"(『본초강목』)고 했다. 우리의 한의학에서는 비타민C의 함량이 많은 무를 '흙에서 나는 인삼'이라 하는가 하면, 속담에서는 "무 장수는 속병이 없다"고 하여 무의 약효를 크게 인정해왔다. 배추의 경우 주성분인 식이섬유는 대장을 깨끗하게 비워주고 감기에도 효과가 있으며, 칼슘이 풍부하여 뼈 건강에도 좋고 비타민C가 많아 피부 미용과 피로 해소에도 도움이 된다. 영양소가 풍부한 배추는 항암작용과 각종 질환 예방에도 효과가 크다.

부추는 우리 몸의 양기를 돋우는 식재로서 각종 무기질과 비타민을 풍부하게 지니고 있어 노화를 방지하고 성인병을 예방한다. 특히 부추는 배추보다 80배 가까운 비타민A를 함유하고 있고 항암효과가 있으며 골다공증 예방에도 좋을 뿐만 아니라 간 기능 보호에 가장 뛰어난 채소다. 무엇보다 한식의 경우, 주된 식재료가 제철 채소인 경우가 많아 섬유질이 풍부하고 지방은 적으므로 다이어트에 도움이 될 수밖에 없다.

한편 미역국은 한국의 대표적인 보양식으로 각광받고 있다. 미역은 우유의 10배에 달하는 칼슘을 함유하고 흡수율이 높아서 산모에게 좋을 뿐만 아니라 성장기 어린이에게도 좋다. 또한 미역은 섬유질 함량이 많아 변비가 심한 사람들에게 도움이 되며, 단백질이 풍부하여 항산화, 항고혈압, 항암 등의 효과가 크다. 『동의보감』에서는 "성질이 차고 맛이 짜며 독이 없다. 속열을 버리고 목의 덩어리를 다스리며 이뇨작용이 있다"고 하였다. 이 밖에 미역은 갑상선 호르몬의 주성분인 요드의 함량도 높고, 혈압 강하 작용을 하는 라미닌이라는 아미노산이 함유되어 있으며, 핏속의 콜레스테롤 양을 감소시키는 등의 약리 효과가 뛰어난 식품이다.

여름철이 되면 기력 회복을 위해 찾는 대표적인 보양식에 장어가 있다. 몸이 길다 해서 이름 붙여진 장어에는 민물장어(뱀장어)와 바다장어(붕장어) 등이 있는데, 민물장어는 고단백질과 비타민A · D, 필수아미노산, DHA가 풍부하게 함유되어 있고 특히 미네랄과 라이신이 많아 보양식으로 각광을 받고 있다. 바다장어 또한 고단백 식품으로 비타민과 미네랄, 불포화지방산이 함유되어 있어 면역력 강화와 성인병 예방에 도움을 준다. 전통 의학에서 장어는 오랫동안 관절염, 빈혈과 같은 질병을 치료하고 부종을 줄이는 데 쓰여왔다. 건강상 다양한 약효를 가지고 있는 장어의 풍부한 단백질 함량은 근육 기능 강화에 크게 도움이 되며, 장어는 오메가3 불포화지방산의 강력한 공급원으로 심장 건강과 인지 기능에 유익한 영향을 미치는 것으로 알려져 있다. 장어에 들어 있는 레티놀은 안구질환 및 심혈관질환의 개선과 예방에 효과적이고 장어에는 비타민, 인, 칼슘이 많아 뼈의 건강에도 좋다.

예부터 겨울철 톡 쏘는 발효미로 유명한 홍어(일명, 간재미) 같은 연골어류는 보신 식품으로 크게 인정받아왔다. 대중적으로 가장 잘 알려진 홍어 요리는 '홍어삼합'으로 삭힌 음식의 대명사인 홍어회와 돼지수육을 묵은김치에 싸서 먹는 독특한 방식이 특징이다. 홍어는 유산균이 풍부해 장 건강에 도움이 되며, 항산화 물질이 많아 면역 기능 강화에 좋고, 홍어에는 뇌 기능과 혈액 생성에 필요한 비타민B12가 풍부하다.

겨울이 제철인 과메기는 청어를 바닷바람에 건조시킨 것으로 오메가3 불포화지방산 등이 다량 함유되어 질병 예방과 체력 보강에 효능이 있다. 잘 말린 과메기는 고소하면서도 쫄깃한 맛으로 겨울이면 과메기를 찾는 사람이 많다. 청어가 원재료였지만 요즘에는 꽁치로 만든 과메기를 많이 먹는다. 꽁치는 다른 등 푸른 생선과 마찬가지로 양질의 불포화지방산을 함유하고 있어서 혈관 관리에 도움이 된다. 꽁치에 들어 있는 DHA는 성장기 아이들이나 임신부에게도 좋은 영양소이며 태아의 뇌 발달을 도와준다. DHA 성분은 노년기 기억력 저하를 막고 치매 예방에도 효과가 뛰어나다.

겨울철 식품인 굴은 바다에서 나는 우유라고 할 정도의 완전식품으로 정평이 나 있다. 굴에는 양질의 단백질은 물론 아미노산, 비타민, 글리코겐, 타우린, 칼슘, 무기질 등 엄청나게 많은 영양소가 함유되어 있어 각종 성인병 예방, 중금속 해독, 세포 기능의 활성화 등 효능이 다양하다. 또한 철분과 아연 함량이 높아서 건강에 좋은데, 특히 계란 30배의 아연이 들어 있어 정력 강화제로도 이름이 높다. 몸의 피로를 가시게 하며 허약한 체질인 사람들의 면역력 강화에 효과가 좋다.

"바다 생물 중 가장 몸에 이롭다"(『자산어보』, 1814)고 하는 해삼은 혈액 정화와 혈압 조절에 도움이 되고, 성장 발육이나 피부 미용에도 좋으며 노화 방지에도 효과적이다. 천식이나 관절염 치료, 체질 개선 등에도 좋은 영양소가 많이 함유되어 있어 '바다의 인삼'이라고도 불리는 해삼은 겨울철 보양식으로 효능이 크다.

멍게는 피로 회복, 신진대사 원활, 혈액순환 촉진 등에 효과적이며 당뇨나 숙취 해소에 도움을 준다. 또한 멍게는 심장병이나 동맥경화와 같은 심혈관질환을 예방하고 뇌경색 등 성인병을 예방해준다.

최근 들어 소비가 급격히 늘고 있는 흑염소 고기는 『동의보감』에 따르면 몸이 허약한 사람들의 기력을 보강해주는 음식이다. 특히 흑염소에는 우리 몸에 반드시 필요한 칼슘이 소나 돼지에 비해 10배 이상 함유되어 있어 골다공증 예방에 좋다. 또한 다른 육류에는 거의 없는 토코페롤이 상당히 들어 있어 혈관질환과 성인병을 예방하는 효능이 크다. 『증보산림경제』 등에서도 흑염소가 허약한 체질을 낫게 하고 자양강장에 효과적인 보양식이라 소개되고 있을 만큼 흑염소는 식용을 넘어 약용으로 가장 애용된 동물이기도 하다.

흑염소, 흑돼지, 오골계, 검정콩, 검은깨 등의 검은색은 음양오행에 의하면 신장을 의미하고 정력을 상징하며, 이 검은 빛을 띤 음식은 왕의 최고 보양식으로 각광을 받았다. 깨는 지방이 50%, 단백질이 40% 정도 함유된 우수한 식품인데, 특히 흑임자라고 하는 검은깨는 항산화 효과가 탁월하여 성인병 예방과 노화 방지에 좋으며, 두뇌 건강과 치매 예방에도 효능이 좋은 것으로 알려졌다. 고혈압, 골다공증, 신장이상, 피부노화, 눈의 피로, 변비, 탈모 등에도 효과가 크다고 한다.

한 · 중의 약식동원 사상에 별 차이가 없으나 다만 한국인들은 자연 친화와 함께 좀 더 건강을 염두에 둔다면, 중국인들은 맛이나 향에 신경을 더 쓴다고 할 수 있다. 중국 사람은 혀로 먹고, 일본 사람은 눈으로 먹고, 한국 사람은 배로 먹는다는 말도 있는데, 미각이나 시각을 강조하는 중국과 일본의 식문화적 성격과 달리 감각적 측면보다는 합리적인 건강의 차원에서 접근하는 한국의 음식문화적 특성이 매우 흥미롭다.

서양 음식이 보통 에너지를 섭취하기 위하여 만들어진 데 비해, 한국 음식은 건강과 소화에 초점을 두고 만들어졌다고 하는데, 곡류로 단백질을 공급받고 채소, 나물 등으로 무기질과 비타민을 제공받는 것이 이와 무관하지 않다.

특히 한의사들이 녹두를 먹지 말라고 당부하는 이유는 녹두가 해독력이 뛰어나 한약의 효험을 약화시키기 때문이다. "백독의 명약"(『본초강목』)이라 할 만큼 녹두는 간과 위를 보호하고 심장과 췌장에 도움을 주며 정신을 안정시키는 귀한 보약으로 여겨진다. 녹두는 피부미용에도 효과가 뛰어난 것으로 알려지고 있다.

팥은 칼슘이 풍부하여 뼈 건강이나 혈액순환에 좋고 팥에 함유된 식이섬유는 다이어트와 변비 개선에 효과적이며 팥에 들어 있는 칼륨은 부종을 완화하는 데 도움이 된다. 특히 혈관이 수축되는 겨울철 혈압 관리를 위해서도 효과적이다.

한편 식사 횟수는 계절, 노동량, 형편 등에 따라 다를 수 있으나 우리는 조선 말기까지도 '조석(朝夕)'이라는 말을 쓰면서 하루에 두 끼 식사를 해왔다. 대체로 조석 중에서 아침 식사를 든든히 했던 습관은 건강과 밀접한 관련이 있다. 일찍 잠자리에 들기에 긴 시간 비워놓은 상태고 영양을 빨리 공급하지 않으면 저혈당이 올 수 있기 때문이다. 아침을 잘 먹는 건 두뇌활동에도 좋다고 현대 영양학자들도 권하고 있는 만큼 조상들의 약식 동원적 지혜가 돋보인다.

3

국물과 숟가락

지금까지의 '인간과 인간', '인간과 자연'의 융합에 이어 이제 '사물과 사물'의 융합에 대해 살펴보기로 하자. "밥 한 알이 귀신 열을 쫓는다"는 속담처럼 밥은 신성시되고 곧 생명으로 인식될 만큼 주식을 중시하면서도 부식과 떼어놓고 생각할 수 없는 것이 우리의 식문화이다. 음식이 대부분 독립적이어서 한 가지 요리로 식사가 가능한 서양은 물론 일본인의 약 30%가 서구의 빵, 샌드위치, 파자 등을 끼니 음식으로 여기며,[37] 중국의 경우 주식인 반(飯)과 부식인 차이(菜)의 관계가 독립적이라 할 수 있다. 우리의 공간 전개형 상차림은 주식과 부식의 융합을 더욱 촉발시키는 결과를 낳았다. 우리는 밥을 입에 넣고 씹으면서 동시에 반찬을 입에 넣어 입속에서 이들을 뒤섞기까지 한다.

복합적인 맛과 영양을 좋아하는 우리 민족은 혼식의 식습관에 따라 쌀에다가 여러 곡물을 섞어 잡곡밥을 짓기도 했고, 쌀에다 채소, 어패류, 육류 등을 혼합해서 밥을 짓기도 했다. 잡곡 혼용의 풍습은 정월 대보름의 별식

37 주영하, 「밥, 무한한 진화의 과정을 밟다」, 『경기문화나루』, 경기문화재단, 2010, 5~6월호, 8쪽.

인 오곡밥을 낳게 되고, 쌀에 여러 곡식을 혼합하면 쌀에 부족한 아미노산이 보완되는 장점이 있다.[38] 다양하게 부식에 쓰이는 재료의 융합도 주목할 만하며, 부식을 대표하는 식물성 김치에 여러 동물성 재료가 융합되는 것도 예사롭지 않다. 마이클 페티드(1959~) 빙햄튼 뉴욕주립대 교수는 "밥상이야말로 한국 음식을 완벽하게 대표하는 요리"[39]라고, 밥상에 담긴 조화로움을 한식의 매력으로 강조했다. 밥상에 차려진 반찬은 오행을 상징하고, 반찬의 맛 중 매운맛 · 짠만 · 단맛은 양, 신맛과 쓴맛은 음의 성질을 가지며, 우리는 음양이 조화된 밥상을 마주하면서 우주의 기운을 섭취했다[40]고 한다.

조선조 변질되기 쉬운 발효주의 약점을 증류주로 보완하여 여름에 마실 수 있는 과하주를 만들어냈던 지혜는 물론 소주와 막걸리를 섞은 뒤 '혼돈주'라 부름으로써 오늘날 막걸리 폭탄주 칵테일로의 진화를 이루어낸 점 등 재료와 맛의 복합을 선호하는 우리 식문화의 전통성은 예사롭지 않다. 여러 재료가 어우러져서 맛과 영양이 극대화될 수 있었던 비빔밥, 다양한 재료를 섞어 끓여내 얼큰한 맛과 양질의 영양을 제공하는 탕이나 찌개는 식재료를 섞지 않고 단일의 미각을 즐기는 일본과도 극명하게 대조된다. 한국 음식문화가 지닌 융합적 특징은 잡채, 구절판, 신선로에서 보이는 재료나 색깔의 조화 등에서도 잘 드러난다. 또한 우리는 밥과 같은 일상음식뿐만 아니라 떡과 같은 특수음식도 발달시킴으로써 융합의 식문화를 강화해 갔음을 알 수 있다. 약 265종이나 되는 떡은 일생의례는 물론 농경의

38 구성자 · 김희선, 『새롭게 쓴 세계의 음식문화』, 교문사, 2005, 26쪽.

39 필립 라스킨 외, 『세계가 사랑한 한국』, 안기순 외 역, 파이카, 2010, 55쪽.

40 방기철, 「음양오행의 원리가 반영된 여름철 보양 음식」, 『박물관 풍경』 58호, 인천시립박물관, 2023 여름

례, 무속의례 등 크고 작은 행사에 쓰이는 특별음식이다. 떡은 쌀뿐 아니라 팥 · 콩 · 수수 · 녹두 등 여러 재료가 조화를 이룬 최고의 음식이다.[41] 나아가 한국의 식문화에서는 다른 나라에 비해 국물과 숟가락을 중시하면서 다음과 같이 건더기와 국물, 젓가락과 숟가락의 융합과 조화를 극명하게 보여준다는 점에 주목할 수 있다. 진정한 가치와 멋은 비할 데 없이 고유한 데서 오는 경우가 많다.

중요하게 인식된 국물

삼국시대부터 '갱'이라는 국에 대한 기록(『삼국사기』 권17 고구려본기 5)이 나온다. 물이 깨끗하다거나 밥을 많이 먹는다든가 식사량을 불리기에 알맞다는 등 여러 이유로 우리나라에서는 국물이 발달하였다. 무엇보다 국이나 탕이 발달할 수 있었던 것은 넉넉지 못한 생활 형편에 부지런히 움직여야 살아 낼 수 있었던 우리들로서 짧은 시간에 여럿이 나눠 먹고자 시도했던 지혜로운 의식의 소산이자 합리적인 음식문화의 발로 때문이었다. 그리하여 필요에 따라 우리는 음식의 종류와 생활습관 속에서 푸짐한 건더기와 시원한 국물을 함께 섭취할 수 있었다. 다시 말해 국물의 발달로 인해 건더기(건지)와 국물의 조화 융합이 우리의 식문화에서 중요한 특성이 되었다. 이는 한국 음식문화가 지닌 융합의 성격을 잘 대변해준다는 데서 큰 의의로 확대된다.

41 이화형, 「한국 음식문화에 나타나는 융복합성 일고」, 495쪽.

한국 음식문화의 특징 가운데 하나가 국물을 중시한다는 점이다. 정이 넘치는 국물 문화 속에서 '귀한 사위가 오면 국을 끓여주느라 연기로 인해 장모가 고생한다'는 뜻에서 "사위 국 세 대접에 장모 눈 먼다"는 속담이 나오기도 했다. 우리가 흔히 "국물도 없다"고 할 때의 '국물'은 어떤 일의 대가로 주어지는 최소한의 대우나 이익을 뜻하는 속어요, 그것마저 허용하지 않겠다는 의도에서 나온 표현은 상대를 무시하는 욕에 가까운 것임을 쉽게 짐작할 수 있다. 결국 '아무것도 생기는 게 없다'는 뜻으로 쓰는 "국물도 없다"는 말도 국물의 중요성을 시사하는 것이다.

국물의 과도한 섭취는 나트륨과 칼로리 증가를 유발할 수 있으나 국물은 영양소의 공급으로 우리의 건강에도 매우 중요한 역할을 한다. 국물은 체내에 수분을 제공해주고, 소화를 도와줄 뿐만 아니라 국물에는 각종 단백질과 비타민과 미네랄이 함유되어 있어 면역력을 향상시키고, 신진대사를 촉진시키는 효과도 있다. 무엇보다 뼈와 고기를 오랜 시간 끓여 만든 사골국물은 한국의 전통 음식으로 다양한 영양소가 풍부하게 함유되어 있어, 건강에 효능이 큰 것으로 잘 알려져 있다. 사골국물 속의 칼슘은 뼈와 관절 건강에 좋고 아미노산은 근육 성장에 도움이 되며 젤라틴은 위장 기능을 향상시키고 콜라겐은 피부의 탄력을 유지하게 한다. 소고기나 마른 멸치, 또는 조개를 우린 국물에 된장을 풀고 시금치를 넣어 끓인 시금치 된장국은 한국에서 가장 보편적인 국의 종류 중 하나이다. 칼칼한 국물의 해물탕을 즐기는 나라도 그리 많지 않다고 할 만큼 한국인에게 국물은 필수의 영양식이다.

이렇듯 국물을 즐기며 국물과 친숙한 우리이기에 웬만한 국물은 남김없이 먹게 된다. 우리는 라면 국물도 마시거나 국물에 밥을 말아 먹기까지 한다. 국물을 중하게 여기다 보니 우리는 탕 음식을 다 먹을 때쯤이면 그릇을 받침대 위에 기울여 올려놓고 마지막 한 방울까지 숟가락으로 떠서 입에 넣는다. 심지어 가지나물, 고추장찌개, 닭볶음이나 오징어볶음 같은 음식들에서도 얼마 있지 않은 국물을 싹싹 모아서 밥을 비비거나 볶아서 먹는다. 건더기만 중요한 것이 아니라 국물이 매우 중시되어 함부로 버리지 않고 오히려 남은 국물에 다른 재료를 넣어 식사를 할 정도로 국물을 적극 향유하는 이러한 건더기와 국물의 융합은 매우 의미 있는 한국 고유의 문화적 특성이라 할 수 있다.

한식에서 국은 밥을 더 맛있게 잘 씹어 넘길 수 있도록 하며 탄수화물로 이루어진 밥의 영양을 보완하는 역할을 한다. 삼국시대부터 먹기 시작하여 고려시대에 이르러 국은 우리 식생활의 대표적인 부식이 되어왔다. 조선시대 문헌에 등장한 국요리만도 200여 종에 이른다. 간장으로 간을 한 맑은장국, 된장으로 간을 한 토장국, 고기를 고아서 끓인 곰국, 국물을 차게 한 냉국 등이 대표적이다. 고기국을 비롯하여 북어국, 미역국, 된장국, 재첩국 등 가정에서 국물을 즐기는 기호는 지금도 변함이 없다. 1990년대에 이르러 냉동 건조 후 열을 가하여 끓였을 때 신선한 재료 맛이 그대로 살아나는 시금치 된장국, 북어 미역국, 사골 우거지국 등이 즉석국으로 개발되었다.

또한 우리나라 사람들은 대부분 뜨거운 국에 밥을 말아서 먹는 탕반을 좋아한다. 기원이 분분한 설렁탕을 비롯한 곰탕, 우거지탕, 도가니탕, 갈비탕, 해물탕, 매운탕 등 국물 중심의 다양한 탕 음식에 주목하지 않을 수 없다. 특히 몽골에서 들어와 한국의 탕 음식을 대표하게 된 설렁탕은 피부를 윤택하게 하는 콜라겐을 다량 포함하고 골다공증에 좋은 비타민A를 많이 함유하며 면역 기능을 높여 암을 예방하는 데도 도움이 된다. 서유구의 『임원경제지』(1827)에 기록된 탕반류만도 무려 58여 종이나 된다. 탕에다가 밥을 말아 먹는 민족은 우리밖에 없을 것이라고들 하며, 국밥은 애초부터 밥을 국에 말아놓은 것인데 이런 식생활 풍습은 전 세계에 유일한 것이라고 한다.[42] 우리나라 외식 메뉴 중에 가장 먼저 개발된 장국밥(탕반)은 예전에는 바쁜 생활에 쫓기며 장터나 주막에서 먹을 수 있는 편의식이었던 것이다. 1990년대 초부터는 사골 및 꼬리곰탕 · 삼계탕 등의 인스턴트 제품이 개발되어 탕 음식을 간편하게 먹을 수 있게 되었다. 단일의 미각을 즐기는 일본에 비한다면 우리나라는 탕 종류의 음식이 매우 발달했다. 시중에는 돼지국밥, 소머리국밥, 콩나물국밥 등 국밥집이 즐비해 있다.

우리가 좋아하는 된장찌개, 김치찌개, 해물찌개, 부대찌개 등의 준비했다가 내놓는 '찌개'나 곱창전골, 버섯전골, 두부전골, 소고기전골 등의 즉석에서 끓여 먹는 '전골'도 건더기와 국물의 비율이 비슷하고 국보다 간이 센 편인 국물 음식이다. 다만 찌개나 전골은 탕보다 국물이 적다고 할 수 있다. 국과 탕은 물론 찌개, 전골 등을 통해 한국의 음식문화에서 국물이 차지하는 비중과 함께 건더기와 국물의 오묘한 융합 현상을 충분히 느낄 수 있다.

일본인들은 국물보다 건더기를 좋아한다. 추운 겨울에 그들이 좋아하는 유도오후(湯豆腐)와 스키야키(鋤焼)라는 냄비요리에서도 일본인들이 국물보다 건더기를 더 좋아한다는 것을 알 수 있다. 더구나 일본인들은 우리처럼 국물을 떠먹거나 마시지 않으며, 건더기만 건져 먹고 국물은 그대로 남기는 편이다.[43] 일본에서 도시락이 발달한 것도 건더기를 좋아하는 것과 무관하지 않을 것이다. 중국인들도 국물이 많은 음식은 그다지 좋아하지 않는다.

42 정연식, 앞의 글, 243쪽.

43 노성환, 『젓가락 사이로 본 일본문화』, 교보문고, 1997, 72쪽.

중국의 경우, 국물 요리의 가짓수는 많으나 흔히 국물을 건더기(재료)를 익히기 위한 수단으로 간주하며 오히려 '국물에는 건더기의 독소 같은 것들이 우러나 있다'는 식으로 대부분이 건더기만 건져 먹고 국물은 마시지 않는다. 중국 음식에서는 국물이 동물성 기름인 경우도 많아 먹기 힘들다.

미각 중 최고의 쾌감을 느끼게 하는 것은 감칠맛이라고 하며 이 감칠맛은 가열을 통해서 효과적으로 끌어낼 수 있다. 식재료를 불에 익혀 국물을 내는 것이 바로 감칠맛 성분을 얻기 위한 과정이 된다. 국물 요리의 근본은 끓인다는 데 있으며, 따라서 끓이는 과정에서 재료와 재료, 맛과 맛, 영양과 영양 등이 융합을 이룬다. 평론가 이어령(1933~2022)은 "국물이 있어야 섞인다. 조화와 융합이 된다. 그것이 바로 발효의 미"[44]라고 말한 적이 있다. 국이든 밥이든 여러 재료를 섞어서 만들어내는 조화의 맛과 영양을 즐기는 게 한국인이다. 국물은 우리 음식문화의 특성인 융합의 원동력이 되기에 부족함이 없다.

국물이 있는 음식은 대부분 끓여 먹게 되어 있다. 국이나 탕은 물론 찌개나 전골도 끓이고 죽도 끓여 먹으며 내용물을 떠나 모두 '끓인다'고 표현한다. 흔히 우리가 "라면을 삶는다"라는 표현보다 "라면을 끓인다"라는 표현을 더 많이 쓰는 데서도 라면이라는 음식을 면 위주가 아닌 국물 위주의 요리로 인식한다는 것을 알 수 있다. 국물의 본질은 따뜻함에 있다. 만약 국물이 차가워졌으면 데워서 먹어야 한다. 외국인들이 한국 음식에 적응하기 어려운 것이 매운 맛보다 뜨거운 맛 때문이라고도 한다. 더구나 뜨겁고 매운 국물과 찌개를 후후 불어가며 우리는 "시원하다"고 탄성을 내면서 얼큰한 맛

44 이어령, 『디지로그』, 생각의나무, 2006.

을 즐긴다. 우리의 국물이 외국의 것과 차별화된 점이 이 반어적 표현의 시원함 때문이라고 한다. 국물의 맛마다 특유의 개운함이 있는데, 이는 멸치, 사골 등 밑간을 이루는 육수와 어울리면서 계량으로 따라잡을 수 없는 한국적 조화를 이루어냈기 때문으로 본다.[45] 서양식으로 음식을 음미하고 즐기는 차원이 아니라 소화 흡수가 잘 되는 건강 차원의 표현으로 보기도 하는데,[46] 입으로 들어간 뜨거운 국물이 위에서 아래로 막힘없이 내려가는 현상을 '시원하다'고 하는 것이리라. 뜨거운 음식을 먹으면 체온이 상승하고 땀을 흘리게 되는데 땀이 증발하면서 몸에서 열이 빠져나감으로써 더욱 시원한 느낌을 받을 수도 있을 것이다. 더 근원적으로는 골치 아픈 문제가 해결되었을 때, 우리는 "속이 시원하다'"고 하듯이 몸이나 마음으로 비워지고 편안해지는 상태에서 나오는 표현이라 하겠다.

국물 중시와 관련하여 한국 식문화의 중요한 특징으로, 음식을 따뜻하게 해서 먹는 온식(溫食) 문화를 들 수 있다. 온난하고 습기가 많은 한반도의 몬순 기후 탓에 음식이 쉽게 부패할 것을 염려한 조상들에 의해 음식을 끓여 먹는 온식 문화가 형성 되었을 것이다. "거지도 부지런하면 더운밥을 먹는다", "더운밥 먹고 식은 말 한다"는 속담도 있다. 구박받는 처지를 일컬어 '찬밥신세'라고 하는 것도 온식 문화에서 비롯된 것이다. 이를테면 딸 둘을 둔 여인이 셋째 딸을 낳고 친정에서 산후조리를 할 때 친정어머니가 "네가 지금 따뜻한 밥을 먹을 수 있니?"라고 한다는 것이다. 우리에게는 식은 밥도 데워 먹는 습관이 있다. 우리는 지금까지도 모락모락 김이 오르는 따뜻

45 이화형, 『만중의 현실, 생활과 의례』, 79쪽.
46 권대영, 『한식 인문학』, 헬스레터, 2019, 284쪽.

한 밥을 먹는 동시에 부식에 해당하는 뜨거운 국물, 지글지글 끓는 찌개를 먹어야 충족감을 느낄 수 있었다. 이렇듯 삶거나 찌거나 끓이는 쪽으로 발달한 우리의 온식 문화는 지지고 볶는 튀김문화가 발달한 중국이나 일본과 다르다.

탕이나 찌개 등 국물을 뜨겁게 유지시켜주는 뚝배기(오지그릇)의 발달도 온식 문화의 영향이다. 빨리 끓고 빨리 식는 금속 냄비와는 달리 끓는 속도는 느리지만 그만큼 식는 속도도 느린 뚝배기는 된장찌개나 갈비탕 등의 국물 음식을 따뜻하게 유지시켜준다. 밥그릇 · 국그릇 · 반찬그릇 등 밥상을 가득 채우는 반상기들은 열의 발산을 막고자 입체화되어 있고 뚜껑까지 있다. "밥과 죽은 돌솥이 으뜸이고 오지탕관이 그 다음"(『규합총서』)이라고 하여 돌솥으로 한 밥을 최고로 쳤는데, 돌솥밥은 뜸이 고르게 들어 밥맛이 아주 좋을 뿐만 아니라 쉽게 식지도 않아 보온성이 뛰어나다. 무쇠로 만든 가마솥은 뜨거워지는 데는 시간이 걸리지만 한번 달구어지면 쉽게 식지 않기 때문에 장작불을 세게 때면 그 열을 머금고 있다가 솥 안의 음식을 속속들이 익혀주고 오랫동안 보온이 된다. 고온 다습한 계절풍으로 인해 미생물의 기생이 왕성하기에 살균하는 온식은 물론 삭히는 발효문화가 발달한 것이다.

한편 우리는 오이냉국, 미역냉국, 콩나물냉국 등 차가운 국물을 즐겨 먹기도 했다. 빙허각 이씨가 "술 먹기는 겨울같이 하라"(『규합총서』)고 했던 것처럼 우리는 추운 겨울에도 냉장고에서 차가운 음료를 꺼내 마신다. 이 점은 중국과도 큰 차이를 보인다. 지금은 많이 달라졌지만 깨끗한 물이 풍부하지 않고, 기름기 많은 음식으로 인한 배탈을 막기 위해 끓인 물을 즐겨 마셔 온 중국은 아직 보온병을 들고 다니며 따뜻한 물을 마시는 관습을 보일 정도로 온식을 선호한다. 물론 공자와 관련된 일화에서는 끓인 음식이 싸구려로 인식되었으며,[47] 유몽인(1559~1623)이 『어우야담』에서 "공자께서 회를 좋아했다"라든가 "『논어』에 짐승과 물고기의 날고기를 가늘게 썬다"는 말들을 했지만, 날것을 꺼리는 편이라 지금까지 채소도 생것으로 먹지 않고 끓는 물에 데쳐서 먹는다. 말하자면 한국인은 차가운 국이나 술을 먹으면서 뜨거운 국물 음식을 즐기는 반면, 중국인은 물 · 술 · 곡식 · 채소 · 육류 등 전 방위적으로 온식 문화를 향유했다고 할 수 있다.

요컨대, 우리나라는 일본 · 중국과 달리 국물 자체를 소중히 여기며, 건더기와의 융합에 의한 음식의 복합적인 맛과 영양을 즐겼다.

필수적으로 쓰인 숟가락

위에서 살핀 바와 같이 우리의 음식은 국물 중심의 물기가 많고 따뜻한 것이 주류를 이루고 있기 때문에 우리는 음식을 손으로 집어 먹는 버릇이 없다. 손으로 음식을 집어 먹던 유럽에 포크가 보편화된 것은 18세기에 이르러서이며, 테이블 냅킨도 음식을 만진 손을 닦기 위한 것이었다고 하는 것과는 사뭇 다르다. 식사 방식과 음식문화는 그릇의 변화에도 영향을 미치게 되어 있다. 유럽인들은 오랫동안 나이프로 식사를 하다가 중세 말부터 포크를 사용하게 되었는데, 포크가 나온 후에 넓은 접시의 사용이 일반화되었다.

우리 민족은 일찍이 토기를 사용한 신석기시대부터 국물 음식을 먹기 시

47 이재정, 『의식주를 통해 본 중국의 역사』, 가람기획, 2005, 41쪽.

작했을 것이다. 아울러 밥과 함께 반찬으로 국, 찌개, 전골 등을 먹거나 국물에 밥을 말아서 탕으로 먹는 식습관을 가진 우리는 식사 시작부터 끝까지 숟가락을 사용하는 전통을 지니고 있다. 아니 우리는 숟가락으로 국물을 먼저 떠먹은 다음에 다른 음식을 먹는 오랜 습관을 가졌다고 할 수 있다. 식사 때 없어서는 안 될 만큼 필수적인 숟가락은 움푹 패인 대접 같은 그릇의 발달에도 영향을 주었을 것이다. 우리나라에서는 중국이나 일본과 다르게 밥그릇과 국그릇을 손으로 들고 먹는 것이 예의에 어긋나기 때문에 더욱 숟가락이 요구되기도 하였다.

우리 밥상에 국이나 탕이 오르는 이상 숟가락은 한국인과 함께할 것이며, 한국 음식문화의 역사를 증명하는 소중한 유산으로 남을 것이다. 일찍이 삼국시대 왕족이나 귀족들의 무덤에서 부장품으로 묻혔던 숟가락이 출토되고 심지어 고려와 조선시대 백성들의 무덤에서도 숟가락이 나오는 것을 보면 숟가락은 권력과 생명의 상징임이었음을 알 수 있다. 오늘날 우리 사회에서 많이 쓰는 "은 숟가락을 입에 물고 태어나다"라는 서양식 표현은 보통 물질적으로 풍족한 계층에 대해 사용되는 편이다. 최근 들어 특권층의 갑질 논란이 심심치 않게 일면서 '금수저', '흙수저'라는 말이 세간에 관심거리가 되기도 한다. 우리의 식사 도구인 숟가락의 위상을 새삼 느낄 수 있는 대목이기도 하다.

우리 고유의 음식문화와 식사 방식은 대개 숟가락과 젓가락을 모두 사용하도록 구성되어 있다. 그리하여 젓가락 중심으로 식사를 하는 중국이나 일본과 달리 한국에서는 숟가락[匙]·젓가락[箸]의 융합으로서의 수저 문화가 크게 발달한 것이다. 숟가락은 '술+가락'의 합성어이고, 젓가락은 '저+ㅅ(사이시옷)+가락'의 합성어인데, 여기서 '가락'은 길고 가늘게 생긴 물건을 이르는 말이다. 숟가락과 젓가락을 모두 사용하는 나라는 우리밖에 없다고도 한다. 서양요리나 중국요리처럼 육류나 어물을 통째로 조리하는 음식은 거의 없어 수저로 식사가 가능하다. 한국인들이 수저를 각별히 생각하기 때문에 건강과 행복을 기원하는 마음을 담아 가족은 물론 귀하게 생각하는 지인이나 외국인에게 선물로도 많이 주는 편이다.

부족국가 시대에 이미 현재와 비슷한 형태의 뼈나 청동으로 된 숟가락이 나타나고 있으며, 젓가락은 중국의 저(箸)에서 유래한 것으로 숟가락에 비해 뒤늦게 일반화되었다. 청동기시대의 숟가락은 칼처럼 음식을 잘라 먹는 기능이 있어 그 끝이 날카롭고 길이가 긴 편이었다. 통일신라시대까지도 젓가락을 사용하지는 않았던 것으로 추정한다. 삼국시대까지는 숟가락도 그다지 흔치 않은 식사 도구였다고 할 수 있다. 우리나라에서 가장 오래된 청동으로 된 숟가락은 백제의 무령왕릉에서 출토되었다. 고려시대에 들어 청동제 숟가락의 사용이 크게 확산되었고, 고려 후기가 되어 국이 밥상에서 빠지지 않는 상황에 이르러 숟가락 사용은 정착 단계에 들어섰다. 조선시대가 되어서는 누구나 숟가락을 사용한 것으로 추정되며, 조선 후기에 이르러 젓가락의 사용도 일반화되었던 것으로 본다. 현재 우리가 사용하는 형태의 숟가락은 성리학적 이념에 따라 다양한 모양이 하나로 통일된 조선 후기의 것과 많이 다르지 않으며, 다만 크기가 상당히 작아졌다.

뜨거운 국물 문화가 발달하고 숟가락이 오래전부터 사용될 수 있었던 원천은 불을 효율적으로 쓸 수 있는 구들과 부뚜막이 있었기 때문이다. 통상 부엌의 중앙에 부뚜막을 설치하여 크고 작은 솥을 걸고 국을 끓이거나 채소를 삶는 등 식사를 위해 음식 만드는 일을 철저히 할 수 있었다. 구체적으로 국이나 죽을 뜨기 위한 숟가락의 사용이 두드러졌고, 탕이나 찌개 등을 공동으로 먹기 위해 긴 숟가락이 요구되는 등 숟가락의 중요성은 생활 속에서 자연스럽게 묻어나왔다. 주식으로 먹는 밥도 차진 쌀밥이 아닌 거친 잡곡밥이 많아서 숟가락으로 떠먹는 것이 바람직했다. 1960년대까지만 해도 쌀밥은 일부 계층에서만 주식으로 매일 먹을 수 있었다. 대부분의 서민들은 보리와 조 같은 곡물을 물에 말아 먹었다. 국에다가 밥을 말아 먹는 국밥 같은 경우에는 숟가락만 사용해도 된다. 고려시대 이후 국이 우리의 식사문화에 주류로 자리 잡아가며 숟가락이 아니면 식사하기 어려웠던 상황은 지금도 크게 달라지지 않았다고 본다. 앞으로도 우리가 탕이나 찌개와 전골 등을 멀리하지 않는 한, 또 국이나 물에 밥을 말아 먹는 습관이 사라지지 않는 한 우리는 숟가락을 놓지 못할 것이다.

이와 같이 중국이나 일본과 달리 국, 탕, 찌개 등 국물을 먹는 음식이 많은 우리 식문화 속에서 숟가락이 크게 발달할 수 있었고 이에 따라 숟가락의 재질은 물에도 썩지 않는 금속이 적합했다. 그리고 사용의 빈도수가 높은 만큼 숟가락의 형태가 납작하고 긴 편이었다. 이에 비해 중국이나 일본에서는 식사를 할 때 주로 젓가락을 사용하기 때문에 숟가락은 우리나라의 것보다 깊고 입에도 잘 안 들어가서 불편하다고 할 수 있다. 물론 중국이나 일본과 다르게, 우리가 주로 사용하는 금속젓가락의 발달도 국물 음식과 무관하지 않을 것이다. 음식의 재료나 식사 방식에 따라 젓가락의 양상도 한 · 중 · 일이 서로 차이가 있다. 재질이 중국과 일본은 주로 나무인 데 비해 우리는 놋쇠, 은, 스테인리스 스틸 등 금속을 사용한다. 중국의 경우 뜨거운 기름을 사용한 음식이 많고 멀리 있는 음식을 잡기 편하도록 길게 만들어졌으며, 일본의 경우 생선을 바르기 쉽도록 끝이 뾰족하고 개인 접시를 많이 사용하므로 길어야 할 필요가 없다고 할 수 있다. 즉 중국은 길고 굵으며 일본은 가늘고 짧은

데 비해 우리는 길이와 굵기가 중국과 일본의 중간쯤 된다.

숟가락의 발달은 우리가 많이 사용해온 청동으로 된 놋그릇, 즉 유기(鍮器)와도 관련이 있다고 한다. 살균 효과가 탁월하고 음식물을 변하지 않게 하는 등 장점이 뛰어남에도 불구하고 놋그릇은 무겁고 열전도율이 높기 때문에 들고 먹기가 불편하다는 것이다. 한편 공자로의 복고를 주장하는 숭유주의자들에 의한 숟가락 사용의 유습이 이어져 숟가락을 끝내 버리지 못하였다는 시각[48]도 있으나 이 주장에 대해서는 전혀 사실이 아니며, 한(漢) 나라 시기 편찬된『예기』에 당시 사람들은 손으로 밥을 먹었으며 공자 역시 마찬가지였을 것이라[49]고 한다. 결국 우리나라는 식사 때마다 사용하는 사기그릇, 놋그릇 등의 식기가 무거울 뿐만 아니라 뜨거운 국물 요리가 많아 직접 입에다 식기를 대고 먹기는 힘들기 때문에 숟가락이 반드시 필요하다. 물론 밥그릇 또는 국그릇을 들지 않고 먹어야 하는 식사예절로도 숟가락은 꼭 있어야 한다.

한국과 달리 일본에서는 밥그릇과 국그릇을 들고 먹는 게 예의인데, 보통 젓가락만 사용하므로 음식을 흘릴 가능성이 높아 손에 음식을 들고 받치듯 먹는다.『미스터 초밥왕』의 작가 데라사와 다이스케(1959~)는 "한국 음식을 먹을 때 곤란한 점은 국물을 먹을 때였다. 일본인은 식사 중 몸을 굽히면 안 된다고 예절교육을 받았기 때문이다. 숟가락이 있으면 편하게 먹을 수 있다는 것도 나중에 알았다"(『동아일보』, 2007. 2. 5)고 한 바 있다. 중국으로부터 일본에 전래된 숟가락은 쇼토쿠태자(574~622)가 처음으로 사용했고 헤이안(平

48 주영하,「젓가락의 닮음과 숟가락의 다름」,『실크로드와 한국문화』, 소나무, 1999, 277~301쪽.
49 정의도,「눈물은 내려가고 숟가락은 올라간다」,『문화재사랑』, 문화재청, 2020.

安) 시대에 이르러 귀족들에 의해 널리 사용되었으나 무사들이 정권을 잡고 귀족들이 몰락하는 가마쿠라(鎌倉) 시대에 접어들자 숟가락은 자취를 감추게 되었다[50]고 한다. 한편 숟가락이 사용되던 시기에 대해, "아스카(飛鳥) 시대부터 나라(奈良) 시대에 걸쳐서 정착했다고 할 수 있다"[51]고도 한다.

고대 중국에서도 숟가락과 젓가락을 아울러 사용하였다. 춘추시대 말기 공자가 활동하던 시기에 이미 숟가락이 쓰이고 있었고, 송나라와 원나라 때까지도 밥을 먹을 때 숟가락이 보편적으로 사용되었다. 그러나 명나라 이후 숟가락은 점차 쇠퇴하고 젓가락 중심으로 중국인의 식탁 용구가 바뀌었다.[52] 지금도 숟가락은 주로 요리를 자신의 접시에 덜어다 먹을 때 또는 탕을 먹을 때 사용하고 그 밖에 모든 음식을 먹을 때는 젓가락을 이용한다. 밥에 찰기가 없어 흩어지기 쉬운 중국에서는 밥그릇을 입에 대고 먹을 뿐만 아니라 국그릇도 손에 들고 마시며 남은 건더기는 젓가락을 사용한다. 물에 만 밥을 젓가락으로 먹는 것을 본 적도 있다.

한국문물연구원 정의도 원장은 『한국 고대 숟가락 연구』[53]라는 저술을 통해 숟가락 문화를 다각도로 파헤치고자 했다. 정 원장은 무엇보다 선사시대 이래 조선시대에 이르기까지 주로 발굴성과를 중심으로 숟가락이 출토되는 양상을 점검했다. 나아가 비교문화사의 관점에서 이웃 중국과 일본 문화권의 숟가락 문화를 정리했다. 그 결과는 역시 한국문화만큼 숟가락을 음식문화에서 중시한 문화권은 없다는 것이었다. 정 원장은 숟가락이야말로 "우리 문화

50 노성환, 앞의 책, 65쪽.

51 정대성, 『일본으로 건너간 한국음식』, 김문길 역, 솔, 2000, 48쪽.

52 이춘자 · 허채옥, 「닮은 듯 닮지 않은 한국과 중국의 음식문화」, 『한국문화는 중국문화의 아류인가?』, 소나무, 2010, 83쪽.

53 정의도, 『한국 고대 숟가락 연구』, 경인문화사, 2014.

를 대표하는 유물"로 자리매김해야 한다고 덧붙였다(『연합뉴스』, 2015. 1. 9).

한편 음식은 불에 직접 굽거나 강한 열로 튀기면 독성물질이 생기기 때문에 한국의 경우 삶거나 찌거나 끓이는 쪽으로 발달했는데, 이는 중국이나 일본만큼 지지고 볶는 튀김 문화가 발달하지 않았음을 말해준다. 사실 "J팝은 사라졌지만 스시는 계속 살아 있다"는 말처럼 재료 본래의 맛을 중시하는 일본에서는 사시미, 스시, 날계란같이 차갑거나 미지근한 음식을 선호한다고 볼 수 있다. 인류가 불을 발명하여 다른 영장류와 차별화되었음을 고려할 때 예부터 불을 소중히 여기고 가꾼 한민족의 지혜가 돋보이는 대목이다. 결과적으로 한국과 중국 모두가 온식 생활 풍습을 지녔지만 전 분야에 걸친 중국의 온식 문화와 달리 한국의 온식 문화는 국물 중심 쪽으로 발전하면서 숟가락의 발달을 초래했다고 볼 수 있다.

요컨대, 중국 · 일본에서는 대개 젓가락만으로 식사를 하는 편인 데 비해 우리는 국이나 탕 같은 국물이 많은 음식을 먹기 위해 숟가락이 절대로 필요했다. 이렇듯 숟가락은 생명과 직결될 만큼 우리 음식문화의 핵심적인 자리를 차지하다시피 하다 보니 사람이 죽으면 "숟가락을 놓았다"고 표현하기에 이르렀던 것이다. 결국 젓가락과 함께 숟가락을 많이 사용함으로써 수저 문화가 크게 발달한 나라는 우리가 유일하다고 할 수 있다.

제3부 한옥

韓屋

1

화합과 교류

설치미술가 서도호(1962~)는 "집은 자아와 타자, 문화와 문화, 안과 밖 등의 상이한 존재들의 관계가 형성되는 장소"(『한국경제』, 2012. 3. 21)라고 말했다. 한옥은 마음을 열고 여유롭게 살아가는 사람들의 집이다. 역사적으로 주거와 관련하여 인간과 자연 또는 건물, 건물과 건물의 어울림뿐만 아니라 오히려 그에 앞서 '인간과 인간'의 조화가 얼마나 중요하게 인식되어왔는가를 살피지 않을 수 없다. 최근 MZ세대 사이에서 공간을 통해 자신의 정체성을 표현하는 경우가 늘고 있다고 한다. 프랑스의 철학자 가스통 바슐라르(1884~1962)는 "집이란 세계 안의 우리들의 구석인 것이다. 집이란—우리들의 최초의 세계이다. 그것은 정녕 하나의 우주이다"[1]라고 말했다. 집은 단순한 물질적 공간이 아니라 인간의 상상과 열망이 깃들어 있는 장소이다.

주택 및 주거에서 멋스럽고 편리함만을 좇다 아름다운 심성을 잃어버리는 어리석음을 자초해서는 안 된다. 집이 사람의 품성을 만드는 중요한 바탕이 된다. 인간이 욕심을 부리면 집은 너무 육중해져 생활공간을 억누르고

1 가스통 바슐라르, 『공간의 시학』, 곽광수 역, 동문선, 2003, 77쪽.

마침내 집이 인간을 지배할 수도 있다. 집 짓기에 대해 지나친 것을 덜어내고 부족한 부분을 채우는 것이라 말하는 것도 이 때문이다. 서양의 주택은 옥내와 옥외의 구분이 명확하고 옥내에서도 각 실의 경계가 뚜렷한 편이나 자연을 닮고자 하는 한옥에서는 가옥(건물) 내부의 방이나 마루 있는 사람과 가옥 밖의 마당이나 정원에 있는 사람 간의 화합이 강조된다. 2000년 제7회 국제건축박람회의 주제는 "덜 미학적인 것이 더 윤리적인 것이다"였다.

19세기 실학자 서유구(1764~1845)는 토지가 비옥하고 무역과 운송이 중요함을 언급하는 등 주거지 선택의 여섯 가지 자연조건과 요소를 설명하고 난 뒤 다음과 같이 '인심'의 가치를 역설했는데 이는 예사로울 수 없는 지적이다. "여기에서 가장 중요한 사실은 마음이 허황되고 말만 번드르르하게 잘하는 자가 주민들 사이에 끼어서 기분을 잡치게 해서는 안 되는 것이다"(『임원경제지』 섬용지). 우리나라의 담장이나 울타리는 외부인의 침입을 막기 위한 것이기보다 심리적 안정을 위해 경계 짓는 단순한 영역의 구분에 지나지 않는다. 우리는 이웃과 서로 교류하며 조화롭게 살아가고자 했다. 속담 중에 "세 닢 주고 집 사고 천 냥 주고 이웃 산다"는 말도 있다.

건물 안팎에서 화합

한국의 주택은 유교문화의 영향에 따른 가족집단의 공동공간으로서 항상 '우리 집'으로 불리게 된다. 현대와 같이 핵가족화를 넘어 가족 해체에 이르는 것과 달리 집안에서 함께 생활하는 가족 사이의 허물없는 교류가 요구됨은 자연스러운 일이다. 즉 가옥 내부의 방이나 마루 등에 있는 사람과 가옥 밖의 마당이나 정원 같은 곳에 있는 사람 간의 소통은 중요하다. 서양의 주택은 대부분 건물 내외의 구별이 분명하고 건물 안에서도 각 실의 경계가 명확한 편이다. 서양 건축은 건물 자체의 아름다움에 집중하지만 한옥은 그 집에 사는 사람에게 관심을 둔다고 할 수 있다. 조선 후기의 학자이자 시인이었던 장혼(1759~1828)은 "아름다움은 스스로 아름다운 것이 아니라 사람으로 인하여 빛이 난다(美不自美 因人而彰)(「옥계아집첩서(玉溪雅集帖序)」)"라고 말한 바 있다. 한옥에서는 발길이 자유로이 이리저리 통하므로 건물은 네모지나 공간은 둥글다고 할 수 있으며, 공간이 둥글어 발길이 순조로이 만나게 되니 사람이 서로 교감하게 되고 화합할 수 있다. 한옥에서는 사람을 먼저 생각하고 집을 지었을 것이다. 건축이 인간의 행동에 맞춰져야 한다는 주장은 건축 설계의 기본원칙이라고 한다.

오늘날 우리가 일반적으로 보는 전통 가옥구조의 기본형은 삼국시대부터 형성되었다. 즉 삼국시대에 이미 주택 건축에서 기둥을 세우고 도리와 들보를 걸치는 지금과 같은 기본 양식이 확립되었다. 한옥은 목조 '가구(架構)'식 건축이라 하여 주로 습도와 온도를 조절하고 숨까지 쉬는 나무를 사용해 기둥 · 보 · 도리로 골격을 만들어왔던 것이다. 물론 나무로 된 집이기 때문에 썩지 않고 오래가도록 기단을 구성하는 댓돌도 좀 높게 쌓았다. 댓돌은 디딤돌과 비슷한 것 같지만 다르다. 마루를 높게 하기 위해 집터를 높이는 것이 댓돌이고, 마루에 올라설 때 쉽게 밟고 올라가도록 놓은 돌이 디딤돌(섬돌)이다. 그래서 댓돌은 쌓는다고 하고, 디딤돌은 놓는다고 하는 것이다. 건축 목재의 경우, 일본은 편백나무를 주재료로 쓰는 데 비해 한국이나 중국의 목조 건축은 주로 소나무를 사용한다. 소나무는 널리 분포되어 쉽게 구할 수 있고, 톱질, 절단, 샌딩 등 비교적 가공이 쉬운 목재일 뿐만 아니라 도장, 스테인, 오일 마감 처리도 잘 되기에 외관을 개선하고 내구성을 높일 수 있는 특징을 지닌다. 한옥은 벽이 없어도 무너지지 않을 정도로 기둥에 의지하는 뼈대 집이다. 그렇게 든든한 버팀목이 되는 기둥은 단순한 건축 구조물을 넘어 "집안(국가)의 기둥이다"라고 하는 정신적 · 사회적 가치로서의 상징적 의미로 많이 쓰고 있다.

기둥은 '칸'이라는 공간을 이루는 기준으로서 종류가 다양하다. 단면의 모양에 따라 각(사각)기둥과 원기둥(두리기둥)으로 나뉘는데, 일반 주택에서는 주로 각기둥이 사용되었고, 궁궐이나 사찰 또는 상류 주택에서는 원기둥을 세워 품위를 높였다. '하늘은 둥그렇고 땅은 네모지다'는 천원지방(天圓地方)의 원리에 따라 기둥의 단면을 구성했던 것이다. 또한 원기둥은 형태에 따라 배흘림기둥, 민흘림기둥, 원통형 기둥으로 나뉜다. 다시 말해 한옥의 기둥은 가운데가 가늘어 보이는 착시현상을 교정하기 위해 흘림을 주어야 하는데 흘림에는 배흘림과 민흘림이 있다. 위로 올라가면서 가늘게 만드는 민흘림 기법이 일반화되기 이전에 사용되었던 배흘림 기법은 가운데 부분의 직경을 가장 굵게 하여 위에 떠받치고 있는 지붕의 중량감을 완화시켜 안정적으로 보이게 하는 효과가 있다. 기둥은 입면 형태상 흘림기둥 외에 기둥머리와 뿌리의 단면 크기가 같은 원통형 기둥도 있다. 한편, 가공하지 않고 원목대로 세우는 기둥을 도랑주라 하였다. 쓰이는 위치에 따라서는 평주, 고주, 귀주, 활주, 동자주 등이 있다. 평주는 건물 외곽에 세워진 기둥으로 건축의 근간이 되며, 고주는 평기둥보다 높은 기둥으로 건물 내부를 감싸고 있다. 귀주는 귀퉁이에 있는 기둥을 가리키며, 활주는 추녀 밑을 받치는 보조 기둥이요, 동자주는 짧은 기둥을 통칭하나 대개 들보 위에 세우는 짧은 부재를 말한다. 기둥은 썩지 않도록 돌을 놓고 세웠는데 이 받침돌을 '초석'

이라 불렀으며, 다듬지 않고 그대로 쓰는 초석을 '덤벙 주초'라 하였다. 덤벙 주초는 기둥과 만나는 면이 굴곡이 있으므로 기둥 밑면을 초석에 맞도록 '그렝이질'을 한다.

한옥은 대개 정면에서 보아 좌우로 길고 앞뒤가 상대적으로 좁은 장방형의 건물인데, 그런 건물의 지붕 위로 보이는 용마루와 같은 방향으로 놓여 지붕의 틀을 만들고 지붕을 받쳐주는 목재가 도리이다. 서까래는 이 도리 위에 직각으로 얹히게 되며, 지붕 골격을 이루는 서까래는 경사진 지붕 면과 평행으로 놓이게 되는 것이다. 좌우 방향으로 놓이는 부재가 도리인 반면 보는 건물의 앞뒤 기둥을 연결하는 수평 구조의 목재이다. 따라서 도리는 한옥의 길이, 보는 한옥의 넓이와 관계가 있다. 긴 도리를 받아주는 짧은 보는 도리와 직각 방향으로 놓이게 되는데, 이 보를 받아주는 부재가 기둥이다. 다시 말해 지붕의 얼개(구성)는 기둥 위에 도리와 보를 걸쳐 그 위쪽에 서까래를 거는 방식으로 이루어지며, 서까래를 올리고 마지막에 기와를 덮어 지붕을 완성한다. 햇볕을 가리고 비를 피하는 지붕만 올려도 기본적으로 집이라 할 수 있다.

집을 지을 때 기둥을 세우고 보를 얹은 다음 최상부 부재인 마룻대를 올리는 상량식을 치르게 된다. 말하자면 상량식은 목조 건물의 골재가 거의 완성된 단계에서 대들보 위에 짧은 기둥인 대공을 세우고 나서 마룻대를 올리고 거기에 공사와 관련된 기록과 축원문이 적힌 상량문을 봉안하는 의식이다. 서까래를 받치는 마룻대는 용마루 부분에 놓이는 도리의 하나로 종도리, 마루도리라고도 부른다. 마룻대는 건물의 중심에 놓이는 가장 중요한 부분이므로 재목도 가장 좋은 것을 사용한다. '동량(棟梁)'이라는 말은 마룻대 '동'과 대들보 '량'으로서 한 나라의 살림을 떠맡는 요직에 있는 사람에게 비유적으로 사용된다. 한옥의 경우 이 마룻대를 올리면 비로소 외형은 마무리되는데, 이 목재 골조를 '가구(架構)'라고 하는 것이다.

한옥에서 벽을 치지 않은 창문이나 출입구에 해당하는 개구부는 실내 공간의 성격을 규정 짓는 중요한 요소이다. 특히 채광과 통풍을 위한 '창'과 사람이나 물건이 드나들 수 있는 '문'을 통칭하여 창호(窓戶)라 한다. 한편 문지방이 바로 바닥에 붙어 있으면 '문'이고, 바닥에서 떨어져 있으면 '창'이라고 부른다. 다만 한옥에서는 창을 창문이라 부를 만큼 창과 문을 엄격하게 구별하지 않고 사용하는 편이다. 한옥은 벽 넓이보다 문과 창이 차지하는 면적이 꽤 넓다. 다시 말해 문과 창이 과다할 정도로 많고 좀 큰 편이기 때문에 한옥에서 문을 빼놓으면 기둥뿐이라고 해도 지나친 말은 아니다. 문과 창이 많아 춥고 방음이 잘 안 되는 것도 사실이며 요즘 창과 문을 이중으로 달고 마루에 새시를 설치하는 것과 비교되기도 한다. 강릉 선교장의 정자인 활래정은 벽이 온통 문으로 둘러쳐져 있다. 그만큼 우리의 전통 주택에서 닫힘과 열림의 이중성을 지닌 창호, 즉 창과 문이 소통과 개방을 강화하는 역할을 해왔다. 조선의 왕 가운데 가장 장수했던 영조(1694~1776)는 침실의 문과 창의 틈을 바르지 않고 바람을 맞은 채 지냈다고 한다. 그렇게 문과 창이 많아도 같은 창호를 발견하기는 쉽지 않을 정도로 자연스럽다. 제각기 크기와 형상을 가져 개별적 자존감을 지키면서도 서로 정답고 편안하게 어울린다.

문은 개폐 방식, 위치나 용도, 구조나 기능 등으로 분류된다. 개폐 방식에 따르면 문에는 여닫이, 미닫이, 미서기, 벼락닫이, 접이문, 안고지기 등이 있다. 우리나라의 창호는 여닫이가 대부분이며 열고 닫는 것을 쉽게 하기 위하여 문고리를 단다. 미닫이는 문을 열면 문이 벽으로 가려지거나 들어가는 데 비해 미서기는 문짝이 두 개 이상이라서 문들이 겹치는 구조이므로 단독주택이나 아파트를 비롯해 대부분의 건물의 창문은 미서기이다. 벼락닫이창은 들창, 또는 걸창이라고도 하는데, 윗 창틀에 돌쩌귀를 달아 방 안에서 바깥쪽으로 밀어 올려 열게 되어 있으며 버팀쇠나 막대로 받쳐두었다가 막대를 빼면 '벼락같이 닫힌다' 하여 붙여진 이름이다. 대부분의 광창이 여닫지 못하는 데 비해 벼락닫이창은 개폐가 가능했다. 접이문은 여러 쪽의 좁은 문짝을 경첩 따위로 연결하여 접어서 여닫는 문이다. 안고지기는 한 짝을 다른 짝에 몰아넣고 창문틀 일부까지 함께 열리게 한, 이른바 미닫이와 여닫이의 복합 창문이다.

위치나 용도에 따라서는 분합문, 장지문, 바라지, 뙤창, 영창, 중창 등이 있다. 우리의 분합문(들어열개문)은 주로 대청과 방 사이 또는 대청 앞쪽에 다는 네 쪽의 문으로, 닫으면 두 공간이 분할되고 둘씩 접어 올리면 창과 벽이 없어져 두 공간이 하나가 되는데, 이렇듯 벽 전체를 문으로 만드는 경우는 드물다. 기후 변화나 용도상의 필요 등에 따라 대청을 크게 개방할 수 있도록 고안된 분합문은 주거공간 사용에 융통성과 운치를 더하는 장치이다. 장지문은 방과 방 사이 또는 방과 대청마루 사이에 다는 칸막이 형식의 문 높이(운두)가 높고 문지방은 낮은 미닫이문으로서 때로는 창의 구실을 한다. 이처럼 한옥에서는 때로는 문의 기능을 하고 때로는 창의 기능을 하기도 한다. 바라지(광창)는 방에 햇빛을 들게 하기 위하여 주로 출입문 위쪽에 가로로 길게 낸 창이다. 뙤창은 사생활 보호와 채광의 확보를 위해 분합문 위쪽에 낸 작은 창으로 고창이라고 한다. 영창은 방을 밝게 하려고 방과 마루 사이에 낸 두 쪽의 미닫이 창문으로서 동요 〈고드름〉의 "각시방 영창에 달아놓아요"라는 소절에 나오는 그 창이다. 중창은 어른의 허리 높이에 다는 일반적인 창문이다.

문의 구조나 기능에 따라서는 쌍창, 영창, 갑창, 불발기창, 빈지, 사창 등으로 분류된다. 보통 살림집에서는 보온을 위해서 바깥에 두 짝의 여닫이인 쌍창을 달고 그 안에 두 짝의 미닫이인 얇은 영창을 달았다. 방 안에는 영창이 들어갈 수 있는 갑창(두껍닫이)을 달았는데 이는 차광과 방한을 목적으로 미닫이 안쪽에 덧끼우는 문으로서 창이라기보다는 고정되어 있는 가벽이라 할 수 있다. 미닫이는 빛을 받아들이기 위해 한쪽에만 창호지를 바른 명장지인 데 비해, 갑창은 두꺼운 맹장지로 되어 있으며 맹장지는 차광과 보온을 위해서 한지를 여러 겹 싸발라 만든 것이다. 전체를 맹장지로 하면 방이 너무 어두워지므로 대청과 방 사이의 출입문 가운데에 불발기창을 설치하기도 하였다. 빈지는 가게의 앞쪽에 대는 널문으로 요즘의 '셔터'와 같은 구실을 한다. 여름이 되면 창호지 대신에 올이 성근 비단을 발랐는데, 이런 창문을 사창(紗窓)이라 하였다. 격조를 따지는 집에서는 명장지 다음에 갑사천을 바른 사창을 하나 더 달기도 했다. 이밖에 문은 살의 모양에 따라 여러 가지로 나누어지기도 한다.

옛날 사람들이 문과 창을 장식하는 데 관심을 기울였던 것도 문(창)의 중요성을 인식했기 때문이다. 민가나 사찰에서 아름다운 무늬의 살문을 볼 수 있는데, 살문은 액자처럼 문틀을 만들고 그 안에 얇은 살대를 짠 다음 안쪽에 창호지를 바른 문이다. 살대에는 문살을 상중하의 세 곳에 띠 모양으로 배치한 띠살(세살)을 비롯하여 빗살, 우물살, 용(用)자살, 완(卍)자살, 아(亞)자살, 만(滿)살(격자살) 등이 있는가 하면 예쁜 꽃무늬살, 빗꽃살, 소슬빗꽃살 등도 있다. 물론 띠살의 구성은 『주역』의 수리를 응용한 것이라 하며 띠살문이 소박한 반면 만살문은 강인해 보인다. 창은 겨울의 찬 바람을 막기 위해 홑창이 아닌 두세 겹으로 달았는데, 대개 바깥 창은 띠살 여닫이로 하고 안쪽은 용자살 미닫이로 하였다. 완자살은 살의 한 끝이 ㄱ자형으로 돌출되어 화려한 느낌을 주는 데 비해 아자살은 간결하고 매끈한 멋을 드러내며 안정감이 있어 보인다. 나무 살로 만든 문(창)의 문양은 화려한 조각이나 색채에 뒤지지 않는 소박한 멋을 자랑한다. 한옥에서 대칭과 비대칭 등 가장 자유롭고 다양한 것이 문살(창살) 문양이라고도 한다. 한옥의 멋스러움은 문(창문)에서 나온다는 말도 있다.

이와 같이 한옥의 경우 집 전체에서 문과 창이 차지하는 비중이 매우 크다. 대청마루는 더욱 확연하여 대개 기둥과 창으로만 이루어진다. 더구나 한옥의 창과 문은 숫자가 많아 복잡한 듯하지만 원칙 없이 아무렇게나 만들어진 것이 아니다. 은근하게 시선의 통제를 위해 두 개의 문이 약간 비켜서 있지만 자세히 보면 문끼리의 위치는 크게 어긋나지 않는다. 오히려 문의 위치가 일직선에 가까우며 문을 모두 열면 막힘 없이 햇살이 들어오고 바람이 흐르면서 사람들은 모두가 사이좋게 어울려 지낼 수 있게 된다. 위에서도 언급된 분합문의 경우 공중에 들어 올리면 벽은 하나도 남지 않고 기둥만 남을 정도로 공간이 확보된다. 마치 자연을 즐기기 위해 벽을 다 털어내고 골조만 남긴 누각을 연상케 한다.

무엇보다 온돌에 따른 좌식 생활로 인해 단절되기 쉬운 건물 내부와 건물 바깥 세계와의 연결을 우리는 주로 문과 창을 통해 복원시키고자 하였다. 심지어 꺾임이 많은 'ㄹ'자 모양의 집까지도 문과 창들을 일직선으로 냈다. 따사로움과 시원스러움을 자유롭게 만끽할 수 있을 정도로 벽이나 장애물로 활동의 공간에 막힘이 없도록 하기 위해서다. 그러다 보니 집 안인지 밖인지 공간의 안팎 구별이 약한 게 한옥이다. 실내의 바닥과 벽은 면의 공간이고 문은 선의 공간으로 면과 선이 적절히 대조를 이루고 있는 것이 한옥의 내부 구조이기도 하다.

앉아서 생활하는 방의 높이와 서서 생활하는 대청마루나 부엌의 높이뿐만 아니라 창의 설치 기준은 인체에 두었다. 창 얼굴(창틀)의 '인방' 즉 기둥을 고정하는 가로 지지대의 높이는 서 있는 사람의 눈높이를 기준으로 한 것이다. 창을 설치하는 곳에는 '머름'이라는 창턱도 만들어야 했는데 머름의 높이는 앉은 사람의 겨드랑이 아래에 들도록 하였고 기단 아래서 보면 상체만 보이도록 하였다. 좌식 생활에 맞추어 나지막하게 설치한 머름은 안에서 팔을 걸쳤을 때 편안함을 주었다. 나무로 정성스럽게 치장을 한 머름이 낮아 방바닥에 앉아서도 창을 통해 밖을 내다볼 수 있고 머름이 있어 낮잠을 자더라도 창을 닫을 필요가 없다. 문의 중간쯤에 설치되는 '불발기창'의 높이도 앉은 사람의 눈높이와 같도록 했다. 대부분의 출입문도 인체를 기준으로 높지 않게 설치하였다. 한옥의 모든 구조는 우리의 몸과 직결되어 있으며, 우리 몸과 맞는 조화로운 크기로 설정되어 있다. '땅에 가까워야 대지의 기를 흠뻑 받을 수 있음'을 터득하고 살았던 조상들의 지혜를 확인할 수 있다.

문과 창을 설치하는 데는 국화꽃 모양의 장식철물인 '국화정', 새의 발과 같은 모양의 '새발장식' 등 철물이 많이 필요하다. '쇠장석'이라는 이 철물들은 사람의 손이 직접 닿는 만큼 감촉이 좋아야 하고 분위기에 맞게 모양도 신경 써야 한다. 창과 문은 물론 지붕의 박공과 합각의 현어, 담장의 문양 등을 포함하는 한옥은 화려하거나 천박하지 않을 뿐만 아니라 밋밋하거나 평이하지도 않다. 박공은 팔작지붕의 합각에 기다란 팔자의 널이자 맞배지붕 양쪽 옆면을 마감하기 위해 붙이는 길고 넓은 판재를 말하며, 합각은 박공의 아래가 막혀 형성되는 삼각형의 공간을 가리킨다. 현어(懸魚)는 맞배지붕이나 팔작지붕의 측면에 설치하는 박공 아래에 매달아놓는 장식물로 오래전에는 물고기 형태로 조각한 나무판을 매달았기 때문에 현어로 불렸던 것이다. 한옥은 넘치지도 부족함도 없이 자연스럽고 아름다운 매력을 지닌 인간을 편안하게 하는 단아한 집이다.

한편 문과 창에 바르는 문종이는 다양한 효능을 지닌 닥나무 속껍질을 주 원료로 하여 만든 한지로서 중성 종이이기 때문에 세월이 가도 결이 곱고 질기다. 다른 나라 특히 중국이 대체로 대나무, 일본이 대개 청단목을 사용하여 맷돌로 나무껍질을 짓이기는 데 반해 우리는 닥나무 백피를 방망이로 두들겨 섬유를 풀어내므로 부드러우면서도 튼튼한 한지가 태어난 것이다. 또 색이 몹시 하얗고 섬유질이 고르고 얇을 뿐만 아니라 앞뒤가 반들반들하여 세계에서 가장 우수하다는 평가를 받는다. 또한 햇빛이 들면 일광욕을 즐기는 서양인들과 달리 양산을 쓸 만큼 한국인은 간접조명에 익숙한데, 한지로 된 창호지는 반투명재로서 강렬한 햇살을 순하게 걸러준다. 이렇듯 문에 창호지를 바른 한옥의 방의 특징은 무엇보다 방 안의 조명이 대단히 과학적이라는 점을 들 수 있다. 조도가 일정한 은은한 빛이 방 안 구석구석까지 꽉 차는데, 이러한 간접광의 효과를 강화하기 위해 기단(토방, 뜰팡)을 높이고, 처마를 길게 빼며, 마당에 탄력이 있는 백토나 마사토를 깔게 된다. 한옥은 이웃 나라의 전통 가옥이나 양옥과 달리 기단이 높아 지표로부터 올라오는 습기를 막아주기도 한다.

더구나 창호지는 눈에 보이지 않는 미세한 구멍이 있어 통풍은 물론 방 안의 온도와 습도까지 조절해준다. 한옥은 하나의 생명체로서 모든 구조와 공간이 제각각 숨 쉬며 서로 소통하고 있다. 요즘 서양식의 창이나 문은 주로 외부의 빛이나 바람이나 소리를 차단하는 기능을 하고 있지만 전통 한옥의 창이나 문은 직사광선이나 공기를 여과시키면서도 바깥의 빗소리를 들을 수 있는 자연친화적인 성능을 지닌다. 무엇보다 창호지는 건물 안팎에서의 인간의 삶을 자연스럽게 이어주면서 언행을 조심하게 만드는 고도의 수단이기도 하다. 서구식 노크를 하지 않고도 내부의 상황을 적당히 알아차릴 수 있도록 해주며 동시에 밖에서 일어나는 일도 필요한 만큼 가늠할 수 있게 해주는 정교한 주거 장치이다. 우리는 방에 들어갈 때나 화장실에 갈 때나 문 앞에서 갑작스럽게 노크를 하여 상대를 놀라게 한 기억이 거의 없다. 우리에게 익숙한 헛기침(군기침)은 거리를 두고 인기척을 보내 상대를 당황하지 않게 하는 참으로 너그럽고 효과적인 소통의 방식이다. 확고한 개인주의적 사고와 자유분방한 스킨십이 강조되는 서양문화와 다른 한국의 품위 있고 세련된 문화 현상을 느끼게 되는 대목이라 할 수 있다.

벽체의 창과 문에 사용되는 창호지의 우수성은 유리와 비교해보면 확실히 알 수 있다. 먼저 창호지는 유리와 달리 바람을 통과시킬 뿐만 아니라 여름의 따가운 햇빛을 막아주고, 겨울에는 차가운 유리에 비해 단열효과가 뛰어나 실내 온도 유지에 효과적이다. 또한 창호지는 유리보다 햇빛을 받아들이는 양은 적으나 오히려 우리 몸에 해로운 자외선을 차단하면서 인체에 필요한 적외선을 통과시키는 역할을 한다. 그리고 창호지는 유리처럼 깨질 염려도 없고 딱딱하지 않아 방 안의 분위기를 그윽하게 한다. 무엇보다 유리가 시각적인 것과 달리 방 안과 밖을 완전히 단절시키는 데 비해 창호지는 외부와 소통을 은근히 원활하게 한다. 민간 풍속에 관심이 많았던 실학자 유득공(1748~1807)은 "창은 완자 겹창으로 마음대로 열고 닫는다. 거기에다 창호지를 바르고 기름을 칠하여 마치 은가루를 뿌린 듯이 깨끗하다. 그리고 유리를 붙여 그 유리로 밖을 내다본다"(『경도잡지』 1권)고 했다. 우리는 전통적으로 유리의 장점을 살리며 단점을 창호지로 보완하는 데 익숙하였다.

물론 문과 창은 편리하게 출입하고 건강을 위해 환기시키는 기본적 기능과 더불어 자연을 끌어들이고 경치를 감상하는 인간의 정서적 통로 역할도 한다. 사람들은 유난히 창문을 통해 창밖의 아름다운 풍경을 마음껏 즐길 수 있었다. 창은 때때로 변화하는 자연풍경을 담을 수 있는 액자와도 같다. 가령 중국의 창은 큰 것도 많지만 전통 살림집인 사합원(四合院)의 경우 우리와 달리 창의 크기가 매우 작고 벽체의 꼭대기에 부착되어 있으며, 중첩적으로 이어지는 대문은 중국 건축의 폐쇄성을 더욱 가중시킨다. 일본의 전통 가옥에서도 한옥에서만큼 개방성을 느끼기는 힘들다. 우리의 문과 창은 사람이 직접 출입을 하는 관문이요 세상과 호흡하고 감정을 교환하게 하는 매체이다. 문과 창으로 된 한옥이 품위를 인정받아 요즘 아파트에서도 거실이나 안방 한쪽에 마루를 놓는가 하면 전통 창살과 창호지 문 등을 도입하고 있다.

오히려 우리의 문과 창은 없어도 크게 문제가 되지 않을 정도로 가옥 안과 바깥의 인간 교류를 수월하게 이끈다. 특히 창은 지역에 따라 크기나 모양이 제각각이지만 일반적으로 채광과 환기만을 위해 간단하게 설치한 붙박이창도 많다. 가장 흔히 볼 수 있는 살창은 창호지를 바르지 않고 나뭇가지로 된 살대만으로 길게 칸을 나누거나 가로와 세로로 짜 맞춘 것인데, 주로 부엌이나 헛간에 이런 살창을 두었다. 세계문화유산인 팔만대장경을 보존하는 과학기술의 지혜가 무엇보다 해인사 장경판전 외벽의 붙박이 살창임은 잘 알려져 있다. 그다음으로 한옥에서 창문의 원형이라 할 수 있는 봉창은 방이나 부엌, 광(곳간), 헛간 등에 흙벽을 뚫고 창틀이 없이 안쪽으로 종이를 발라서 봉한 작은 창을 가리킨다. "자다가 봉창을 두드린다"는 말이 있는데 자다가 깨어나서 잠결에 봉창을 두드린다는 뜻이다. 벽에다 붙박이로 만들어놓은 환기창이 두드린다고 열리겠는가. 상황에 관계없이 불쑥 내놓는 말이나 본질을 모르고 엉뚱한 짓을 하는 사람에게 쓰는 말이다. 분합문 위에 가로로 길게 짜서 끼우는 채광을 위한 빗살무늬의 교창도 있고, 문을 열지 않고도 밖을 살필 수 있게 만들어진 눈꼽재기창도 있으며, 햇빛을 들게 하려고 냈던 작은 바라지창도 붙박이 창이다.

요컨대 실내냐 실외냐의 구분이 한옥에서는 뚜렷하지 않다. 한옥은 사람 사이의 화합과 교류가 활발할 수 있도록 조장하는 촉매제 역할을 한다. 그만큼 한옥이 벽에 갇히지 않고 자유롭고 개방적임은 두말할 나위 없다. 한옥에서는 물질로서의 집이 중심이 되지 않고 집 안팎을 오가는 사람 사이의 소통이 무엇보다 중시되는 것이다. 심지어 인간의 겸손과 배려의 정신을 감안하여 출입문의 높이를 몸을 낮춰 지나다닐 수 있도록 만들었던 점을 간과할 수 없다. 실내를 완전히 독립적 공간으로 바깥과 갈라놓고 사람 사이를 막아놓는 서양 건축과는 다르다. 놀랍게도 현대인들은 가장 폐쇄적인 집을 가장 안전한 집으로 여기며 살고 있는 것은 아닌가. "집의 완성은 사람과 관계를 맺으며 꾸준히 진행되는 것"[2]이라고 한다. 폐쇄적인 공간이 문을 여는 순간 세상의 중심이 되는 것이 한옥이요, 나와 자연과 건물이 하나의 공간에서 만나는 것이 한옥이다.

2 김도경, 『한옥 살림집을 짓다』, 현암사, 2004, 358쪽.

담장 안팎에서 교류

현대사회에서 '이웃'이라는 말은 점점 어색해져가는 것만 같아 쓸쓸하다. 전통 한옥에서는 이웃 간의 배려와 소통이 매우 중요했다. 옛날에는 마을 사람들이 서로 품앗이로 집을 지어주었다. 더욱 주목할 만한 것은 우리에게는 집을 지을 때 이웃 사람들과 공동으로 일을 해야 한다는 통념과 관행이 있었다는 사실이다. '우살미'라 해서 경북 문경에서는 신축 가옥의 '이엉엮기' 즉 지붕이기를 할 때 마을 사람들이 무보수로 공동 작업을 하도록 규정하고 있으며 이러한 노동 관행은 아직도 간혹 행해지고 있다. 이와 같은 관습은 두레나 품앗이보다 공동체 의식이 더 강하게 나타나며 봉사에 가까운 성격의 노동 방식으로서 우리나라 어느 곳에서나 쉽게 찾아볼 수 있었다. 공동으로 옷감을 짜고 함께 김장을 담는 데 익숙한 민족으로서 우리는 삶의 기본이 되는 의식주에서부터 어느 것 하나 이기적인 행동을 허용하지 않았다. 공동체적 의식과 실천은 지금도 자원봉사자라는 이름으로 공공의 이익을 위한 사회 활동으로 이어지고 있다.

근원적으로 전통 한옥 속에는 심오한 철학이 깃들어 있다. 우리 조상들은 천지인 삼재(三才) 사상을 염두에 두고 집을 지었다. 볏짚의 초가나 억새를 올린 샛집의 둥그스런 지붕은 하늘을, 평퍼짐한 바닥은 땅을, 곧게 서 있는 벽체와 기둥은 인간을 상징하는 것이다. 지붕은 양이고 기단은 음이며 사람 살 공간은 중용이 되는 셈이다. 천지인 사상을 부여받아 상징화된 한옥의 생활에서 우리는 문화적 인간으로 성장할 수 있다[3]고 했다. 일반 주택으로

3 김영기, 『한옥』, 앤디에스, 2019, 258쪽.

서 하늘을 향한 마음을 조형적으로 표현하고 있는 양식은 한옥이 유일하다고도 한다. 한옥의 지붕이 평면적으로는 직선이지만 실제로는 모두 곡선인 것도 우연일 수 없다. 또한 주로 자연에서 취한 지붕 재료에 따라 집의 명칭도 초가집, 기와집, 너와집 등으로 불렸다.

초가집이든, 기와집이든 가옥이 완성되고 나면 집 둘레에 담장을 치게 된다. 집은 원칙적으로 그곳에 사는 주인을 위주로 짓는 것이지 들여다보자고 짓는 것은 아니다. 집을 에워싸는 담은 주택을 외부의 위험으로부터 보호해주고 집안이 바깥으로 드러나지 않게 하는 구실을 할 뿐만 아니라 내부공간의 성격을 규정해준다. 상류계층의 주택은 신분, 남녀, 장유 등에 따라 공간배치 즉 집채를 달리하거나 작은 담장을 세워 공간을 나누었다. 상류 가옥의 안채와 사랑채, 본채와 행랑채 사이의 담은 바로 그러한 위계 질서를 표현해주었다. 담에 의한 공간 구별 탓에 한옥에 대한 전체적인 분위기가 폐쇄적으로 보인다고도 한다. 이러한 담의 폐쇄성은 남달리 강한 한국인의 유교관과 가족의식에서 비롯되었다고 할 수 있다. 한국을 가족주의 국가라고도 할 만큼 사회생활이 가족을 중심으로 하여 전개되고 있는 현상에 비추어 담의 의미를 이해하는 것이다.

그러나 우리네의 담은 외부와의 접근을 가로막는 권위와 위엄을 지니기보다 대체로 사람 눈높이 정도로 쌓아 까치발 서면 집 안이 훤히 들여다보인다. 한국의 담은 실질적으로 단절을 위한 담이 아니라 심리적인 안정감을 취하려는 담이다. 활처럼 휘어진 담장들은 소박한 집들과 어우러져 고즈넉한 분위기를 자아낸다. 골목길 흙담 사이로 뿌리내린 능소화, 수줍게 담 너머로 가지를 넘긴 석류나무, 돌담 아래 곱게 핀 봉선화, 발돋움하면 보이는 담장 안 텃밭의 정겨운 풍경 등은 한옥의 운치를 한껏 더한다. 조선의 대학자 회재 이언적(1491~1553)이 파직되어 낙향하면서 세상과 거리를 두고 홀로 위안을 삼고자 쌓았던 경주에 있는 독락당의 담벼락조차도 살창이 있어 건물은 자연 나아가 인간과 교감을 시도한다.

역설적이게도 전통적인 한옥은 담장이 낮아야 외부인의 침입을 막을 수 있었다. 낯선 사람이 집에 들어가면 이웃이 바로 알 수 있기 때문이다.[4] 낮은 담장은 내외를 엄격하게 차단하는 기능을 갖지 않는다. 특히 농촌의 담은 도시의 것과 달리 집과 집 사이의 경계를 알리는 표지에 지나지 않는 경우가 많다. 중국과 같이 벽돌로 아주 두껍게 높이 담을 쌓거나 일본과 같이 폐쇄적으로 내부와 외부를 분명하게 갈라놓지도 않는다. 우리의 이웃집들은 굳이 마주 보거나 서로 등지지도 않으면서 '고샅'이라는 골목길을 사이에 두고 서로 소통하고 배려하였다. 현재도 안동의 하회마을, 순천 낙안읍성의 민속마을, 제주의 성읍마을 등에 있는 집들은 담장이 허술하여 안이 훤히 들여다보이는 조촐한 모습이다. 대부분 정자의 담이 그러하듯 영화 〈서편제〉(1993), 〈혈의 누〉(2005), TV드라마 〈옷소매 붉은 끝동〉(2021~2022) 등의 촬영지로 주목받는 전남 보성 강골마을의 열화정에 들어가는 사주문에 이어 쌓은 낮은 흙돌담은 앙증맞기까지 하다. 오늘날 그 담장마저도 정문 한쪽으로만 남아 있고 다른 한쪽으로는 담장이 이어지지 않은 모습을 보게 되어 허전함마저 더한다.

우리가 의좋게 지내던 관계를 끊고 서로 등지고 살게 될 때 "담을 쌓는다"라는 부정적 의미의 속담을 사용하는 것도 우리 담장의 개방적 성격에 기인한다. 옛집의 담장은 요즘같이 전자장치를 비롯하여 가시철망이나 고압

4 이상현, 『한옥과 함께 하는 세상여행』, 채륜, 2012, 110쪽.

선으로 요새처럼 꾸민 담이 아니라 집에 조화되며 사람을 위압하지 않도록 구성되었다. 담이 높으면 외관이 아름답지 않을 뿐만 아니라 바람의 흐름을 방해하기도 한다. 담을 보면 이웃끼리 사이가 좋은지 나쁜지를 어느 정도 가늠할 수도 있을 것이다. 전통 마을을 보면 우리는 화합을 의미하는 삼거리를 만들었지 대치를 연상시키는 사거리를 만들지 않았음도 알 수 있다. 「어부가」로 잘 알려진 이현보(1467~1555)가 태어나고 자란 안동의 농암 종택처럼 너무나 낮은 흙돌담에 건물의 반을 담장 밖으로 내놓아 집의 안과 밖이 따로 없는 경우도 있다. 세계문화유산이 된 경주 양동마을의 심수정도 내려다보면 주변 풍경이 그대로 들어오는 만큼 안과 밖이 따로 없으며, 산쪽으로는 높은 지형을 살려 자연스러운 담을 연출했다. 자연적인 지리를 잘 이용한 심수정은 굴러다니는 막돌을 쌓고 지은 집으로서 정자와 행랑채로 되어 있는데, 정자는 깊은 숲속에 들어가 앉은 느낌이 들고 행랑채는 담장 밖에서 정자를 향해 세워졌다.

공간의 경계와 분할을 맡은 우리의 담장은 대체로 재료에 따라서 돌로 쌓은 돌담, 거푸집을 대고 진흙을 꾹꾹 다져 쌓은 흙담(토담), 돌을 쌓아 올리면서 사이사이 흙을 넣은 돌흙담(죽담), 벽돌을 쌓아 만든 벽돌담 등이 있다. 돌담 가운데 돌만으로 이를 맞추어가며 바닥에 굵은 돌을 놓고 위로 가면서 작은 돌을 차곡차곡 쌓아 완성시키는 담장을 돌각담 또는 강담이라 하며, 네모반듯하게 다듬은 돌들을 바르게 쌓은 담장을 사고석담(사고담)이라 한다. 사고석담은 사괴석담에서 온 말로서 사괴석(四塊石)으로 쌓은 담장을 가리키며 괴석은 네모꼴로 가공된 돌을 말한다. 대개 양반집이나 궁궐의 담장은 사고담이요, 조선 태조 이성계(재위: 1392~1398)의 어진을 봉안하고 있는 전주에 있는 경기전의 담장도 사고담이다.

돌이 흔한 제주도에는 거친 바다 바람을 막아내기 위해 집 둘레에 현무암을 쌓아 올린 돌담이 많지만 뭍에 있는 우리네 돌담은 밭 갈다 쟁기에 걸려 나온 돌로 쌓은 것이다. 갖가지 돌들이 생긴 대로 서로 받치고 틈을 메워 균형을 잡는다. 재고 다듬어 끼워 맞추는 게 아니라 돌끼리 부딪치고 양보하며 비비고 어울린다. 어느 건축학자는 이를 '이타적 어울림'이라고 했다. 수수하고 다소곳한 돌담은 가로막는 장애물이 아니라 그어놓은 금일 따름이다.[5] 충남 아산의 외암리 민속마을이 인상적이거나 유명한 것도 50여 채의 초가를 두른 나지막한 돌담의 정취 때문이라 본다. 안동의 하회마을이나 순천의 낙안읍성 등에 비해 비교적 상업화되지 않고 조용한 동네에 막돌을 쌓아 구불구불 집과 집을 구분하고 길과 밭을 나눈 자연스러운 돌담은 무려 5.3 킬로미터에 이른다. 전남 담양에 있는 달빛무월마을의 겹겹이 쌓아 올린 돌담길도 자연의 고즈넉함을 느끼기에 좋다.

경북 성주의 한개마을 고샅길(골목길) 담장은 흙과 돌을 섞어서 쌓은 죽담으로 매우 아름답다. TV드라마 〈연모〉(2021)의 촬영장소로도 이용된 한주종택을 비롯한 정취 어린 집들로 가득 찬 한개마을 입구에서 시작하여 구불구불 이어지는 죽담길은 사람이 사는 정과 삶의 여유가 듬뿍 묻어난다. 담장 사이로 걷다 보면 대문이 열려 있거나 정원이 개방되어 있는 등 마을 전체가 평화롭고 집들이 한가하다. 황토흙 사이사이에 크기, 모양, 색깔 등이 제각각인 자연석을 군데군데 박아놓은 죽담은 철 따라 표정을 바꾸며 생명력을 더한다. 자연석을 그대로 가져다 얼키설키 쌓은 돌담을 남성적이라고 한다면, 흙에다 잘게 썬 짚을 섞어 쌓은 흙담은 여성적이라고 할 수 있을 것

5 이화형, 「한국 전통주거문화의 융합 양상 고찰」, 『한민족문화연구』 45집, 한민족문화학회, 2014, 503쪽.

이요, 흙과 돌을 섞어서 쌓은 죽담은 돌담과 흙담의 성격을 융합하여 만든 정감이 가는 담이라 하겠다. 정결하고 호젓한 시골길에서 만나는 대부분의 담은 죽담이라 할 수 있다.

한편 담벼락에다 돌이나 기와 조각으로 길상문, 동식물, 십장생 등 온갖 무늬를 넣어 한껏 아름다운 자태를 뽐내기도 하는 것은 꽃담(화초담)이다. 주로 여성들이 기거하는 공간에서 흔하게 볼 수 있는 꽃담은 건물의 외벽 장식용으로 붙이는 화장벽돌을 이용해 쌓은 화려한 담장이다. 번개무늬, 바자무늬, 십장생무늬, 문자무늬 등을 새겨 넣은 아름다운 경복궁 자경전 서편의 꽃담은 현존 꽃담 중의 백미라고 할 수 있다. 민간에서는 화장벽돌을 이용해 꽃담을 만드는 경우가 거의 없고 기와 조각을 사용해 소박한 문양을 연출하는 정도이다. 한국에서 가장 많은 꽃담을 간직한 전북에서도 토담집으로 통하는 전주 최부잣집에는 황토로 된 담장 사이에 기와를 넣어 만든 꽃 모양의 꽃담이 있어 시선을 끈다.

아예 튼튼하게 쌓아 올리는 담장을 두지 않고 풀이나 나무 따위를 얽거나 심어서 울타리(울)을 치기도 한다. 수수깡이나 나뭇가지 등으로 둘러친 울타리에는 얼기설기 짚을 비롯하여 갈대 · 싸리 · 댓가지로 발처럼 엮은 바자울, 소나무 · 참나무 등 나뭇가지를 땅에 박아 둘러친 섶울, 싸릿가지를 둘러친 싸리울, 대나무로 얇게 만든 외울, 넓고 판판하게 켠 나뭇조각을 사용하여 만든 널판울이 있다. 동백나무 · 탱자나무 · 측백나무 · 가시나무 · 개나리 등 생나무를 빙 둘러 심은 생울타리가 전부인 경우도 있다. 울타리(Fence)라고 하면 일반적으로 쉽게 뛰어넘을 수 없는 튼튼한 담장 블록을 가리킨다. 그러나 한옥의 울타리는 옆집과의 관계 속에서 우리 집의 범위를 정하기 위해 둘렀던 경계선에 불과했다. 울타리 너머로 이웃과 대화도 하고 음식도 주고받고 정을 나누었다. 문자나 꽃무늬를 넣어 쌓은 화초담은 화려하고 꼼꼼한 성격에 귀족적이라고 한다면 싸리나 갈대를 엮어 만든 바자울은 소박하고 엉성한 성격에 서민적이라 할 수 있다.

싸릿대로도 불리는 싸리나무는 우리나라 곳곳에 자라며 실생활에 참 많이 사용되고 있다. 빗자루로 가장 많이 알려졌고 소쿠리나 채반 등을 만들며 지팡이나 땔감으로도 쓰인다. 뿐만 아니라 잎, 열매, 뿌리 등을 달여 차나 약재로 사용하기도 하고 나물로 만들어 먹기까지 한다. 싸리나무는 골다공증 개선, 두통 완화, 기관지 건강, 혈액 순환 등에 두루 도움이 된다. 한편 갈대는 습지에서 잘 자라며 누런 빛깔을 띤다. 주로 산에서 서식하는 은빛의 깃털이 달린 억새와 생김새가 유사한데, 억새는 사람의 키와 비슷하나 갈대는 억새보다 훨씬 크다. 물을 정화시키는 기능 외에도 갈대는 쓰임이 다양한데 빗자루로 많이 사용되며 대금의 청이 갈대의 속껍질로 만들어진다. 갈대와 버드나무로 고리짝을 만들기도 했고 솜이나 종이의 원료나 식량으로 쓰기도 하였다. 속이 비어 있는 갈대는 요즘 플라스틱 빨대를 규제하면서 다시 빨대로 주목을 끌고 있다.

요컨대, 우리나라의 담장이나 울타리는 외부인의 침입을 막기 위한 것이기보다는 단순한 영역의 구분에 지나지 않는다. 전통 한옥의 수수한 담은 최소한의 사생활을 보호하기 위한 장치로서 이웃과 소통하는 정서적 공간을 내준다.

풍수지리설에서는 '양택삼요(陽宅三要)'라고 하여 주거생활에서 가장 중요한 곳으로 대문, 안방, 부엌 세 공간을 꼽는데, 이 중에서 대문은 담장의 출입구로서 주택의 내부와 외부의 경계이면서도 양쪽을 이어주는 통로이다. 또한 문빗장이 안쪽에 설치되어 있는 것만 보더라도 대문은 들어가자고 만든 것이 아니라 나가자고 만든 것이라 할 수 있다. 전통사회에서는 건축에 질서를 부여하는데, 대문은 길가에서 곧바로 보이면 좋지 않다고 하며, 그렇다고 대문을 겹겹으로 만들지는 않았다. 대문의 위치는 집의 기운에 많은 영향을 끼친다고 한다. 악한 것을 막아내고 좋은 것을 불러들이기 위해 대문에 장식을 하는 금기 풍속이 생긴 것도 이 때문이다.

무엇보다 문은 단순히 물질적인 의미로서 내부와 외부를 드나드는 기능만을 지니지 않았다. 문은 상징적인 의미로서 우리 속담에 "대문 밖이 저승이다"라는 말이 있을 만큼 문은 삶과 죽음의 경계였다. 특히 대문으로 화도 들어오고 복도 들어온다고 믿었던 우리 조상들은 대문에 그림을 붙이거나 글씨를 써 붙였다. 정초가 되면 '세화(歲畵)'라 하여 액을 쫓고 복을 빌기 위해 대문에 닭이나 호랑이 그림을 그려 걸었고, 새봄을 맞게 되면 '입춘첩(立春帖)'이라 하여 집안의 안녕과 풍년을 기원하며 대문 등에다 좋은 뜻의 글귀를 써서 붙였다. 불안한 세속적 현실을 극복하고자 했던 옛사람들의 믿음과 풍속 가운데 문은 '성과 속'을 가르는 것이기도 했다. 대문에 엄나무 가시를 걸어두었던 것에도 액운이나 잡귀를 물리치기 위한 종교적 성스러움이 담겨 있다. 신생아가 탄생하면 빨간 고추와 함께 대문에 금줄을 거는 것도 귀신을 쫓기 위한 것이었다.

대문의 종류는 대개 모양이나 소재 등에 따라 분류되는데 일반적으로 솟을대문, 평대문, 일각대문, 사주문 등으로 구분한다. 사대부가 초헌을 타고 출입할 수 있도록 행랑채보다 대문채 지붕을 높였다는 권위적인 솟을대문이 있고, 행랑채와 지붕 높이가 같은 기와집의 보통 대문인 평대문이 있다. 또 대문간이 따로 없이 두 개의 기둥을 세우고 맞배지붕을 올린 일각문이 있고, 네 개의 기둥으로 된 사주문도 있다. 그러나 서민들이 사는 집의 대문은 싸리나무, 수숫대, 대나무 등 나뭇가지를 그물처럼 얽어 만든 사립문을 다는 경우가 대부분이다. 조선시대 자연과학 분야의 대표적 저술인 『산림경제』를 남긴 실학자 홍만선(1643~1715)의 말대로 대문을 겹겹으로 만들지 않았을(『산림경제』 권1) 뿐만 아니라 우리 서민들이 사는 집의 대문은 대문이 아예 없거나 제주도의 정주석에 거는 정낭같이 나무토막이나 걸쳐놓는 경우도 있다. 나지막하고 다소곳한 대문은 보는 이로 하여금 위압적이거나 답답하지 않고 편안하면서 여유로움을 느끼게 한다. 또한 홍만선이 지적했듯이 대문이 지나치게 크면 집이 작아 보이고 과도하게 모양을 내면 집에 화를 부르며, 대문과 중문이 한 줄로 서면 집 안이 너무 깊이 들여다보이는(『산림경제』 권1) 등의 이유 때문에 선조들은 대문의 높이나 크기, 위치 등에 신경을 많이 썼다.

한옥의 담장과 대문이라고 하면 단정하게 쌓아 올린 석담에 기와를 얹은 반듯한 대문을 떠올리기 십상이다. 이런 것을 잘 갖추고 지금도 많은 사람들의 시선을 끌고 있기도 하다. 서울 종로의 가회동 · 삼청동 · 계동 일대의 북촌한옥마을은 조선 시대 상류층의 주거지로 시작해 1930년대 중산층들이 모여 살았던 곳이고, 1930년대 이후 조성된 700채가 넘는 전주 교동 · 풍남동의 한옥마을은 전국 최대 규모의 한옥촌으로 근대 한옥이 대다수이다. 그러나 사립문이나 생울타리 사이로 마당은 물론 집마저 훤히 들여다보이는 게 우리가 사는 한옥으로 더 적격이다. 현재 이와 같이 자연스러운 담장이나 대문으로 이루어진 초가집들은 아산의 외암리 민속마을, 순천의 낙안읍성, 제주의 성읍마을 등 우리나라의 대표적인 민속마을에서 흔히 만날 수 있다.

시멘트가 건축의 주재료인 서양의 주택은 물론 중정이 발달한 중국의 집은 안과 밖이 분명하다. 그리고 현대사회는 자신의 생활공간과 외부의 공간을 엄격하게 구분하는 편이다. 그러나 경계가 있을 뿐 어깨높이의 담이나 대문을 넘어 우리는 이웃과 서로 개방 교류하며 살았다. 담장의 높이는 가능한 낮추어 집 앞에 펼쳐진 자연풍경을 집안에 끌어들여 편안하게 감상하며 풍류를 즐길 수도 있었다. 집이라는 것이 거친 비바람을 막아주고 편하게 쉴 공간을 마련해주는 기본적인 역할을 하기 위해 안팎의 구별이 요구된다. 하지만 한옥에서는 반드시 필요한 경우가 아니면 가급적 안팎을 갈라놓지 않으려 한다. 다른 나라의 집은 사람으로부터 집을 보호하는 데 치중한다면 한옥은 자연에서 사람을 보호하는 데에 집중하는 전략을 보여준다. 한옥에서는 생존을 보장해줄 최소한의 경계를 제외하면 바깥과 소통하며 조화 협력하는 것을 원칙으로 삼았다.

건축가들이 말하듯이, 집 자체는 물질로 이루어졌지만 집이 만들어지기까지 아니 그 이후에도 집은 사회적 환경과 그것을 인식하는 구성원들의 가치와 태도 등의 문화와 깊이 관련이 있음을 잊어서는 안 될 것이다. 우리가 자주 인용하는, "우리는 건물을 빚어내고, 건물은 우리를 빚어낸다(We shape our buildings; thereafter they shape us)"(『TIME』, 1960)고 했다는 윈스턴 처칠(1874~1965)의 연설은 시사하는 바가 크다. 영화감독 정승구의 다음과 같은 말도 의미가 있다. "쿠바를 아름답게 하는 것은 쿠바의 건축이다. 몇백 년 된 쿠바의 건축이 놀라운 것은, 아직도 그런 건물에서 사람들이 산다는 사실이다. 건축은 단순히 주거 용도를 넘어서 풍성한 삶과 문화가 싹트게 하는 토양이다. 그래서 건축은 그저 배경이 아니라, 주민들의 정체성에 가깝다."[6]

6 「쿠바에서 바라본 쿠바의 미래 (2) 건축과 야구에서 느끼다」, 『중앙일보』, 2015.4.4.

2

순응과 공존

우리가 사는 안채, 사랑채 등의 가옥이 자연과 얼마나 잘 융합하는지 살펴볼 필요가 있다. 옛사람들은 집을 짓기 위해 요즘처럼 무자비하게 바위를 깨뜨리고 나무를 베어내기보다는 바위나 나무를 비켜가며 집을 지었다. 건축 자재도 흙, 나무, 돌 등 자연에서 빌어온 만큼 사는 동안 인체에 해가 없었다. 목조 가옥이 불날 위험이 많다고 하나 시멘트 건물의 화학물질에 불이 붙으면 그 독성은 이루 말할 수 없다. 우리는 자연에 순응하여 그 속에 집을 지었다. 옛집은 수명이 다하더라도 고스란히 자연으로 돌아간다. 이처럼 한옥은 자연의 소산일 뿐만 아니라 자연에 회귀하는 존재이다. 가까이 중국이나 일본의 주택은 비교적 자연에 거슬릴 만큼 화려하거나 가공적이라고 할 수 있는 데 비해 우리는 자연스러운 건물 배치를 비롯하여 자연에 어울리는 아담한 건물의 크기와 모양 등 모든 것이 인간 신체의 감각이나 움직임을 고려한 융합의 산물이다. 조선조 건축의 규모, 형태, 장식 등을 규제했던 것에는 주택이 자연에 동화되도록 만드는 역할도 있었다. 세계적인 건축가 안토니 가우디(1852~1926)는 "자연은 신이 만든 건축이며 인간의 건축은 그것을 배워야 한다"는 말을 남겼다.

가옥과 자연의 관계에 이어 가옥에 딸린 마당, 정원이 어느 정도 자연과 잘 융합이 되고 있는가를 살펴볼 필요가 있다. 자연은 인간의 삶을 물리적으로 건강하게 해줄 뿐만 아니라 정서적으로 감각을 보듬어주고 감싸주는 섬세한 존재다. 한국인이 사는 전통 주택은 자연을 닮아 적당히 인공적이면서 자연적이다. 햇빛과 바람에 만족하며 안팎의 경계를 벗어나 진정한 즐거움과 이로움을 느끼며 살 수 있는 집이 한옥이다. 마당은 전통 주택 내에서 건물과 불가분의 관계에 놓이지만 건물 이외의 자연공간과 친밀히 연계되며 동시에 대문 바깥 세상의 자연과도 소통이 활발히 이루어지는 자유로운 공간이다. 사람의 손으로 조성되었으면서도 자연과 가장 잘 어울리는 것이 정원이다. 뽐내지 않으면서도 자신의 자리를 갖는 한국문화의 특징을 적절히 보여준다. 집의 마당과 정원은 흔쾌히 자연을 끌어들여 공존하는 시스템을 갖추었다. 자연을 떠나면 인간은 생명을 잃어버리기 시작한다고 하는 만큼 한국인은 자연과의 공존을 꾀하지 않으면 안 된다고 생각했다.

자연에 순응하는 가옥

한국인이 살아온 생활 터전은 거대하거나 험준하지 않은 아담한 야산 지대에 속한다. 세계에서 한국처럼 인간이 오르내리기에 적당한 높이의 산이 전 국토의 7할을 차지하는 나라는 드물 것이다. 게다가 우리가 발붙이고 사는 육지의 3면이 광활한 바다에 둘러싸여 있다. 그런 아늑하고 고요한 곳에 우리는 나지막한 집을 짓고 마루와 온돌방에서 좌식 생활을 해왔다. 한국인의 기질과 심성이 깃든 한옥은 한국인이 사는 산과 들과 물을 닮았다. 한국

가옥은 인간답게 살 수 있도록 인간과 자연 사이에서 중용을 취하고 있다.

독일의 실존 철학자 마르틴 하이데거(1889~1976)는 인간의 실존은 궁극적으로 자신을 둘러싼 환경과의 관계를 설정하는 것인데, 생각이 주변의 공간과 환경을 어떻게 인식하느냐의 문제라면 건물은 생각과 물리적 공간 사이의 관계를 조정하는 역할을 하며, 그 관계 맺음이 바로 거주라고 주장한다. 그렇다면, 건물은 우리가 주변 환경과 관계 맺는 방식에 영향을 끼치는 한 모두 거주를 위한 수단이며 넓은 의미에서의 집이라는 주장이 가능해진다.[7]

집이나 건물이 선 자리인 '터무니'가 중요하듯이 집을 짓기 위해서는 집에 맞는 좋은 터를 마련해야 한다. 그리하여 예로부터 집 지을 터를 고르는 방법을 논하는 문헌들에서는 음양오행이나 풍수지리 사상을 건축 문제에 적용하여 해석하고자 했다. 서유구는 "『시경』에 '음양을 보고 물이 흐르는지를 살피자'라는 구절이 있다. 이 내용은 춥고 따뜻한 방향을 따져보고 물을 마시기 편안한지를 살펴보라는 것이다. 실제로는 그렇게만 하면 충분하다"(『임원경제지』 섬용지)고 말했다. 흔히는 배산임수라 하여 집터를 정하는 데는 남향에 햇볕이 잘 들고 뒤로는 산이 바람을 막아 여름에는 시원하고 겨울에는 따뜻한 곳, 또 생활용수를 쉽게 구할 수 있는 곳을 적격지로 삼았다.

방위만을 고집할 필요는 없다. 충남 아산에 있는 맹씨행단은 고려 말 최영(1316~1388) 장군이 살다 손녀사위인 맹사성(1360~1438)에게 넘겨준 은행나무가 있는 집인데, 이는 우리나라에서 가장 오래된 민가 가운데 하나로 대표적인 북향집이다. 설아산에서 내려온 지맥에 집의 방위를 맞추다 보니 북쪽을 향할 수밖에 없었다. 남향집이 좋지만 지형에 따라 집의 좌향을 정

7 전봉희 · 권용찬, 『한옥과 한국 주택의 역사』, 동녘, 2012, 41쪽.

하는 지혜는 남북의 중심축을 정하고 좌우 대칭적으로 집을 짓는 중국과 비교해도 돋보인다. 과학자이자 건축가였던 정약용(1762~1836)도 좋은 집터의 조건으로, 바닥이 평평하고 주위가 막힘이 없으며, 땅은 기름지고 물은 달아야 하며, 햇빛은 넘치고 대나무 숲에 밝은 기운이 가득 차야 한다고『택리지』의 발문(『여유당전서』 제1집 제14권)에서 말했다. 좋은 환경, 아름다운 자연에서 살고자 하는 마음은 예나 지금이나 마찬가지이다.

옛사람들에게 비정형의 자연은 만물을 생성하는 절대자로 인식되었다. 그러므로 가장 이상적인 존재를 향한 순수와 동경의 자연관에서 인공의 구조물을 만든다는 것은 지극히 조심스러운 일이 되었다. 당연히 건축은 자연을 거스르지 않는 전제에서 자연에 순응하는 작업이어야 했다. 과학적 치밀함이 요구되는 건축에서 자연과 호흡하는 느슨함이 돋보이는 대목이다. 사람은 황량한 들판에 놓이면 불안에 빠져서 본능적으로 산으로 둘러싸인 아늑한 공간을 찾으려 했다. 그런 마음에서 '좌청룡, 우백호, 전주작, 후현무'라는 사신(四神) 사상이 등장했고, 가옥이나 마을의 뒤로 산이 둘러싸고 앞으로는 탁 트인 공간에 호수나 연못이, 그리고 좌측에는 흐르는 물이, 우측에는 지나가는 길이 있는 곳을 이상적인 집터로 여겼다. 집을 고를 때는 이러한 자연과 일체를 원하는 사신 사상 또는 신선 사상 등이 작동되었다.

한옥에서는 먼저 그 외관부터 주변 환경에서 돌출되거나 어긋나는 등 자연의 체계에 거슬러 조형된 예를 거의 찾아볼 수 없다. 자연은 단순히 인간의 대상이 아니라 오히려 인간을 포함한 우주적 질서이자 생명의 모태였다. 한옥은 무욕적 자연의 거대함이나 권위에 도전하지 않고 순응하고자 했다.

우리가 찾는 명당이라는 것도 원래 완벽하게 정해진 곳이기보다 비보(裨補) 사상에 따른 조화 지향의 평화로운 장소 즉 비정형의 자연이라고 볼 수 있다. 한국 풍수의 근본은 땅의 약점이나 결점을 보완 또는 보충하는 방법과 지나치게 강한 기운을 눌러 조화와 균형을 도모하고자 하는[8] 비보에 있다. 우리 조상들은 명당의 조건에 부합하지 않는 곳들을 찾아 슬기롭게 보완함으로써 좋은 터, 편안한 자연에서 살고자 노력했다. 순리와 조화를 핵심 가치로 삼는 풍수는 공존과 상생을 소중히 인식하는 우리 민족의 타고난 심성과 직결되며 풍수서에서는 완전한 땅이란 없는 법임을 가르쳐준다. 우리의 자생 풍수지리의 비조로 유명한 도선(827~898)은 애초에 비보 사상을 설명하면서 흠이 있는 땅을 보살피고 치료하며 보완하는 방법의 하나가 바로 그 흠결이 있는 곳에 사찰을 세워 비보하는 방법이라고 주장했다.[9]

자연에서 가져온 지붕의 재료에 따라 가옥의 명칭을 정했는데, 민가 가운데 가장 보편적인 가옥은 초가집이다. 조선시대 수도 한양은 기와집이 60%를 차지했다고 하지만, 시골집 대부분은 방이 두세 개 딸린 초가였다.[10] 초가집은 나무로 기둥을 세우고 서까래를 올린 뒤 수숫대나 싸릿가지로 외를 엮어 뼈대를 만들고 그 안팎에 진흙을 발라 벽체를 만든 후 지붕에는 볏짚으로 이엉을 엮어 올린 집이다. 볏짚은 불에 약하고 썩기 쉬운 단점은 있으나 구하기 쉽고 가벼우며 단열성과 보온성이 뛰어나서 양철이나 기와로 된 집보다 여름에는 시원하고 겨울에는 따뜻하다. 볏짚은 쌀과 결부된 신성성까지 내포하면서 소박하게 사는 한국인의 정서에 잘 맞는 재료였다. 다만 화산섬이어서 흙의 물 빠짐이 심해 벼농사를 지을 수 없는 제주도는 한라산에 흔한 띠풀을 지붕에 올려야 했다. 이 띠집과 유사한 샛집은 억새를 올린

8 천인호, 「풍수비보의 측면에서 본 서울 숲」, 『정신문화연구』 117, 한국학중앙연구원, 2009, 222쪽.
9 이화형, 「융합으로 본 한국풍수의 인본사상」, 『문화와 융합』 91집, 2022, 한국문화융합학회, 578쪽.
10 이화형, 『민중의 현실, 생활과 의례』, 푸른사상사, 2014, 135쪽.

초가이다. 새마을운동 이전까지만 해도 지리산 일대의 집들은 대부분이 샛집이었는데 이 지역이 비교적 눈이 많이 내리고 기온이 낮았기 때문에 초가지붕으로는 눈의 무게를 버티기 어려웠고, 평야보다 임야가 많아 볏짚보다는 억새를 구하기 쉬웠기 때문이다. 초가집은 재료의 이용뿐만 아니라 구조나 규모에서도 크게 욕심을 부리지 않고 자연스럽게 지어내고자 하였다. 초가의 지붕은 나지막한 뒷산의 모양을 닮았다. 지붕의 용마름(이엉)은 눈앞에 펼쳐진 산의 능선을 본받아 인간의 마음을 편안하게 만든다. 무엇보다 아산 외암리 민속마을은 예안 이씨 집거촌으로 기와집과 초가들이 옛 모습 그대로 보존되어 있다. 다른 민속마을에 비해 상업화되지 않고 비교적 한적한 분위기를 보존하고 있는 곳이다. 65가구 중 50여 가구나 되는 초가는 보는 이로 하여금 삶의 긴장을 풀어주기에 족하다.

볏짚을 사용한 초가집 외에도 지붕의 재료가 다양하여 점토를 틀에 넣어 구워 만든 기와를 올린 기와집은 물론 얇은 나무판이나 돌판을 덮은 너와집, 굴참나무 껍질을 올린 굴피집, 마 껍질을 벗겨 지붕 재료로 쓴 겨릅집 등이 있다. 너와집의 나무판은 보통 나뭇결이 바르고 잘 쪼개지는 적송 또는 전나무를 쓰는데, "기와 백 년이요, 너와 천 년 간다"라는 말이 있을 정도로 너와의 수명이 길기도 하다. 지붕에 올려놓은 돌너와는 손바닥만 한 것에서부터 구들장만 한 돌이 어울려 우아하고 품위가 있어 보인다. 코르크의 재료이기도 한 굴피는 물기나 공기가 잘 통하지 않으며 탄력이 있고 보온은 물론 방음 효과까지 있다[11]고 한다.

지붕에서부터 바닥에 이르기까지 정교하게 공을 들인 기와집도 결코 도

11 이용한, 『옛집기행』, 웅진지식하우스, 2005, 154~159쪽.

를 넘지 않음으로써 편안함과 소박함을 지니고 있다. 절제와 극기가 몸이 밴 조선의 선비들은 집을 크고 호화롭게 꾸미려 하지 않았다. 기와는 무엇보다 화재 발생 시 사람과 재산을 보호해주는 역할을 하고 예부터 햇빛과 비를 막아주고 집의 외관을 멋스럽게 해주며 수명이 길지만 무거운 것이 단점이다. 기와집은 세계적으로 흔히 발견되는 유형으로 서양에서는 고대 그리스나 로마 시기부터 있어왔으며, 우리나라도 삼국시대부터 기와로 지붕을 얹은 집이 있었고 통일신라 시기 경주에 기와집이 즐비했던 것(『삼국사기』 권10)은 잘 알려진 일이다. 기와집의 경우 가구 구조에 따라 지붕의 모양이 정해지는데 그 종류로는 대표적으로 맞배지붕, 우진각지붕, 팔작지붕 등이 있다. 형태적으로 가장 완비된 구조의 팔작지붕에는 좌우 마구리에 八자 모양으로 붙인 두꺼운 널의 박공이 달린 큼직한 삼각형의 합각이 있다. 합각의 구성으로 지붕 용마루의 길이가 길어졌고 용마루 좌우로부터 흘러내리는 내림마루에 이어 다시 추녀 등을 타고 추녀마루가 생긴다.

기와집의 지붕 선은 양 끝을 잡은 상태에서 자연스럽게 늘어진 새끼줄의 선을 표현한다. 중국이나 일본 집의 용마루가 똑바르고 거기에 기와를 빽빽하게 붙여놓은 것과 달리 한옥에서는 자연스레 늘어진 용마루의 선에 맞춰 기와를 놓으면 된다. 지붕 정상의 자연스럽고 너그러운 용마루의 위용을 위해 처마의 구조는 치밀하게 조성되었다. 우리나라 목조 건축의 처마는 앞쪽에서 거리를 두고 바라다보면 좌우로 날렵하게 치켜들었다. 차츰 다가서면서 올려다보면 안쪽으로도 활처럼 휘어 있다. 처마를 구성하는 서까래의 길이와 각도에 의한 궤적이 이종 곡선을 완성시킨 것이다.[12] 두 곡선이 미묘하

12 신영훈, 『한옥의 조형』, 대원사, 1989, 103쪽.

게 한 자리에서 만나는 것을 보면 중국이나 일본 같은 나라의 건축이 지닌 단순한 처마 선과 차이가 있음을 느끼게 된다. 처마는 후림과 조로를 두고 용마루의 가운데를 처지게 하여 자연스러운 형태를 나타낸다.[13] 후림은 양 끝이 건물 바깥쪽으로 뻗어 나가 있는 것이고 조로는 양 끝으로 가면서 치켜 올라간 곡선을 가리킨다. 한옥의 아름다움을 이야기할 때 가장 먼저 꼽는 것이 무기교적인 유연한 처마 곡선이다.

추녀는 조로와 후림을 만들기 위한 기본 틀이라 할 수 있으며, 추녀의 길이에 의해 후림이 결정되고 추녀의 꺾인 각도에 의해 조로가 결정된다.[14] 다만 멀리 있는 지붕의 양 끝이 처져 보이는 것을 막기 위해 추녀 쪽에 세워진 바깥 기둥을 높게 하는 '귀솟음'이나 건물이 벌어져 보이지 않도록 기둥 윗부분을 중앙으로 조금 기울도록 하는 '안쏠림' 등의 공법을 배제하지 않았다. 전남 강진에 있는 호젓한 다산초당의 사각기둥 위에 부챗살처럼 뻗은 추녀와 서까래가 힘차게 보이는 것도 이 때문이다. 기둥을 세울 때나 서까래를 고를 때도 나무의 자연적인 형태를 있는 그대로 사용하려고도 했다. 한옥의 실내 공간은 그 구성요소인 천장, 벽, 바닥 곳곳을 둘러보아도 재료 자체에서 오는 자연스러움이 묻어난다.

한옥의 자연과학적 특성이라는 것을 햇빛과 바람을 활용하는 지혜로 보기도 하는데, 무엇보다 한옥에는 햇빛을 이용하는 과학적 지혜가 녹아 있다. 높이 솟는 여름 해와 낮게 깔리는 겨울 해 사이에 창을 내면 여름에 귀찮은 햇빛을 물리칠 수 있고 겨울에 고마운 햇빛을 끌어들일 수 있다. 그리

13 박명덕, 『한옥』, 살림출판사, 2013, 23쪽.

14 김도경, 앞의 책, 184쪽.

고 한옥은 처마의 길이를 통해 햇빛을 걸러낸다. 처마 가운데 서까래만으로 구성되면 '홑처마'라 하고, 부연을 설치하면 '겹처마'라고 하는데 현존하는 살림집 대부분은 홑처마이다. 부연은 처마를 더 길게 뺄 목적으로 서까래 끝에 덧달아낸 방형의 짧은 서까래이다. 처마 길이는 한여름 뙤약볕을 물리치고 한겨울 해를 방 안 깊숙이 받아들일 수 있도록 정해지며, 두 각도 사이에 지붕을 낼 경우 처마가 많이 돌출되고 높이 치솟은 추녀가 위압적인데, 집이 덩실하게 높고 큼을 나타내는 '고래 등 같은 집'이란 말도 여기서 나온 것이다. 처마가 깊으면 직사광선이 차단되어 처마 밑으로 그늘이 지며 시원해짐은 물론 마사토(백토) 마당에 떨어진 빛이 반사되어 처마 안쪽을 골고루 비추기 때문에 실내는 따뜻하고 밝아진다. 특히 더운 공기는 위로 올라가는데, 찬 공기에 밀려 나가다가도 깊은 처마에 걸리면 오래 머물러 겨울철 따뜻하게 지낼 수 있다. 처마가 길면 비가 들이닥치는 것을 막아 목재가 썩는 것도 방지하게 된다.

햇빛을 실내에서 어떻게 활용할 것인가는 천장 높이와 방의 깊이에 달렸다. 방의 천장이 낮고 깊이가 얕기 때문에 한 번 들어온 햇빛은 방 안 가득 퍼진다. 방의 천장이 낮다는 것은 방 위쪽 지붕 속이 크다는 뜻이다. 요즘은 천장으로 통일해서 사용하지만 천장은 목재들이 그대로 드러나 있는 것을 말하고 천정은 반자를 해서 막은 것을 말하는데, 방은 반자를 해서 아늑하게 만들었으므로 천정이고, 대청은 뻥 뚫린 그대로 놔두어서 천장이다.[15] 가장 높은 지점의 지붕 천장을 의미하던 '천정'은 최근 물가 따위가 한없이 올라가기만 하는 현상을 이르는 '천정부지'라는 말로 많이 쓰이고 있다.

15 신광철, 『한옥의 멋』, 한문화사, 2012, 155쪽.

흙을 바르기 위해 나뭇가지로 엮는 외(椳)는 지진에도 강하고 내구성이 우수한 흙벽을 만들 수 있으나 단열에 취약한 편이다. 그러나 단열재를 사용하는 요즘의 콘크리트 벽에는 미치지 못하지만 흙벽도 생각보다는 단열의 효과가 크다. 흙과 공기층은 모두 단열효과가 매우 뛰어나서 한옥은 여름에 시원하고 겨울에 따뜻하다.[16] 흔히 한옥은 겨울에 추운 것으로만 알려져 있는데 의외로 열 손실이 적은 흙의 축열 성능으로 따뜻한 편이다. 결국 흙벽은 온도와 습도를 알맞게 조절해 덥고 습한 여름과 춥고 건조한 겨울을 잘 견디도록 해준다. 즉 한옥의 흙벽은 스스로 들숨과 날숨을 통해 통풍과 환기를 가능하게 할 뿐만 아니라 소음 차단이나 자외선을 줄이는 등의 자연기후 조절 기능으로 사람이 거주하는 실내를 쾌적하게 만들어준다.

한옥은 기후와 지역에 따라 구조나 모양을 달리한다. 추운 북쪽 지방에서는 집안의 온기가 밖으로 새어 나가지 않도록 겹집(방, 부엌, 외양간 등이 앞과 뒤, 옆으로 배치)에 ㅁ자형의 구조가 절실했다. 하지만 따뜻한 중부 아래 남쪽 지방에서는 一자형의 홑집(방, 부엌, 외양간 등이 나란히 배치)에 바람이 잘 통하는 막힘이 없는 구조가 필요했다. 특히 열린 공간인 대청마루의 후면 벽체에도 널빤지로 된 바라지창문이 있어 이를 열면 시원한 맞바람이 불어 상큼하기 그지없었다. 또한 가옥의 문과 창을 바른 한지는 햇볕을 은은하게 통과시킬 뿐만 아니라 문풍지를 흔들 만큼의 바람을 받아들임으로써 답답한 실내를 신선하게 바꾸어주었다. 한편 눈이나 비가 많이 내리는 지역에서는 지붕의 물매(경사)를 가파르게 하여 눈과 비가 곧바로 흘러내리도록 했다. 한옥을 산간형, 평지형, 도서형으로 구분하기도 한다.

16 임석재, 『지혜롭고 행복한 집 한옥』, 인물과사상사, 2013, 44~57쪽.

대청마루 뒷문을 열면 고즈넉한 뒤꼍 대숲의 사각거리는 소리가 지긋이 퍼진다. 게다가 뒷마당과 뒷담은 물론 멀리 뒷산까지도 보임으로써 인공과 자연의 절묘한 조화와 융합이 이루어진다. 우리는 이런 자연스러운 집에서 사는 것을 행복으로 여겼다. 자연을 떠나면 인간은 생존이 어려워지기 시작한다고 하는 만큼 한국인은 자연과의 조화를 꾀하지 않으면 안 된다고 생각했다. 한옥의 개성으로 삼는 것은 나무, 흙, 돌 등 자연 속에서 얻는 건축 재료뿐만이 아니다. 산등성이를 닮은 차분한 지붕의 곡선에서부터 계절에 맞는 마루와 온돌의 구조는 물론 천장, 벽체, 바닥에 이르는 공간의 과장되지 않은 여백의 미까지 자연을 관조하며 얻은 생의 유연함이 한옥의 건축에 고스란히 들어 있다.

조선의 대표적인 예학자 윤증(1629~1712)의 집(명재고택)이 형식을 강조하면서 안채가 대칭을 이루는 경우 등을 제외하면 인위성이 강한 완벽한 정형이나 대칭이 아닌, 자연을 닮은 비정형이나 비대칭의 구조가 한옥의 특징이다. 나아가 한옥은 거기에 그치지 않고 융합을 통해 상하좌우가 균제와 조화를 창출한다. 구조만이 아니라 한옥의 건축 이념에는 사치하지 않고 누추하지도 않은 '불치불루(不侈不陋)'의 중용의 정신이 강조된다. 다른 나라들의 주택과 다르게 한국인이 사는 집은 자연과 조응하면서 개방적이고 편안한 분위기를 자아낸다. 한옥은 확연하게 대칭적 구조를 이루며 높은 벽에 둘러싸여 폐쇄적인 중국의 사합원이나 지극히 정제되고 기교적인 분위기의 일본의 커다란 통집(통나무집)과도 차이가 있다.

같은 동아시아권의 주택이라도 중국이나 일본의 집은 비교적 자연에 거슬릴 만큼 화려하거나 가공적이고 사람을 압도할 정도로 웅대하거나 신비적이라고 할 수 있다. 이에 비해 우리의 경우 천연의 건축 자재는 물론 자연스러운 건물 배치를 비롯하여 자연에 어울리는 아담한 건물의 크기와 비규격적인 모양 등 모든 것이 인간 신체의 감각이나 움직임을 고려한 융합의 산물이다. 한국의 가옥은 주위의 사람이나 사물을 도외시하거나 억누르는 일이 없이 철저히 자연에 순응하는 소박하고 개방적 형국이다. 위압과 기교를 벗어나 자연과 만나고 소통할 때만이 집과 사람은 하나가 되고 집에 사는 사람의 몸과 마음이 건강해지는 것이다. 한옥은 신체적 건강에 좋아 아토피성 피부염과 천식 같은 병을 고치기도 한다. 사물에 내재하는 깊이 있고 무게 있는 정신적 가치가 바로 한옥이 지닌 독특한 성격이라 할 수 있다.

자연과 공존하는 마당과 정원

마당

마당은 넓은 땅이라는 뜻의 '맏'과 접미사 '앙'이 합쳐진 말이다. 곧 마당은 집 앞이나 뒤에 넓고 평평하게 닦아놓은 땅이다. 언어학자라고도 할 수 있을 조선 최고의 실학자인 정약용은 『아언각비』(1819)에서 "장(場)은 마당이라"고 적고 있다. 인간관계가 폭넓은 사람을 일컫는 '마당발'이라는 말 속에도 마당은 '넓다'는 뜻을 담고 있다. KBS 1TV에서 방송하는 장수 프로그램 〈아침마당〉도 다양한 사람이 만나서 수많은 이야기를 늘어놓을 수 있도록 시간마저 공간화한 '넓은 공간'의 의미로 개설되었을 것이다. 한편 '판소리 한 마당'이라 할 경우의 한마당은 '한 단락', '한 거리'라는 뜻이 되어 마당에는 넓게 펼쳐 보인다는 의미가 있다. 비중이 큰 만큼 마당과 관련하여 종이나 하인을 가리키는 마당쇠를 비롯하여 마당굿, 마당극 등의 말들이 있을 정도이다. 마당에서 실시된 굿에 모여들었던 귀신을 보내는 마지막 굿이 마당굿이었고 1970년대 이후 풍물, 판소리, 탈춤 등의 전통극을 창조적으로 발전시킨 것이 마당극이었다. 마당은 가장 개방적인 공간이다.

마당이 한옥의 중심 공간이라 하는데, 방문이 모두 밖으로 열리고 대문이 안으로 열리는 점도 이를 뒷받침한다. 서유구가 마당을 이야기하며 "담과 집의 사이가 비좁지 않아서 햇빛을 받고, 화분을 늘어놓을 수 있는 것이 두 번째 좋은 점이다"(『임원경제지』 섬용지)라고 했듯이 마당은 집의 안과 밖 또는 채와 채를 이어주는 통로이자 무엇보다 채광과 통풍을 위한 필수 공간이다. 살림이 큰 집의 건물마다 거기에 딸린 마당이 있는 편이어서, 마당에는 바깥마당, 사랑마당, 안마당, 뒷마당, 별당마당 등이 있다. 이렇듯 마당은 어느 정도 독립적인 성격을 지니며 더구나 사랑마당과 안마당 사이에는 담을 두르고 문을 달아놓으므로 별채나 다름없다.[17] 그런데 텅 비어 있는 마당을 보면 이게 집 안인지 밖인지 헷갈린다. 이러한 마당들은 온전히 자연과 조응하며 소통되는 자연 그 자체라고 할 수 있다.

집의 규모를 마당의 개수로 말하는 경우가 있는데, 대문 밖에 있는 바깥마당은 한옥의 꽃이라 할 수 있다. 노적가리를 쌓아두기도 하고 그 틈새로 아이들이 숨바꼭질하며 놀기도 한다. 또 아이들이 자치기하고 돌치기도 하는 공간이요, 바깥마당에는 꽃밭, 뒷간, 돼지우리 등이 위치하기도 하므로 매우 넓은 편이다. 그림자가 지고 습해지는 것을 막기 위해 마당에 나무를 심지 않는다. 사랑채를 끼고 있는 사랑마당은 손님을 영접하는 장소일 뿐만 아니라 말 또는 가마를 타고 내리거나 의례를 치르는 곳으로도 많이 쓰였

17 김광언, 『우리생활 100년 · 집』, 현암사, 2000, 100쪽.

다. 그리고 화초와 괴석으로 장식한 정원을 곁에 두고 자연과 하나 되어 음풍농월하고자 했던 바깥주인의 수양 공간이기도 하다. 물이 잘 빠질 수 있도록 마사토를 깐 마당을 아침마다 대나무 빗자루로 깨끗이 쓸면서 하루를 시작하곤 했다.

이북에서는 흔히 안마당과 바깥마당으로 나뉘어 쓰고 있으나 농촌 민가에서의 마당은 일반적으로 안마당과 뒷마당으로 구분된다. 안마당은 베 삼고 절구질하고 음식을 만드는 등 안주인을 비롯한 여인들의 가사노동이 이루어지는 일상적인 생활공간이자 농작물의 타작과 건조 등의 작업 공간으로도 많이 쓰인다. 초례청을 차리거나 문상객을 맞는 등 관혼상제와 같은 큰 행사를 이곳에서 치르기도 한다. 안마당은 멍석을 펴놓고 둘러앉아 정담을 나누고 윷놀이나 널뛰기를 하는 곳이기도 하다. 한편 지신밟기를 위해 풍물패가 한바탕 판굿을 하는 곳일 뿐만 아니라 명절이 되면 상을 차려 서낭신을 대접하는 등 각종 민간신앙의 의례적 공간으로도 효과적으로 활용된다. 안마당에는 나무를 심지 않았는데 여름 한낮 뙤약볕에 안마당이 뜨겁게 달구어지고 저기압 상태가 될 때 뒤뜰 대숲의 서늘한 공기가 대청마루를 지나 안마당으로 이동하기 때문에 안마당을 비워두는 것이다. 이렇듯 안마당은 일조와 통풍을 확보하기 위해서도 자연과의 호응이 긴밀히 이루어지는 장소이다.

안채의 뒤에 있는 뒷마당은 그리 넓지 않은 까닭에 뒤란이나 뒤곁이라 했다. 부엌에서 가까운 뒤란의 볕이 잘 들고 바람이 잘 통하는 곳에는 장독대가 있으며, 한여름 밤에 여성들이 몸을 씻을 수 있는 우물도 자리했다. 뒷마당에는 굴뚝이 서 있기도 하고 사람의 발길이 잦지 않아 빨래 말리기에도 좋았다. 여자아이들이 그네를 뛰고 줄넘기를 하고 공기놀이도 하였다. 뒷마당은 집을 지키는 터주신이나 가족의 태평과 재운을 맡은 칠성신에게 비는 등 종교적인 공간이기도 하다. 뒷마당에는 배나무, 감나무, 포도나무 등 유실수를 심었고, 속된 기운을 없애준다는 소나무와 대나무를 심기도 했으며, 뒤뜰에는 토끼장과 닭장도 있다. 뒷마당 가까이 산이 있으면 온도가 조금 내려가는데 여기서 만들어진 차가운 공기는 앞마당에서 뜨거워진 공기를 메우려 대청을 지나면서 시원한 바람을 선사하게 된다. 뒤뜰에 꽃과 나무를 많이 심는 것도 이 때문이다.

물론 마당은 기본적으로 사람과 사람이 만나도록 하고, 사람과 자연이 하나가 되게 한다. 보다 실질적으로 마당은 채광과 통풍을 매체로 집안의 건물(가옥)과 건물을 이어줄 뿐만 아니라 건물 내부의 실내와 소통하는 구실을 한다. 즉 마당 덕에 우리네 마루와 방에는 햇볕이 가득 차기도 하고 바람이 살며시 흐르기도 한다. 특히 마당은 가옥의 내부요소 간의 관계를 유기적으로 강화시키는데, 간접광을 좋아하는 우리는 마당에 백토를 깔아 빛이 반사되어 마루와 방 안으로 들어가도록 지혜를 발휘하기도 했다. 이렇듯 마당은 주택 내에서 건물과 불가분의 관계에 놓이지만 건물 이외의 빈 공간과 친밀히 연계되는 동시에 담장 바깥의 자연과의 소통이 이루어지는 특징이 있다. 한옥은 마당을 비워서 복사와 대류의 원리를 작동하게 만들어 안마당에 찬 공기주머니를 만든다.[18] 그리하여 더운 여름에는 통풍이 잘되는 마당에 들마루를 놓고 가족이 모여 앉아 단란히 식사도 하고 대화도 나눈다. 마당 가운데 나무를 오래 심어놓으면 재앙이 생긴다(『산림경제』 복거)고 하는 것도 이 때문이다.

18 임석재, 앞의 책, 73쪽.

이와 같이 사랑마당, 안마당 등 마당은 각기 다른 기능을 갖고 독자적으로 존재하지만 자연과의 관계 속에서 융합적 통로가 되고 열린 공간으로서의 의미로 확장된다. 한옥의 마당은 자유로운 이미지를 드러내며 외부세계를 지향함으로써 개방과 소통의 중심역할을 하는 것이다. 채워지지 않은 다소곳한 마당은 무엇이든 담을 수 있는 큰 그릇과 같다. 쓸쓸하게 비워지는 데서 아름다움을 더 크게 느낄 수 있는지도 모른다. 마당은 자연과 조화를 이루며 거기에는 부드러운 침묵 속에 숨겨진 새로운 질서와 깊은 의미를 추구하는 공간 미학이 깃들어 있다. 우리(cage)에 갇혀버리면 새로운 것을 창조할 수 없는 것과 마찬가지로 제약이 없는 자유로운 공간의 마당을 두고 "마당은 예술이다"[19]라고 하는 것도 결코 무리가 아니다. 마당은 기본적으로 농사와 가사 노동에 소용되는 지원 공간이지만 동시에 대규모 공동 행사에 사용되며 휴식과 친교의 공간이 된다는 점에서 공용 공간이기도 하다.[20] 오늘날 공동으로 생활할 수 있는 거실이 한 가족만의 생활 공간이라는 폐쇄성을 면하기 어려운 데 비해 마당은 가족뿐만 아니라 이웃 사람들이 만나고 닭, 개, 고양이 등 가축에 이르기까지 모두 함께하는 개방적 공간이다.

우리의 마당은 비어 있는 공간으로서 분명히 서양의 것과 다르고 같은 동양이라 해도 화려한 중국의 것이나 가공적인 일본의 공간과는 다른 한국만의 독특한 특성을 갖고 있다. 고요함 가운데서 생명력을, 겸허한 가운데서도 세련됨을 읽을 수 있는 고고한 소박성을 지닌 한옥의 특징을 보여준다.[21] 우리의 마당은 단순히 땅에 있는 장소적 의미를 넘어 생활과 활동이 이루어

19 김명신, 「한국 전통 마당의 조경미학적 특성」, 서울대학교 박사학위논문, 2023, 75쪽.

20 전봉희 · 권용찬, 앞의 책, 49쪽.

21 박명덕, 앞의 책, 28쪽.

지는 기능적 특성과 함께 놀이와 축제까지 이루어지는 복합 문화공간이다. 한옥이 지닌 공간의 유연함을 통해 용도의 다양한 가능성과 더불어 공간의 무한한 확장성을 마당에서 만끽할 수 있다. 머지않아 우리가 마당도 없는 닭장 속에 갇히게 될지 모른다는 탄식이 이만저만이 아니다.

정원

우리나라는 반도 국가로서 3쪽이 바다와 접하고 남한만도 국토의 65%가량이 산으로 이루어져 있으며 사계절의 변화가 뚜렷하여 다양하게 자연의 아름다움을 뽐내왔다. 우리는 이 뛰어난 자연에 둘러싸여 자연을 거스르거나 훼손하지 않고 예부터 소박하게 자연에 순응하고 동화하며 살아왔다. 또 한옥을 짓고 사는 우리는 주위의 자연을 자신의 삶 속으로 받아들여 평안하고 여유롭게 지내고자 했다. 그리고 여기에 어울리게 우리는 자연스러운 정원 양식을 발달시켜왔다. 따라서 한국의 전통 정원은 자연과 공존 · 융합하려는 우리 조상의 지혜가 반영된 공간으로서 그 특징과 의미가 매우 크다.

오늘날 도처에서 볼 수 있는 옛집은 대체로 조선의 주거 양식인데, 집 주위의 동산을 그대로 정원으로 삼고 앞뜰이나 집 안에 정원을 두지 않는 점이 우리나라 주거의 특색이기도 하다. 남한의 서민 주택에서는 대부분 울타리가 없는 一자형의 집으로서 마당 밖이 그대로 정원 구실을 하고 있다. 그런가 하면 북한 지방은 외양간까지 집 안에 들여놓을 정도로 방한 조치가 필요했고, 도시형 양반들의 집도 바깥 추위를 막기 위해 ㅁ자형을 지어야 했다. 혹한의 피해를 차단하기 위해서는 건물로 마당을 둘러싸기에 급급하였을 것이다. 중국의 정원처럼 인공의 극대화를 추구하며 규모와 장식으로 치닫거나 일본의 정원처럼 작위적으로 자연을 축소하듯 섬세함을 주축으로 한 정제미를 우리 정원에서는 찾을 수 없다. 서구식 정원이나 중국 · 일본의 정원이 인위적인 건축물로 이루어졌다면 우리 정원은 자연스런 공간 자체가 미를 구성하고 있는 형국이다. 가능하면 마당에 일부러 정원을 꾸미지 않고 경계 너머에 광활하게 펼쳐져 있는 자연의 풍경을 집 안으로 끌어들여 정원의 일부로 생각하고 대자연의 법칙을 마음으로 새겼던 것이다.

게다가 정원에 자연과 관련된 우리의 신선 사상, 음양오행 사상, 풍수지리 사상, 유교 사상 등 복합적인 요소들이 조화롭게 나타났다. 풍수에 의한 입지, 음양을 고려한 질서, 지세를 활용한 조경 등은 전통 정원에 대한 깊은 철학적 요소이자 큰 가치가 아닐 수 없다. 사랑 마당에는 꽃나무나 괴석들이 배치되고, 뒷뜰에는 과일나무를 심고 대나무 숲이 조성되었으며, 행랑채 앞뜰에는 고추와 상추를 얻기 위한 텃밭이나 자연 정화와 배수를 위한 연못을 만들기도 했다. 그러나 안채의 마당에는 여성의 안전이나 방범이 고려되어야 하고, 백토를 깔아 햇빛을 깊숙이 받아들여야 하기 때문에 화목이나 구조물을 설치하지 않았다.

엄밀히 말해 인위적인 것이 두드러지지도 않고 자연에 완전히 묻혀버리지도 않는 융합과 조화의 무대가 우리 정원의 매력이자 특징이었다. 한국적인 정원은 동산과 숲의 자연상태를 그대로 살리면서 그에 어울리게 적절한 위치에 최소한의 시설물로 조경을 삼았던 것이다. 다시 말해 정원을 두더라도 서양식으로 잔디를 심거나 주변 국가들의 인위적인 것과는 달리 우리의 정원은 매우 간소하게 뒤뜰에 나무 몇 그루, 꽃 몇 송이 심으면 된다. 백토를 깐 마당에 잔디를 심으면 집으로 반사되는 빛이 줄어들기 때문에 이롭지 못하다. 영화 〈스캔들〉(2003), 〈황진이〉(2007)나 TV드라마 〈다모〉(2003)를 비롯하여 수많은 드라마와 영화의 촬영지로 유명한 전남 담양의 소쇄원(瀟灑園)이 가장 한국적인 정취가 서린 정원으로 꼽힌다. 도덕 정치를 부르짖다 처형된 조광조(1482~1519)의 제자 양산보(1483~1536)가 벼슬을 단념하고 고향에 내려와 10여 년에 걸쳐 지은 조선 중기를 대표하는 정원이다. 숲속에 자리한 소쇄원의 제월당과 광풍각은 사계절의 다채로운 풍경은 물론 대밭을 스치는 바람소리, 내를 흐르는 물소리 등과 어우러지는 풍류의 중심 공간이다. 또 1800년 정조가 승하하자 모든 관직을 그만두고 가족과 함께 고향으로 돌아온 정약용(1762~1836)은 자신의 생가 사랑채에 여유당이라 이름을 붙였는데 여유당 앞으로 시냇물이 흐르고, 뒤에는 낮은 언덕이 있어 그 자신이 여유당을 '수각(水閣)'이라고 불렀을 만큼 정약용 유적지의 정원은 자연의 미를 온전히 드러냈다.

중국이나 일본의 풍수지리에서는 정원에 연못을 조성하는 경우가 많다. 중국에서는 반건조 기후이기 때문에 물이 중시되고 일본은 강수량이 많아 뜰에 물이 고이는 것을 막기 위해서라도 연못을 파야 할 것이다.[22] 서양은 물론 중국이나 일본의 정원은 문명화된 자연의 범주[23]에서 벗어나지 못한다. 그러나 우리나라 풍수에서는 집 안에 습기가 차기 때문에 정원에 연못을 파지 않는 게 원칙이다. 설사 집으로 덤비는 습한 기운을 막기 위해 파는 연못 정원이라도 둘레를 극히 간단한 직선으로 처리하고 연못 안에도 그저 작은 섬 정도만 놓는 경우가 많은데, 고산 윤선도(1587~1671)가 여생을 보낸 전남 완도 보길도의 세연지(洗然池)를 예로 들 수 있다. 윤선도의 생가인 해

22 이화형, 「한국 전통주거문화의 융합 양상 고찰」, 494쪽.

23 김영기, 앞의 책, 73쪽.

남의 녹우당 앞마당에도 큰 연못이 있다. 섬이 있으면 연못의 물길이 섬을 돌아 썩지 않는다. 정의를 위해 소신을 굽히지 않는 성품으로 고산은 여러 차례 유배를 당해야 했다. 오죽하면 "잔 들고 혼자 안자 먼 산을 바라보니 그리던 임이 온들 반가움이 이리하랴"(「만흥」)라고 인간 현실을 혐오했겠는가. '수석송죽월'을 들어 「오우가」에서 "이 다섯밖에 또 더하여 무엇 하리"라고 자연의 다섯 친구만을 칭송했던 고산이다. 일본의 정원사들이 창덕궁에 와서 궁궐의 60%나 차지하는 후원 즉 비원(秘苑)을 한참 둘러본 뒤 안내원에게 "숨겨진 비원은 언제 보여줄 것이냐?"고 물었다고 한다.

기본적으로 음양의 상징인 산수를 가까이 하고픈 마음을, 소중현대(小中現大) 즉 '작은 것에서 큰 것을 드러내야 한다'고 하는 풍류로 살려낸 것이 우리 전통 정원의 원리이자 멋이다. 정자를 세우더라도 주위 자연에 녹아들 만큼 안정감 있게 배려했다. 조선시대 사대부 저택의 원형이 고스란히 남아 있는 강릉의 선교장은 오늘날 '한국에서 가장 아름다운 집'으로 평가되고 있는데, 이 선교장 정원의 인공 연못 속에 네 개의 돌기둥을 세우고 그 위에 지어진 활래정은 단아한 조선 선비의 모습을 떠오르게 한다. 활래정은 우물천장, 세살분합문, 우물마루가 자연과 하나 되는 열린 공간으로 풍류객들의 안식처가 되고 있다. 선비들에게 있어 풍류는 언제나 세상과 함께 하는 흥취요 휴식이었다. 영화 〈명당〉(2018)의 촬영지인 경주 독락당 일곽의 계정은 계곡에 걸쳐 낮게 자리한 정자로서 한쪽은 인간의 공간이고 다른 한쪽은 자연의 공간이다. 정자는 세상과 동떨어지지 않으면서 치열한 현실세계와 한 걸음 비켜난 풍류의 공간이요 사색의 장이다. 예전엔 며느리의 공간으로서, 건넌방 뒤로 담장을 설치하여 조성한 개별 후원이 있었는데, 경북 청도의 운강고택의 경우 대청에 딸린 툇마루에서 시작한 며느리의 후원은 며느리만 잠그고 열 수 있는 문이 따로 있어 며느리에 대한 배려로 여겨진다.[24] 박정주(1789~1850)의 아들인 운강 박시묵(1814~1875)이 고택을 크게 중건하였는데 이후 그의 호를 따서 그 집을 운강고택이라 부른다.

상하이에 있는 위위안(豫園) 같은 중국의 정원은 넓게 연못을 파고 기암괴석을 앉히고 담장으로 겹겹이 구획을 지어놓는다. 교토에 있는 황금빛 누각을 뽐내는 긴카쿠지(金閣寺)처럼 일본인들은 돌덩이 한 개 풀 한 포기까지 다듬고 비틀어 신선의 경지를 연출해낸다. 그러나 경기도 용인의 호암미술관 권역의 희원(熙園)은 자연스러운 전통 정원의 정신과 풍치를 잘 살려놓았다. 사계절의 아름다운 경관, 100여 쌍의 돌장승, 크고 작은 연못과 정자 등이 여유로움을 뿜어낸다. 중국과 같이 규모가 크지도 않고 일본과 같이 섬세하지는 못하지만 과장도 축소도 없는 인간과 자연의 융합 방식이 은근하기만 하다.

중국이나 일본이 울타리나 담장 안에 완벽한 세계를 구축하고 그 안에 있는 것만 내 것이라 인식한다면, 우리는 안쪽의 공간만이 아닌 바깥세상까지도 우리의 세계라는 인식이 강했다. 베란다까지 실내로 확장하여 꼭꼭 틀어막은 아파트와 전혀 달리 한옥은 기본적으로 열린 집이라 할 수 있다. 자연 속에 집을 짓고, 집은 자연을 끌어들이는 순환 구조이다. 한국의 정원은 자연과 융합됨으로써 독자적인 이미지를 구축할 수 있었다. 사람의 손으로 만들었으면서도 자연과 가장 잘 어울리는 것이 정원이다. 드러내지 않으면서도 자신의 자리를 갖는 한국문화의 특징을 적절히 보여주는 예이다.

24 한문화사 편집부, 『신한옥』, 한문화사, 2012, 170쪽.

3 개방과 소통

한국의 전통 주택은 인간적 소통을 가장 중시하면서 가식이나 허세를 부리지 않는 겸허한 철학을 지녔다. 한옥의 공간 구성 원리를 한마디로 '소통'이라[25] 말하기도 한다. 물론 남녀유별이나 장유유서에 의한 주택 공간의 격리는 소통의 한계로 지적될 수 있는 성리학적인 요소다. 그러나 이와 다른 자연주의적 요소가 대립하면서 절제와 자유가 서로 작동된다. 또한 한옥의 경우 자연환경과 조화를 이루며 햇빛과 바람이 제공하는 과학적 생활이 가능하다. 한편 전통 주택의 가치와 특징은 가옥(건물) 및 가옥을 구성하는 내부요소를 깊이 통찰하는 데서 잘 드러난다.

여기서는 먼저 가옥(건물)끼리 얼마나 개방적이면서 소통을 지향하는지를 알아본다. 서양은 건물과 건물 사이에 별다른 관계가 없으나 한옥에서는 독립과 상생의 절묘한 조화가 이루어지기 때문이다. 우리의 전통 가옥은 채와 채로 구성되었으며, 서로 막히고 트임이 적절히 이루어졌다. 다시 말해 한국 전통 주택의 경우 건물은 하나하나가 독립적으로 자기 자리를 잡고 자기

25 이상현, 앞의 책, 114쪽.

역할을 수행했지만 서로 배척하거나 단절되지 않고 건물들끼리 서로 개방적으로 소통하면서 조화를 이루는 성격을 지니고 있다.

이어서 가옥 내의 공간인 물적 요소들이 어느 정도 상호 간에 융합 현상을 보이는지 방, 마루, 온돌, 부엌을 중심으로 살피고자 한다. 방에서는 방과 방 사이의 원활한 소통을, 마루에서는 주로 마루와 방 사이의 연계를 다루었다. 그리고 온돌에서는 온돌과 마루의 공존 관계를 분석하고, 부엌에서는 부엌과 마당의 친근성에 논의의 초점을 두었다. 서유구는 "중국의 가옥 제도는 모두 일자형을 이루어 서로 연결되지 않는 반면 조선은 방, 마루, 상(행랑채), 무(거느림채)를 연결시킨다"(『임원경제지』 섬용지)고 한 바 있다.

가옥끼리의 개방

서양식 건물은 내부공간의 독립이 뚜렷할 뿐만 아니라 건물 안과 밖이 두드러진다. 즉 건물과 건물 사이에 별다른 관계가 없다. 그러나 한옥에서는 독립과 상생의 조화가 절묘하다. 너그러이 봉긋하게 솟은 뒷산을 등지고 앞으로 넓은 들판이 펼쳐진 곳에 자리를 잡은 우리들의 집은 이웃끼리 옹기종기 무리 지어 있다. 지붕을 맞대고 있는 초가집은 더욱 정겹고 친근하다. 한 마을에 자리 잡고 있는 우리의 전통 가옥은 채와 채로 구성되고 서로 막히고 트임이 적절히 이루어졌다. 기능을 고려하여 독립적인 집을 지으면서도 화합을 중시하며 전체의 조화를 꾀했던 것이다.

집에 들어섰을 때 가장 먼저 마주하게 되는 공간이 행랑채이다. 행랑채 또는 대문채는 중앙에 대문을 두고 심부름하는 사람들이 기거하는 방이나 각종 창고들로 이루어졌다. 하인들이 생활하는 바깥 행랑채는 외부로부터의 방어적인 기능을 했으며, 중문간 행랑채는 주인의 일을 돌보는 청지기가 기거했다. 안동 하회마을에 있는 북촌댁의 경우 대문 밖에 가노들의 집을 마련하여 출퇴근하면서 일을 할 수 있도록 배려하였다. 일반적으로 서민 주택에는 본격적인 행랑채는 없고, 중류 주택에서는 행랑채가 안채와 외부의 경계를 이루는데 그 규모는 크지 않다. 살림의 규모가 큰 상류 주택의 행랑채는 10여 칸에서 수십 칸에 이르는 경우도 있는데, '줄행랑'이라는 말은 여기서 나온 것이다. 행랑채가 一자로 되어 있는 하회마을의 충효당에는 11칸의 행랑방이 있는데, 그중 온돌방이 3칸이고 나머지는 마구간과 외양간 및 광으로 되어 있다. 구례의 운조루도 비교적 행랑채의 규모가 큰 주택으로 현재 一자형의 줄행랑 17칸이 남아 있다. 상류 주택의 행랑채 가운데 가장 중요한 것은 솟을대문이다. 대문 옆 담의 지붕 높이보다 대문의 지붕 높이를 한 단 올린 솟을대문의 유래에 대해 일설에는 사대부들이 가마에 앉은 채 문을 지나가기 위하여 지붕 높이를 높인 것이라고 하나 사대부들이 그들의 사회적 지위를 나타내기 위하여 의식적으로 대문을 권위 있게 꾸미려 한 데서 발생했을 것이다.

상류층 주택의 경우 행랑채가 있는 바깥마당을 지나 중문을 열고 들어서면 대부분 사랑채에 도달하게 된다. 행랑채에서 사랑채까지는 무슨 일이 생길 때 언제든 뛰어갈 수 있을 만큼 접근성이 좋다. 사랑채는 여성들이 있는 안채와 담장이나 문으로 구별되었으며, 행랑채에서 안채로 들어가는 중문도 잘 보이도록 되어 있어 바깥주인이 안채의 사람들을 외부인으로부터 보호할 수 있었다. 사랑채는 집안의 가장인 남성 주인이 기거하면서 손님을 맞는 공간으로서 가장 화려하고 권위 있게 표현되었다. 사랑채 앞에는 잘 가꾸어진 나무나 연못을 두어 인격을 닦는 데 도움이 되게 하였고 사랑채 안에는 다락집으로 만든 누마루를 두어 친구들과 함께 마당을 내려다보며 풍류를 즐기기도 했다.[26] 경주의 최부잣집 사랑채는 손병희, 최남선, 정인보 등 저명인사를 비롯한 수많은 과객이 머물었던 것으로 유명하다. 최부잣집을 세계적으로도 부를 가장 오래 누릴 수 있게 한 요인이 바로 많은 방들을 지나가는 사람들에게 개방했던 도덕적 책무의 실천에 있을 것이다. 경남 함양에는 선비 정여창(1450~1504)의 고고함이 서린 고택의, 옷매무새를 살피게 되는 사랑채도 있으며, 경북 경주에는 동방오현의 한 사람이던 이언적(1491~1553)이 벼슬을 버리고 초야에 묻혀 혼자 즐겼다는 독락당 같은 사랑채도 있다.

사랑채와 일각대문을 사이에 두고 여성들의 생활공간으로 사용되는 안채는 대문에서 가장 먼 쪽으로 자리를 잡아 외부 사람이 쉽게 접근하지 못하도록 막았는데, 일반적으로 ㄷ자 모양이나 ㅁ자 모양의 폐쇄적인 형태였다. 그러나 조선시대 여성의 지위가 남성보다 낮은 편이었다고는 하지만 집안 살림을 도맡아야 하는 안주인의 역할과 그에 따른 권리가 존재하므로 안채의 권위도 만만치 않았음을 간과할 수 없다. 안채의 지붕마루를 다른 건물보다 높게 올린 것도 안주인의 권한을 의미했다. 안채보다 사랑채가 높으면 '사랑채가 안 대들보를 누르는 집'이라 하여 흉가로 여겼다.[27] 궁중 방식을 따르고 있는 충남 예산의 추사 김정희(1786~1856)의 생가인 추사고택의 안채는 사랑채보다 규모가 더 크며 ㅁ자형의 닫힌 구조이지만 다양한 창문

26 이화형, 「한국 전통주거문화의 융합 양상 고찰」, 490쪽.
27 김광언, 앞의 책, 59쪽.

을 통해 외부와 소통할 수 있다. 이를 두고 한옥에서 물리적인 중심은 사랑채이지만 정신적인 중심은 안채라[28]고 말하기도 한다. 사실 가장 중요하다고 할 수 있는 가정경제나 자녀교육 등의 책임을 다했던 안주인이야말로 권능과 지위가 인정되지 않을 수 없었다. 한편 겉으로는 남녀유별의 유교 윤리에 따라 담을 치고 중문을 만들어 사랑채와 안채가 별개의 건물로 보이나 실제로는 연결 통로가 있어 뒤쪽 툇마루에 작은 쪽문을 이용하여 큰 불편 없이 부부생활을 할 수 있었다. 18세기 후반이 되어 남녀차별, 부부유별의 관념이 엷어지면서는 외관적으로도 건물 사이의 위계나 장벽이 사라지고 안채와 사랑채는 하나로 이어져 통합 개방되기에 이르렀다.

몸채(본채)에서 떨어진 공간에 별채로 지어진 내별당과 외별당이 있다. 내별당은 노모나 딸의 거처로 안채 가까운 곳에 지어졌는데, 가장 화려하고 장식적인 별당에는 일반적으로 결혼 전의 딸들이 기거했으며, 그 주인공을 '별당 아씨'라 불렀다. 외별당은 사랑채의 연장으로서 담장 밖에 꾸며져 바깥주인의 휴양의 장소로 쓰였으며 그 지역 사회의 문화적 소통의 장소로 이용되기도 하였다. 현재 본채와 같이 남아 있는 별당 건물은 강릉의 선교장과 활래정, 달성의 박황씨댁과 태고정, 안동의 임청각 정침과 군자정 등을 들 수 있다.

뒤뜰에는 조상의 위패를 모신 사당, 즉 가묘(家廟)가 있다. 4대조의 신주를 모시는 사당은 고려 말기에 지어지기 시작하여 유교를 숭상하는 조선 시대에 들어와서 널리 민가에 형성되었다. 집을 지을 때도 유교 정신에 따라 조상의 제사를 정성껏 받들기 위해 사당 터를 먼저 닦고 다른 건물보다 높은

28 신광철, 앞의 책, 54쪽.

자리에 세웠다. 사당이 있는 구역은 집의 절반 이상을 차지하여 살아 있는 후손들과 죽은 조상들 간의 공존이 이루어지는 특징을 보여주었다. 다만 사당은 성현이나 조상을 위해 제사를 지내는 공간이라면 가묘는 조상에 대해 제사를 지내는 곳이다.

이와 같이 살림하는 방, 부엌 따위가 있는 집의 모체에 해당하는 살림채 이외의 뒷간, 곳간, 헛간, 방앗간, 외양간, 닭장, 돼지우리 등은 주로 사람이 거주하지 않는 부속 공간으로 딸림채에 속한다.

뒷간은 담장 안에도 있으나 담장 밖에 멀리 있는 게 일반적이다. 우리 속담에 "사돈집과 뒷간은 멀수록 좋다"고 하는 만큼 뒷간을 담 바깥 떨어진 구석에 두었다. 뒷간문제는 한옥의 가장 불편한 점이기도 하므로 요즘 한옥은 내부를 현대식으로 꾸미면서 무엇보다 수세식 화장실을 둔다. 오늘날 화장실이라 부르는 '뒷간'은 뒤에 있는 공간, 즉 따뜻한 남쪽을 가리키는 앞과 반대되는 북쪽에 있는 곳이라는 뜻이며, 또는 뒤(항문)를 씻는 시설, 곧 뒷일을 보는 곳이라는 뜻에서 나온 말이라고도 한다. 특히 뒷간에 드나드는 일까지 수행과정으로 삼았던 절에서는 뒷간을 '근심을 더는 방'이라는 뜻으로 '해우소(解憂所)', '해우실(解憂室)'이라고 한다. 충남 공주의 동학사, 전남 순천의 선암사 등의 해우소가 유명하다. 선암사의 해우소라고 하면 정호승(1950~) 시인의 시 「선암사」가 떠오른다. 시인은 눈물이 나면 선암사로 가서 해우소에 쭈그리고 앉아 실컷 울라고 했다. 해우소라는 말은 경남 양산의 통도사에서 주석하며 '선과 차는 하나'라는 선다일미(禪茶一味)의 가르침을 설파하던 경봉(1892~1982) 스님이 만들었다고 한다. 화장실, 토일렛, 레스트룸 등으로 부르는 것에 비해 뒷간이나 해우소로 호명했던 우리들의 재치와 멋스러움을 새삼 느끼게 된다. 이렇듯 뒷간은 신체적 배설과 심리적 안락감을 맛볼 수 있는 해방 공간으로서 자연과 조화를 이루면서 다른 건물과 소통되는 공간이었다. 한편 농가에서는 뒷간의 입구를 길가에 만들어 행인들의 뒷일을 얻고자 했으며, 똥오줌을 거름으로 활용하기 위해 뒷간문을 거적으로 달거나 아예 달지 않아 통풍이 잘되도록 하였다.[29] 똥을 누고 나서 절간에서 가랑잎을 덮는 것이나 농가에서 쌀겨를 덮는 것도 냄새를 줄이면서 거름으로 쓰기 수월했기 때문이다. 문짝이 없는 뒷간이 많다 보니 헛기침을 통해 의사를 소통하는 풍속이 생기기도 했다.

광이라고도 불리는 곳간은 곡물과 먹을거리를 보관하는 창고요, 헛간은 땔나무를 비롯하여 온갖 농기구를 보관하는 곳이다. 곳간이나 헛간 한쪽에 디딜 방앗간을 두기도 했다. 외양간은 날씨가 따뜻한 지역에서는 살림채 밖에 두었지만 추운 지역이나 산간마을에서는 추위와 산짐승으로부터 "하품밖에 버릴 것이 없다"는 귀한 소를 보호하기 위해 외양간을 부엌에 두었다.

농경 시대 우리는 소를 한집에 사는 가족으로 여겨 생구(生口)라 불렀으며, 송아지가 태어나면 외양간 입구에 사흘 동안 금줄을 쳐두었다. 소를 농가의 조상으로 일컬었고 정월의 첫 소날을 소의 생일로 삼아 이날에는 일을 시키지 않고 쉬게 하며 죽에 콩을 많이 넣어 먹이는 등 대우를 잘 해주었다. 심지어 소는 하늘에서 내려온 신성하고 존귀한 존재로 생각하여 외양간을 세울 때는 좋은 날을 가려잡을 정도였다. 소가 잘 자라기를 바라면서 10월 상달에는 외양간에 고사를 지내기도 했다. 소에 해로운 병이 돌 때는 외양간 입구에 황토를 발라서 병마를 쫓았다.

지역 및 지방에 따라서는 가옥의 형태도 다르다. 북부지방에서는 외부의

29 이화형, 「한국 전통주거문화의 융합 양상 고찰」, 491쪽.

냉기를 막고 내부의 온기를 보호하기 위해 방을 두 줄로 배열하는 겹집 구조와 낮은 지붕의 한옥이 발달했다. 건물 평면이 ㅁ자나 ㄷ자 모양인 가옥이 이에 해당한다. 남부지방에서는 바람이 잘 통하도록 방을 한 줄로 배열하는 一자형의 홑집 구조가 많으며, 중부지방에서는 그 중간인 ㄱ자 모양의 가옥이 많다. 이렇듯 건물마다 용도와 위치가 다르다고 할 수 있으나 완전히 독립 차단되지 않고 조화를 이루며 소통되고 있음을 간과할 수 없다.

서양에서는 큰 육면체 하나로 전체 윤곽을 잡고 속으로 잘라 들어가는 경우가 보통이다. 채를 나눈다고 해도 중심이 되는 건물이 있고 거기서 나온 부속 건물은 본채와 붙어 있다. 한옥처럼 별채로 온전히 분리하지 않는다. 그러나 한옥은 모든 요소가 각자의 존재 이유를 잃지 않고 개별다움을 잘 유지하면서 서로 어울려 하나의 커다란 조형 가치의 조합을 만들어낸다. 뒷간조차도 집의 전체 구성 속에 자신의 지붕 한 장을 슬쩍 밀어 넣어 조형 요소의 독립성을 당당히 확보한다.[30]

이상과 같이 한국의 가옥은 살림채와 딸림채에 속하는 모든 건물이 어울려 하나의 집을 이루었던 것이다. 하나하나가 독립적으로 자기 자리를 잡고 자기 역할을 수행했지만 서로 배척하거나 단절되지 않고 가옥들끼리 소통하면서 조응하는 개방적인 성격을 지니고 있었다. 한옥은 서양이나 중국의 상류층 가옥이 갖는 위압감보다는 여러 채의 건물이 오밀조밀 조화를 이루는 특징을 보인다.

30 임석재, 앞의 책, 397~404쪽.

방 · 마루 · 온돌 · 부엌 간의 소통

방

충북 보은에 있는 선병국 가옥은 조선의 마지막 아흔아홉 칸 집이라고 한다. 유교문화의 전승 속에 조선시대 검소한 가옥 형태를 추구하게 되었지만 신분과 형편에 따라 집의 규모나 구조 등이 고급화되기도 했다. 하지만 조선의 선비는 "십 년을 경영하여 초가 삼간 지어낸 뒤/나 한 칸 달 한 칸에 청풍 한 칸 맡겨두고/강산은 들일 데 없으니 둘러두고 보리라"(『청구영언』)고 읊었다. 강호가도의 선구자로 평가받는 송순(1493~1583)이 말년에 벼슬에서 물러난 뒤 고향인 전남 담양에 내려가 면앙정이란 정자를 짓고 자연에 파묻혀 지낼 때 지은 작품이다. 민가의 기본적인 평면은 一자형으로 '부엌+방+방'의 3칸 구조이다. 조상들은 최소한의 조건밖에 갖추지 못한 초가의 세 칸에서 이렇게 두 칸을 달과 바람에게 나누어줄 정도로 허름한 집에 거처하면서도 자연과 교감하며 살았다. 자연에서 배운 대로 우리나라 사람들은 넉넉한 마음으로 자신들의 방을 서로서로 돌려가며 사용했다.

역사적으로 오랜 기간 한옥이 여러 개의 방으로 나누어지지 않았다. 삼국시대까지 주택의 내부가 벽체가 아닌 발이나 병풍 · 휘장 등으로 잠자는 곳을 가리웠을 정도며, 공간이 구분되지 않았다. 고려시대에 들어와서 한 건물의 내부를 여러 가지 기능으로 나눠 쓰는 방식이 발달하게 되었다. 조선시대에는 한 채의 집이 기능에 따라 여러 공간으로 구분되었고 서민가옥도 부엌과 방이 벽체로 나뉘어 별도의 공간을 구성했으며, 방 하나하나의 규모는 작았다.

벽 따위로 둘러싸인 방은 주택의 기본적인 요소로서 다양한 기능을 할 수 있는데, 우리나라 전통 주택의 방은 좌식 생활에 알맞게 수면, 식사, 노동, 휴식 등 다용도로 활용되었다. 한옥의 방에는 주생활의 중심이 되는 안방을 비롯하여 사랑방, 건넌방, 윗방, 아랫방, 뒷방, 샛방, 문간방, 골방, 행랑방 등이 있다. 사랑채의 경우 아버지가 기거하는 방은 큰사랑, 아들이 쓰는 방은 작은사랑으로 불렀다. 안채의 경우 시어머니의 방을 안방 또는 큰방, 며느리의 방을 건넌방 또는 머리방이라 불렀다. 요즘에는 방의 개념이 확장되어 벽으로 막혀 있는 특별한 공간을 뜻하는 노래방, 만화방, 피시방, 찜질방 등이 있다.

조선시대 중상류층의 가옥에서는 독립된 건물을 짓고 사랑방을 꾸몄다. 사랑방은 한 집안의 가장이 거처하는 방으로 학문을 닦고 손님을 맞이하는 곳이었다. 곧 사랑방은 공동생활이 이루어지는 바깥 사회와 연결되는 공간이라 할 수 있다. 사랑방에는 산수화나 문인화가 그려진 병풍이 둘러쳐져 있으며 병풍 앞에는 요의 한 종류인 두툼한 보료가 깔려 있고 그 앞에는 책상이 놓여 있기 마련이다. "장판 위에 골풀을 깔았는데 '수복(壽福)'이라는 글자가 새겨져 있다. 자리에는 화문석과 목침 같은 것이 있다"(『경도잡지』 1권)고 하였다. 왕골로 짠 돗자리인 화문석은 겉면이 매끄럽고 기름져서 물기가 스미지 않고 촉감이 부드러워 여름철 깔개로 많이 이용되었는데 이러한 실용성과 더불어 다양한 색의 물감과 무늬를 넣어 예술적인 아름다움을 강조했다. 고급 돗자리인 화문석에는 왕골을 재료로 하여 색칠하고 수를 놓아 만든 꽃자리와, 골을 재료로 하여 문양을 넣어 만든 등메가 있다. 화문석 같은 돗자리는 상류계급이 장판 바닥이나 대청마루 · 평상에 깐 자리이고, 삿자리 · 대자리 · 기직 등은 일반 서민들이 새벽질한 흙바닥에 장판 대신 깐 자리이다. 삿자리는 갈대로 엮은 것이다. 한편 방석이란 돗자리와 달리 크기를 작게 만들어 혼자 깔고 앉게 만든 것이다.

또한 최상의 한옥 인테리어는 도배라고 할 정도로 방 안을 정갈하게 꾸미려 노력하였다. 한지 도배를 할 때 초배지는 닥나무 껍질로 만든 한지 중에서 비교적 질이 떨어지는 피지를 사용했고, 겉으로 드러나는 도배는 한지 특유의 광택이 있고 지질이 두껍고 질긴 장지를 썼다. 초배지를 두어 차례 바른 뒤에 본격적인 도배도 그런 식으로 여러 겹을 바르면 벽은 마르면서 튼튼하고 깔끔하게 된다. 그리하여 방을 더욱 아늑하고 편안한 분위기로 이끌었다. 방의 천장, 문, 창, 벽, 바닥 할 것 없이 온통 종이로 마감하는 나라는 세계 어디에도 없다고 한다. 물론 오늘날의 아파트와 같은 서양식 건물에서는 거실이 사랑방의 기능을 하고 있으며 남자만을 위한 별도의 공간은 찾기 어렵다. 경북 청도의 운강고택의 경우 사랑채에 붙은 뒷사랑방은 손님이 머무는 공간으로서 담장으로 둘러싸인 후원도 따로 조성되어 있었다.

안방은 안주인을 중심으로 여자들이 생활하는 곳일 뿐만 아니라 집안 살림을 꾸려나가는 중추적인 장소다. 이 안방에는 머릿장 · 반닫이와 같은 수납용 가구, 문갑 · 탁자와 같은 장식용 가구, 경대, 화로, 반짇고리 등이 배치되었다. 무엇보다 안방은 출생의 장소이며 운명을 맞이하는 곳이자 권위가 있는 상징적인 공간이다. 전통적인 문화유산에서 여성들의 상속제도로 '안방물림'이란 것이 있다. 안방을 점유하던 시어머니가 일정한 연령이 되면 며느리에게 집안의 주부권을 인계하고 건넌방으로 물러앉아 며느리에게 안방을 사용하게 하는 것이다.[31] 안방물림을 한다는 것은 집안 살림, 즉

31 강현모, 『한국민속과 문화』, 비움과채움, 2011, 39쪽.

경제권을 이전한다는 의미를 담고 있을 만큼 상징성이 강하다. 시어머니는 광, 곳간, 뒤주 등의 열쇠를 넘겨주며 이로써 며느리는 그 집안에서 확실한 지위를 보장받을 수 있게 된다. 결혼 초에는 주로 건넌방을 사용하던 자식이 자녀를 낳으면 시어머니가 안방을 아들 며느리에게 물려준다.

안방도 물려주고 물려받고 건넌방도 서로 바꿔가며 사용하는 데서 알 수 있듯이 방은 공동의 공간이라 할 수 있다. 서양 가옥은 방마다 용도가 구분되어 있지만, 우리 한옥은 방 하나가 침실, 거실, 서재, 식당 등으로 쓰인다. 소설가 알랭 드 보통(1969~)은 "우리는 방 하나가 대단히 큰 힘을 발휘할 수 있다는 사실에 놀라면서 감사하는 마음으로 그 힘을 받아들인다"고 말했다.[32] 비록 내외를 위해 안주인과 바깥주인이 분리되어 기거는 했지만 안채의 각 공간은 좌우 대칭으로 배치하였음에도 불구하고 유독 며느리가 쓰는 건넌방의 오른쪽에는 툇마루를 놓고 문을 달았는데 이로써 대청 문이 닫혀도 사랑채의 젊은 주인은 이곳으로 아내의 방에 드나들 수 있다.

안채와 사랑채가 ㅁ자 꼴인 경상도 상류 가옥에서는 사랑방 뒤의 골방 한쪽 벽에 안마당으로 통하는 작은 쪽문을 붙여놓았다.[33] 주로 방과 방 사이에 장지문을 달아 공간 사용을 원활하게 할 수 있었다. 안방과 사랑방의 아랫목에는 일상생활에 필요한 물건을 넣어두는 벽장과 다락을 설치했다. 한옥 집치레의 성패는 벽장을 얼마나 실용적으로 충실하게 만들었는지에 달려 있다. 벽장이 제대로 갖춰져 있지 않으면 집은 가구가 많아질 수밖에 없고 자연히 집치레가 깔끔해지기 어렵다.[34] 이렇듯 방은 개방적 공간으로서

32 최효찬 · 김장권, 『집은 그리움이다』, 인물과사상사, 2018, 149쪽.

33 김광언, 앞의 책, 34~35쪽.

34 정민자, 『아름지기의 한옥 짓는 이야기』, 중앙엠앤비출판, 2003, 105쪽.

의 의미가 강하며, 방과 방은 가옥 속에 있는 사물과 사물의 융합 방식을 적절히 보여주고 있다. 마루를 통해 방과 방이 이어지는데, 방은 작은 편이나 들어가 앉아 있으면 생각보다 편안하고 여유로우며 바람길을 열어놓아 시원하고 상쾌하다.

한국의 가옥은 서양처럼 차갑고 두터운 벽과 문으로 완전히 단절된 구조가 아니다. 실내는 기교가 넘치는 장식을 찾기는 어려우나 정겹고 평안한 공간이다. 무엇보다 햇빛과 바람을 받아들이는 창호지는 방 안에 생명을 불어넣으며, 방과 방은 종이 미닫이나 장지 문짝으로 살짝 차단되어 있을 뿐이다. 살며시 밀면 열리고 닫아도 말소리가 다 들린다. 한집에 살며 서로 존중하고 배려하려는 의도 속에 자신의 존재를 알리기 위해 군기침(헛기침) 문화가 발달한 것도 자연스러운 일이다. 한옥은 무엇보다 집에 사는 사람을 중요시하는 인간 중심적인 집으로 가옥 안에서의 공간 기능이 철저하게 구분되지 않으며 방은 다목적 소통의 공간이 된다.

마루

한옥의 마루의 발생에 대해서는 학설이 분분하나 기원과 관련해서 어원적으로 '산마루', '지붕마루', '마루턱' 등에 나타나듯이 가장 높은 데를 가리키며, 또한 마루는 사람이나 동물의 '머리'와 같은 어원을 가지며, 퉁구스족의 유목 천막 가운데 가장 높은 자리를 의미하는 '말루(Malu)' 또는 '마로(Maro)'와도 유사하다는 점을 들어 마루는 신성한 장소를 가리키는 표현으로 보았다. 마루에 집을 지키는 으뜸 신인 성주신을 모시고, 조상 제사를 위한 상청을 설치함도 마루의 신성성을 전제하는 것이며 인간과 신을 연계시키는 마루의 기능을 나타낸다.

한편 신라에서는 마루를 지금과 달리 공무를 보는 장소로 사용했던 것으로 여겨진다. 옛적에는 관청을 마루라 일컬었고, 대청이라는 용어 속의 '청(廳)'에는 정사를 돌보는 관청의 의미가 들어 있기 때문이다. 신성한 마루에서 제사와 정치가 이루어진 것이라 본다. 후대에 황제를 부르던 전하(殿下), 각하(閣下), 폐하(陛下) 등은 모두 그들이 거처하는 공간을 뜻하는 것이니 마루가 귀한 장소라는 데는 이론이 없을 듯하다.[35] 종도리에 상량문을 적어 가문의 번창을 비는 것도 마루가 신성한 공간이기 때문이다. 마루를 지면에서 떨어지게 한 것도 세속을 벗어나는 성스러운 관점으로 해석하기도 한다. 이러한 마루의 기능과 의미의 변화 속에서 꾸준히 마루는 집안의 중심적인 공간 구실을 하게 된다.

안채는 물론 사랑채에서도 마루를 한가운데에 두고 좌우로 방을 배치한다. 따라서 어느 방을 드나들든 마루를 거치지 않고서는 안 된다. 1999년 영국의 엘리자베스(1926~2022) 여왕이 경북 안동 하회마을을 방문하여 충효당 안방에 들어가고자 툇마루에 오르면서 하이힐을 신고 올라갔던 것도 신발을 벗지 않는 서구식 주거문화의 전통 때문이다. 이때 서구의 언론들은 그녀의 맨발에 촛점을 맞추었는데, 그때까지 아무도 여왕의 발을 본 일이 없었다는 사실을 기사화하면서 특종으로 다룰 정도였다.

한옥의 개방과 소통의 기능은 마루, 특히 대청마루에서 잘 드러난다. 대청마루는 스스로 열린 공간이면서 방과 소통되고 나아가 방과 방을 이어줌으로써 폐쇄적인 공간마저 열린 공간으로 전환 확장시킨다. 마치 활달한 분위기의 대청과 포근한 느낌의 방의 조화를 연상할 수 있다. 한편 마루는 내

35 박명덕, 앞의 책, 68쪽.

부공간과 외부공간이 유통될 수 있게 하는 공간적 신축성이 있어, 앞쪽으로는 마당과 통하고 뒤쪽으로는 후원과 이어진다. 오늘날 마루를 대신하고 있는 아파트의 거실은 다목적 기능을 못한 채 내부공간에 그치고 있다.

마루는 전통 주택에서 혼례나 제사 등을 치르는 중요한 장소로 집안의 의식과 권위를 표현하는 상징적인 공간이다. 뿐만 아니라 마루에는 일용할 양식이 담긴 뒤주를 비롯하여 귀한 살림살이를 늘어놓기도 한다. 이처럼 큰 마루나 대청은 한옥에서 여러모로 쓰이는 다목적 공간이었다. 8세기 무렵 중국에서는 "백제 초기의 서민 주택은 대부분 마루를 깐 다락집이었고 매우 높아서 반드시 사닥다리로 오르내렸다"(『신당서』)고 전한다.

비가 오면 문 닫고 지내야 하는 아파트와 달리 처마가 있는 한옥은 비가 와도 마루의 문을 열 수 있는 구조이다. 여름철 대청의 분합문을 천장에 달려 있는 들쇠에 걸어 올려놓으면 통풍이 잘되어 방을 포함하는 실내 전체가 시원하다. 더욱이 대청에서는 사방으로 닫혀 있던 공간이 전면적으로 개방되어 실내에 있으면서도 실외를 느낄 수 있는, 자연에 치우치지 않고 자연을 즐길 수 있는 한옥의 매력을 만끽하게 된다. 또한 대청마루는 주로 여름을 나기 위한 곳이다 보니 항상 마당을 향해 탁 트여 있다. 마루에서 앞마당으로부터 끓어오르던 삼복 열기를 식히며 동시에 앞마당에서 불어오던 소슬바람이 마루를 통해 뒤쪽으로 빠져나갈 때는 바닥의 매끄럽고 신선한 촉각은 가히 환상적이었다. 그리하여 하늘과 들, 나무와 풀들을 감상하고 싶었던 조상들은 마루에 앉아서도 더없이 좋은 자연경관을 집안으로 끌어들여 깊이 음미할 수 있었다.

대청마루는 뒷벽에 벽 전체를 차지할 만큼 큰 문을 내고, 앞은 기둥만 세워 완전히 개방했다. 섬뜩할 정도로 차가운 대청마루는 지면으로부터의 습기를 피할 수 있고 여름의 햇빛을 차단하며 집 앞뒤로 환기가 잘되기 때문에 여름철 주거공간뿐만 아니라 곡물창고로서도 유용했다. 방과 통하는 대청이 서늘한 공간이 될 수 있도록 방처럼 천장에 지붕 밑을 가리는 종이 반자를 따로 만들지 않았다. 즉 대청마루는 서까래가 그대로 드러나도록, 반자천장이 아닌 연등천장으로 하였다. 이렇듯 공간을 높게 하여 지붕에서 내리쬐는 열기를 흩어지게 했다. 목조 구조물의 빛깔과 하얀 회반죽이 어우러져 시각적으로도 산뜻해 보인다. 한편 겨울에는 바깥의 찬 바람이 대청으로 몰려와 주위의 방들에 영향을 미치므로 찬 공기를 막고 온기를 유지하기 위해 문을 달아 아늑한 공간으로 꾸몄다. 방에서야 천장이 높을 필요가 없지만 마루나 부엌 쪽은 천장이 높아야 답답하지 않고 기(氣)도 통한다. 한옥의 모든 구조는 우리의 몸과 직결되어 있으며, 우리 몸과 맞는 조화로운 높이와 크기로 설정되어 있다. '땅에 가까워야 대지의 기를 흠뻑 받을 수 있음'을 터득하고 살았던 조상들의 지혜를 확인할 수 있다. 조선 중기까지는 사랑채의 사랑 대청이 안채에 딸린 안 대청보다 다소 높고 컸으나 후기에 이르러 안 대청이 가정의 중심이 되면서 그 용도와 크기가 확대되었다.

마루는 위치와 구성에 따라 방 사이의 큰 마루인 대청마루를 비롯하여 사랑방 가까이 대청이나 방보다 바닥 면을 높게 만든 누마루, 다락처럼 아주 높게 올려놓은 다락마루, 방 앞으로 좁게 달아낸 툇마루와 쪽마루, 평상처럼 옮길 수 있는 들마루 등이 있다. 앞으로 튀어나오도록 한 뒤 밑에 기둥을 세운 누마루는 담장 밖이 보이는 유일한 공간으로 이곳에 서서 집 앞의 농토는 물론 멀리 조산까지 바라볼 수 있다. 전남 구례 운조루 고택에는 오봉산과 섬진강을 바라보는 누마루가 세 개나 있었다. 임진란을 승리로 이끈 위대한 리더 류성룡(1542~1607)이 후학을 양성하던 안동에 있는 병산서원의 만대루에 대해서는 청빈하나 범접할 수 없는 성인을 마주한 듯하다[36]고 했다. 한옥에서 가장 권위 있는 공간인 누마루 가장자리에는 계자난간을 설치하기도 했다. 인조반정의 공신 오희도(1583~1623)가 살던 전남 담양에 있는 명옥헌은 가운데에 방이 놓이고 사방이 툇마루로 둘러 있어 산뜻하고 아름답다. 쪽마루는 툇마루와 달리 기둥 밖으로 확장시킨 마루로서 때로는 통로가 되기도 하고 바깥에서 걸터앉을 수 있는 공간이 되기도 한다. 마당에서도 바다가 보인다는 강릉에 있는 조선의 문신 심언광(1487~1540)의 별당 해운정의 장마루로 낸 쪽마루는 한 방향으로 서 있는 디딤돌이나 처마 선과 어울려 더욱 깔끔하고 단정해 보인다.

한편 마루는 모양에 따라 크게 장마루와 우물마루로 나눌 수 있는데, 긴 나무 널을 죽죽 깔아 만든 것이 장마루요, 긴 장귀틀 사이에 짧은 동귀틀을 건 후 그 사이를 넓적한 마룻널 즉 청판(廳板)을 끼워 넣은 것이 우물마루다. 우물마루의 골격이 되는 귀틀[耳機]은 마루를 놓기 전에 먼저 가로세로 짜 놓는 굵은 나무로서 가로로 들이는 것을 동귀틀, 세로로 들이는 것을 장귀틀이라 한다. 장마루가 중국, 일본 등 외국의 주택에 많이 쓰이는 데 비해, 정(井)자 모양의 우물마루는 한옥에서만 나타나는 우리 고유의 마루 구조이다. 특히 조선시대 상류 가옥의 마루는 대부분 이것인데, 널쪽 사이에 조금씩 틈을 두어 마루 밑의 바람이 통하도록 하는 지혜의 소산이다. 오늘날에는 장마루가 우물마루보다 더 많이 사용되고 있다.

흔히 마당과 마루 사이에 봉긋하게 단을 만들어놓은 봉당과 그 위에 놓인 디딤돌(섬돌)을 통해 마루나 방을 쉽게 오르내릴 수 있다. 대청 앞이나 방 앞

36 김개천, 『명묵의 건축』, 컬처그라퍼, 2011, 22~35쪽.

기단 부분을 봉당이라 부르기도 하는데, 봉당은 마루를 깔지 않은 흙바닥으로 된 방이라 하여 토방이라고도 하며 사투리로 뜰팡이라고 한다. 다시 말해 봉당은 방에 들어가는 문 앞에 좀 높이 편평하게 다진 흙바닥으로 여기에 쪽마루를 놓기도 한다. 앞서 말했듯이 디딤돌은 집터를 잡고 돌과 흙으로 한층 높이 쌓은 기단을 가리키는 댓돌과 다르다. 댓돌은 난방을 위한 구들을 들이고, 더위와 습기를 피하고, 빗물이 안으로 튀지 않도록 하기 위해 주로 돌을 쌓아 올린 것이다. 편하게 이용할 수 있도록 놓은 디딤돌과 반대되는 뜻으로 우리는 '걸림돌'이라는 말도 많이 사용한다. 마루는 자유롭게 봉당이나 방과 소통하는 존재이다.

이상에서 알 수 있듯이 시원하고 개방적인 성격이 강한 마루는 무엇보다 따뜻하고 폐쇄적일 수 있는 방과 소통함으로써 융합의 효과를 극대화하고 있다. 전통 가옥에서 대청마루는 사용하지 않을 때는 주위의 것들을 끌어들일 수 있는 넓고 빈 공간이며, 필요에 따라서는 다양하게 쓰이면서 창조적 공간이 된다.

온돌

온돌과 마루가 결합된 건축양식은 다른 나라에서 찾아보기 힘든 가장 한국적인 주거문화의 성격을 나타낸다. 더욱이 고려시대부터 시작된, 온돌과 마루가 한 집에 병존하는 이중구조는 사계절이 뚜렷한 우리의 자연환경에 꼭 맞는 발명이었다. 특히 여름철은 덥고 겨울철은 추운 이른바 대륙성 기후의 산물이라고 할지 모르지만 중국이나 일본에 없는 점을 보아 우리나라의 고유한 문화적 전통이라 할 수 있다. 또한 한 지붕 아래 부엌 바닥은 아주 낮게 파내고 방은 부뚜막보다 높게 구들을 놓고 대청은 그보다 더 높게 마루를 깔았는데 이렇게 한 건물에서 내부 공간의 높낮이를 다르게 설정하는 예는 다른 나라에서 볼 수 없다.

요컨대, 전통 한옥에는 온돌과 마루가 공존한다. 대부분의 대륙성 기후에 해양성 기후가 나타나는 한반도의 더위와 추위를 해결하기 위해 우리 주택에는 마루와 온돌을 갖췄다. 물론 마루를 만드는 목적은 마루 밑의 공간으로 바람이 잘 통하게 하여 냉방의 효과를 가져오기 위한 것으로 주로 남방 건축의 특징이다. 다시 말해 마루는 지면에서 올라오는 뜨거운 열기나 눅눅한 습기를 없애기 위해 지면과 약간 떨어지게 널을 깐 것이다. 이에 비해 온돌은 북방의 한대 지역에서 사용하는 난방방식이며 이러한 특징은 우리나라로부터 중국의 동북지역에 광범위하게 펼쳐져 있다.

온돌은 한글, 금속활자와 더불어 한민족 3대 발명품으로 꼽힌다. 고조선 시기의 온돌 유적이 발견됐으며, 고구려에서 온돌을 사용하는 장면을 그린 벽화가 나옴으로써 당시 가난한 사람들은 온돌시설인 장갱(長坑)을 만들어 따뜻하게 난방했음(『구당서』; 『신당서』)을 알 수 있다. 고려시대에도 서민들은 땅을 파서 화갱(火坑)을 만들어 잠을 잤다(『선화봉사고려도경』 3권). 고려 중기(11세기) 이후에는 쪽구들에서 온구들로 바뀌어 방 어디에나 앉고 누울 수 있어 본격적으로 좌식 생활이 가능해졌고, 조선시대 초기가 되어 중부 이남까지 온구들이 퍼져나갔다. 이 무렵 '온돌'이라는 말이 처음 나왔고, 방바닥에 장판을 깐 것도 이때부터이다(『세종실록』 7년, 1425).[37] 조선시대가 되어 상류계층의 주택이나 공공건물에서도 온돌이 사용되었다는 기록이 있고 18세기 조선 후기가 되어서야 온돌이 일반화되었다. 우리의 온돌 구조는 중국의 캉

37 김광언, 앞의 책, 115쪽.

(坑)과 비슷하나 방바닥 전체에 구들장을 모두 깐다는 점에서 다르다.

철기시대 초기 고래식 구들이 나타났다. 온돌은 땅을 판 뒤 납작하고 길쭉한 돌을 세워 고래를 만들고 그 위에 널찍한 구들장을 놓아 아궁이를 통하여 받아들인 열을 구들에 저장했다가 서서히 복사열을 방출하여 방바닥이 따뜻해지도록 고안된 난방 구조이다. 아궁이에 불을 지피면 불의 온기는 구들장에 남고 불길이 고래를 핥고 가다가 고래 끝에 깊게 파놓은 '개자리'에 이르러 연기가 냉각되면서 그을음이 개자리로 떨어지고 맴돌던 연기는 고래를 통해 굴뚝으로 이어져 밖으로 나간다. 다만 아궁이보다 약간 높게 되어 있는 방고래로 넘어가는 곳에 '부넘기'라고 하는 턱이 있어 불길이 아궁이 입구로 역류하는 것을 막아준다. 물론 개자리도 굴뚝에서 아궁이 쪽으로 바람이 역류하는 것을 막아준다.

굴뚝에서 연기가 지나치게 빨리 빠지면 난방효과가 떨어지기 때문에 배기량을 조절할 수 있도록 굴뚝의 위치를 달리하기도 한다. 서민가옥의 굴뚝은 대체로 뒤뜰 같은 눈에 잘 띄지 않는 곳에 자리했다. 지역에 따라 굴뚝의 높이도 달라 바람이 잘 통하는 평야나 해안지대에 있는 굴뚝은 낮은 편이었고, 계곡이나 산간마을에서는 굴뚝을 높이 만들어 바람을 잘 받도록 했다. 마당에 접한 섬돌에 배기구만 빠끔하게 뚫거나 뒤란의 야트막한 흙담에 구멍을 내어 연기가 빠지게도 했고 아궁이 옆이나 부뚜막 한쪽에 굴뚝을 세우기도 했다. 음식을 제대로 못 해 먹는 가난한 사람들에게 위화감을 주지 않으려고 굴뚝을 낮게 설치하기도 했다. 구례에 있는 운조루는 고택의 큰 사랑채 이름인데, 무릉도원을 노래한 전원시인 도연명(365~427)의 「귀거래사」에 나오는 '구름 속에 새처럼 숨어 사는 집'이라는 뜻을 가지고 있다. 운조루에는 굴뚝이 없을 뿐만 아니라 뒤주 뚜껑에 '타인도 열게 하여 주위에 굶주린 사람이 없게 하라'는 뜻의 "타인능해(他人能解)"라 쓰여 있다.

굴뚝에는 사용된 재료에 따라 흙 굴뚝, 와편 굴뚝, 옹기 굴뚝, 통나무 굴뚝 등 종류가 다양하다. 굴뚝 안으로 빗물이 들이치지 않도록 지붕을 올린 맹씨행단의 와편 굴뚝이 매우 아름답다. 지붕의 합각 양쪽에 구멍을 내어 부엌이나 방 안의 연기를 배출하게 하는 까치구멍집도 있는데, 구멍을 낸 모양이 까치둥지와 비슷하다 하여 붙은 이름이다. 산간 지방에서 주로 볼 수 있는 까치구멍집은 환경에 적응하는 조상들의 지혜를 짐작하게 하며, 고달프게 살아가는 서민들의 생활에 기쁨을 가져다준다는 까치의 존재가 새삼 부각된다. 온돌 난방에서 공기 난방으로 난방법이 현대화되면서 굴뚝은 우리 주거문화에서 자취를 감추기 시작했다.

프랑스 전도사 달레(1829~1878)는 "조선 사람들은 우리보다 훨씬 전에 난방 장치의 사용을 알고 있었던 셈이다"[38]라고 우리 온돌의 존재를 인정했다. 서양의 라디에이터나 일본의 이로리(囲炉裏) 등은 열원을 직접 이용하는 대류난방 장치이나 우리 온돌은 간접 복사열을 사용하는 복사난방 장치이다. 대류난방식의 경우, 천장 밑의 뜨거운 공기를 호흡하면 심폐 내 산소분자의 수가 줄어들기 때문에 건강상 좋지 않다. 그러나 복사난방식은 발바닥이 따뜻한 온돌에 접촉하므로 혈액순환을 촉진시키는데, "뜨끈한 구들은 병을 치료하는 데 아주 요긴한 시설이다"(『구황촬요』)라는 기록과 함께 "구들에 몸을 지진다"고 하는 말들은 이와 관련된다. 다만 구들이 깔린 방의 아궁이에서 가까운 '아랫목'과 달리 아궁이에서 먼 '윗목'은 바닥이 찬 편이다. 한국인이 유난히 촉각에 민감한 이유의 상당 부분도 바닥 자체를 가열하는 온돌에서

38 샤를 달레, 『벽안에 비친 조선국의 모든 것』, 정기수 역, 탐구당, 2015, 263쪽.

유래된 것이라 본다. 또한 온돌은 공기를 직접 데우는 방식이 아니므로 방 안이 건조해지지 않아 기관지에도 해롭지 않으며, 방바닥과 차이나는 방 안의 시원한 공기로 쾌적한 생활을 할 수도 있다. 물론 방 안의 천장이나 벽 사이로 스며들어 오는 이 차가운 '웃풍'은 생활의 불편으로도 느껴진다.

지금은 장작불의 열기 대신 뜨거운 물을 바닥에 순환시키는 방식으로 바뀌었지만 바닥부터 따뜻하게 데우는 방식의 장점은 고스란히 남아 있다. 다시 말해 오늘날 보일러라는 새로운 난방장치가 도입되었다고 해도 서양에서처럼 벽이 아닌 방바닥에 온수 파이프가 깔린 개량온돌을 설치함으로써 여전히 온돌의 효과를 얻고 있다. 바닥에 파이프를 골고루 깔고 파이프의 물을 보일러로 데워서 난방하는 방식을 패널 히팅(panel heating)이라고 한다. 바닥을 데워 실내 온도를 높이는 원리는 예나 지금이나 같지만 바닥을 데우는 방법은 과학적으로 간편하게 바뀌었다. 현대식 온돌인 패널 히팅은 주어진 실내 공간을 최대로 활용할 수 있다.

최근에는 침대까지 돌이나 흙을 이용하여 따뜻하게 밑면 난방을 하고 있다. 이른바 온돌침대가 등장한 것이다. 돌침대업계의 선두주자인 장수돌침대는 천연석이 발열시스템 위에 떠 있는 전통 구들장 방식인 히팅플로어(heating floor)라는 신기술을 적용하여 복사열방식을 채택하였다. "별이 다섯 개"로 대표되는 광고 덕에, 많이들 알고 있는 장수돌침대는 2000년대 들어 중국과 일본 등 아시아 시장을 공략한 데 이어 최근에는 미국 애틀란타에 미주지사를 설립했다. 2018년에는 '온돌문화'가 대한민국의 무형문화재 135호로 지정됐다. 오늘날 한국의 온돌 방식 난방을 체험한 외국인들은 그 따뜻함을 잊지 못해 다시 찾고 있고 온돌을 소개한 유튜브 영상을 본 해외 네티즌들도 온돌에 대한 부러움을 보이고 있다. 한국이 온돌 강국으로서 세계화를 이루려면 온돌의 유네스코 등재를 추진해야 한다는 목소리가 높아지고 있다.

한편 서양식 난방구조에서는 침대를 둔 침실 공간이 따로 필요하기 마련이다. 즉 지금의 서양식 구조에서 각각의 방은 하나의 용도만을 위한 단일 공간이 될 수밖에 없다.[39] 하지만 우리의 온돌 환경에서는 이불과 요를 필요한 때에만 펴고 걷기 때문에 방의 장소 활용도가 더욱 높아져 방은 다목적 공간이 될 수밖에 없다. 밥을 먹으면 식당이요 손님이 오면 응접실이요 가족이 모이면 거실이 된다. 이와 같은 한국 주택의 모든 공간적 특성은 전면 온돌의 채택에서 비롯되었다고 할 수 있다.

특히 우리 고유의 온돌은 좌식 생활의 정착에 결정적 환경요소를 제공했다. 온돌의 난방 효과를 높이기 위해 천장이 낮아지다 보니 자연스럽게 앉아서 생활하게 되었다. 이렇듯 오늘날 아파트에 살며 집 안을 입식으로 꾸몄으나 바닥은 모두 온돌일 만큼 온돌은 가장 한국적인 문화요소로 인정받고 있다. 온돌 방식이 구들이든 보일러든, 연료가 연탄이든 기름이든 전기든 모두 밑면 난방 방식이며, 방바닥이 따뜻하기 때문에 좌식 생활을 주로 한다는 점에서 기본적인 주거 양식이 관철되고 있는 것이다. 그리하여 물걸레 청소를 하여 아이들이 거실 바닥에서 뒹굴고 놀며 어른들도 방 안에 앉아서 편안하게 쉴 수 있다. 먼지가 풀풀 나는 서양의 카펫과 다른 온돌의 청결한 생활이 한옥의 특징이 되고 있다. 우리의 주거문화에서 좌식과 온돌이 고스란히 살아남아 최근에는 이 둘을 합친 찜질방이 유행하고 있다.

조선 후기의 실학자 유득공(1749~1807)이 "방 안에는 기름 먹은 누런 빛깔

39 박명덕, 앞의 책, 61쪽.

의 종이로 장판을 했는데 매끄럽기가 기름이 엉긴 것 같다"(『경도잡지』 권1)고 했고, 주한 미국 공사관 총영사 · 대리공사 등을 지낸 앨런(1858~1932)이 "방바닥은 갈색 대리석처럼 보이는 호화로운 기름종이로 덮여 있다"(『조선견문기 *Things Korean*』, 1908)고 말한 대로 한국의 온돌방은 보기 좋았다. 방바닥은 한지로 장판을 바른 뒤 콩댐을 하여 윤기가 나도록 했고 물기가 스미는 것과 구들에서 습한 기운이 올라오는 것을 방지하였다. 치자물을 섞어 콩댐을 한 노르스름한 색의 방바닥은 흰색 벽으로 쓸쓸한 느낌이 드는 온돌방을 아늑한 분위기로 바꿔주었다. 신 벗고 반질반질한 장판에 발을 들여놓으면 다소 숙연해지기도 한다.

방을 덥히려면 오랫동안 군불을 때야 하고 한번 달궈지면 쉬 식지 않는 온돌의 특징은 한국인의 한결같이 은근하고도 온유한 성격에도 영향을 미쳤을 것이다. 과학적인 난방방식에 인간을 가까이 끌어당기는 따뜻한 온돌은 한옥의 주거문화의 장점으로서 여전히 언급되고 있다. 이상과 같이 전통한옥에는 여름의 공간인 마루와 겨울의 공간인 온돌이 하나의 공간 안에서 조화를 이루며 소통하고 있다.

부엌

최근에 난방뿐만 아니라 음식을 조리하는 용도로도 사용이 가능한 다용도 화목 보일러가 발명되어 화제가 된 바도 있다. 요즘 다양한 취사도구의 등장과 연료의 변천으로 난방과 취사가 이분화되었으나 역사적으로 오랫동안 취사와 난방은 불가분의 관계였다. 한국의 주택에서 부엌도 고대 발생기에는 다른 지역의 것과 구분될 만한 특별한 성격을 지니지 못했다. 주거 시설의 한가운데에 놓여 있던 불 피운 자리는 주거의 규모가 점점 커지면서 한쪽 귀퉁이로 이동한다. 그 과정에서 불 때는 자리는 취사용과 난방용으로 분화가 이루어졌다. 신석기시대의 유적에는 중앙에 취사와 난방을 위한 화덕이 놓였던 것으로 보이며 청동기시대부터 거주와 취사 구역이 분리되었다고 본다. 다시 말해 청동기시대에 화덕이 분리되어 '노(爐)'는 난방을, '부뚜막'은 취사를 위해 사용되었다고 할 수 있다.

오늘날의 것과 비슷한 부뚜막은 고구려 때 나타나기 시작했다. 황해도 안악 3호 고분벽화에서 볼 수 있듯이 독립된 공간의 부엌에서는 아궁이에 불을 지피고 부뚜막에서 요리를 하며 그 옆에서 상을 차리고 있다. 이와 같이 삼국시대부터는 주거생활의 기본적 기능이 난방과 취사로 발전하면서 취사를 위해 부뚜막이 설치되었다. 이어 고려시대에는 난방과 취사를 동시에 해결할 수 있는 부뚜막이 조성되면서 한국 전통 부엌의 초기 형태가 이루어지게 되었다. 한국 주택의 부엌이 독자적인 성격을 갖게 된 시기는 온돌과 결합하면서부터이며 온돌의 아궁이를 부엌의 화로와 겸하는 부뚜막의 발명은 한국 주택에서 부엌의 공간 형식을 다른 지역의 것과 구분되게 하는 가장 큰 요인이다.[40] 서유구는 부뚜막을 우주의 형태를 축소 모방한 것으로 보기까지 했다(『임원경제지』 섬용지). 부뚜막의 등장은 다양하게 불을 이용할 수 있게 하였고 무엇보다 부뚜막은 조리하는 편의시설로 부각되었다.

한국 주택에서 부엌의 특수성은 부뚜막에서 비롯되었다고 할 만큼 부뚜막은 부엌 가운데에서도 가장 신성한 장소로 여겨왔다. 물론 온돌도 부뚜막의 연장이다. 옛사람들은 부뚜막에 조왕신을 정중히 모셨다. 부뚜막에 물이 담긴 종지나 작은 단지를 올려놓고 매일 새벽 우물에서 새로 길어온 깨끗한

40 전봉희 · 권용찬, 앞의 책, 99쪽.

물로 갈아 부으면서 가족의 건강을 기원했다. 주부들은 부뚜막에 사람이 걸터앉는 것을 엄격하게 금했고 언제나 부뚜막을 청결하게 유지하려 애썼다. 조리용 솥이 필요 없는 사랑방, 건넌방, 행랑 등에는 부뚜막이 없는 '함실아궁이'를 만들었다. 불을 담는 부뚜막이나 아궁이는 주거생활의 핵심적 역할을 했다. 한편 단면의 높이 차로 생긴 부엌 위쪽의 공간은 안방에서 사용하는 다락이 설치되었는데, 이는 가정의 내밀한 수장처로서 신성한 공간의 의미를 지녔다.

한옥이 비대칭을 선택할 수밖에 없었던 가장 큰 이유는 열을 능률적으로 이용하기 위해 방 옆에 부엌을 붙이면서부터라고 한다. 부엌의 위치는 항상 안방의 옆으로 정해지며 아궁이의 위치 또한 안방과 붙은 벽 쪽으로 고정된다. 부엌과 방 사이의 공간 형식이 갖는 긴밀한 관계를 느낄 수 있는 대목이다. 부엌은 한 집안에서 매우 큰 비중을 차지하는 다목적 용도의 공간이었다. 무엇보다 서양은 방(집안)에서 불을 피우는 경우가 많아 화재의 위험과 연기로 인한 불편이 심한 반면 우리는 아궁이가 방 밖에 있어서 안전하고 편리하게 불을 피웠다. 부엌이 방에서 분리되고 자연스럽게 아궁이의 자리가 적절하게 확보됨으로써 그 기능을 극대화할 수 있게 되었다.

불을 다루는 아궁이가 세 개쯤 있어 아궁이마다 메주를 쑤거나 엿을 달일 때 쓰는 가마솥, 밥을 해먹는 데 쓰는 중솥, 국을 끓여내는 옹솥을 각각 걸었다. 불을 이용한 요리의 발전은 동물과 인간을 구분 짓는 중요한 기준이 되었을 만큼 살림살이 가운데서도 솥이 가장 중요한 품목이었으므로 집을 새로 짓거나 이사를 할 때도 가장 먼저 솥단지부터 가져다 부뚜막 위에 걸어야 했다. 그리하여 "솥단지를 뗀다"고 하면 그것은 이사한다는 말이요, 심지어 고향을 떠난다는 말이다. 한여름에 부엌의 부뚜막에 불을 피우면 방까지 더워지므로 뒷마당에 부뚜막을 만들고 솥을 걸어 취사와 요리를 하기도 했고, 혼례나 상례 등 많은 손님을 치를 때도 뒤꼍에 부뚜막을 설치하여 간단히 취사문제를 해결할 수 있었다.

전통 주택에서 기본 생활과 관련된 온돌, 침실 등이 사적 공간으로, 재생산 활동인 레크리에이션과 의식과 친교 등의 공동 생활이 이루어지는 마루, 정원, 사당 등이 공용 공간으로 분류되고, 생산 활동과 연결 지음으로써 인간의 노동이 일어나는 부엌, 욕실, 창고 등이 지원 공간으로 규정[41]된 바도 있다.

부엌은 조리와 난방을 비롯하여 모든 살림을 관리하는 통제소 같은 장소이다. 부엌은 집안 전체의 안위를 좌우할 만한 중요한 장소이기 때문에 다른 어떤 공간보다 햇볕이 적당하게 들어오고 통풍이 잘 되는 좋은 위치를 차지하였다. 그리고 무엇보다 여성들이 왕래하기 편리하고 안전한 곳에 두었다. “사내가 부엌에 들어가면 고추가 떨어진다”는 말이 있을 정도로 부엌은 여성의 전용 공간이었다. 부녀자들의 일터이자 목욕을 하고 쉬기도 하며 식사를 하는 곳이기도 했다. 남녀가 유별하다는 유교 사상적 한계는 피할 수 없으나 오히려 부엌의 역할이 난방과 취사에 그치지 않음을 감지하게 된다. 부엌은 가부장제 아래서 고초를 감내해야 하는 시집살이의 상징이었으나 궁핍한 가운데도 식구들의 끼니와 건강을 책임져온 여성들의 자부심이 깃든 장소였다. 이렇듯 물리적 공간을 넘어 문화적 공간을 지향하며 소홀히 할 수 없는 용도와 의미를 담아내는 부엌은 공간의 합리적인 사용이 확보될

41 위의 책, 59~66쪽.

필요가 있는 곳이었다.

부엌은 고달픈 삶에 따른 애틋함이 묻어나는 곳이기도 하지만 인간적 여유와 사랑도 가득한 복합 문화 공간의 중심으로서 집 안에 있는 방, 마루, 마당, 찬광, 장독대, 곳간 등이 모두 부엌과 연결되어 있었다. 부엌의 기능이 다양화됨에 따라 집 안에서 차지하는 비중이 커질 수밖에 없었다. 급기야 부엌이 주거 및 음식문화뿐만 아니라 생활 전반에 미치는 영향이 큰 만큼 부엌의 위상은 높아지고 공간적 제약을 벗어나게 되었으며 곧 부엌의 공간은 마당과 정원으로 확대되기에 이르렀다.

여성들이 활동하기 좋도록 부엌은 가옥의 중심에 있어야 했고 무엇보다 앞마당과 뒤뜰로 출입하기 쉽게 부엌에 출입문을 달아두었다. 여성들은 앞마당에서는 가축을 살뜰히 돌보는가 하면 농산물을 말리고 거두었으며, 뒷마당에서는 장독대와 우물을 이용하여 식사 준비를 효율적으로 할 수 있었다. 특히 뒷마당은 부엌과 직결되는 장독대와 우물을 가진 곳으로 식생활의 원천적 기능을 충실히 해냈다. 옛사람들은 앞마당보다도 뒤뜰을 가꾸어왔는데, 부엌으로 이어지는 뒤뜰에 심는 나무도 늘 푸른 나무가 아닌 계절에 따라 잎이 지고 단풍이 드는 활엽수를 심어 계절의 변화를 느낄 수 있도록 하였다.

그러나 부엌은 꼭 필요한 기능과 장식만을 갖춘 겸손한 공간이었다. 욕심이 없는 소박함과 담백함이 넘쳐났다. 부엌은 언제라도 넓은 공간이 필요할 경우에는 마당이나 방 그리고 마루로 확장될 수 있었다.[42] 함경도, 평안도, 강원도 북부 산간 지대와 같은 추운 지역의 경우 부엌에서 도리깨질도 할

42 함한희, 『부엌의 문화사』, 살림, 2005, 86쪽.

수 있었고 부엌에 디딜방앗간이나 외양간까지 달려 있었다. 인류가 일찍이 화덕을 둘러싸고 먹고 자곤 했던 것처럼 부엌은 주택에서 가장 중요한 구심적 역할을 하면서 지금까지도 우리는 주방 중심의 공동 주거 생활을 하고 있다.

한국이미지커뮤니케이션연구원(CICI)이 수여하는 '한국이미지상 2024'를 수상한 세계적인 스위스 건축가 마리오 보타는 수상소감에서 "한국은 곧 미래"라고 말했다. 리움미술관, 강남 교보타워, 남양성모성지 대성당 등 한국의 랜드마크를 설계한 바 있는, '영혼의 건축가'라고 불리는 마리오 보타는 "한국의 사찰이 상징하는 기억의 영역에서 때때로 오늘날 작품활동을 이어나갈 의미를 찾는다"고도 말했다(『중앙일보』, 2024.1.11.).

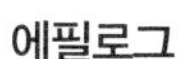

에필로그

천상적 존재인 환웅이나 지상적 존재인 곰이 인간 세상을 동경하고 뜻을 실현한다는 것은 우리의 단군신화가 지닌 인간 중심적 특성이라 할 수 있다. 또한 한국인들은 살아가는 동안 "천지간 만물 중에 사람밖에 또 있는가"라고 읊조림으로써 인간의 존엄을 고조시켜왔으며, 『동의보감』의 첫 구절은 "천지에서 존재하는 것 가운데 사람이 가장 귀중하다"고 되어 있다. 이처럼 한국문화의 핵심적 가치를 인본사상에서 찾을 수 있다. 그리고 이러한 인본주의적 한국문화의 속성은 우리의 의식주에도 그대로 반영되어왔다.

한편 의식주 문화에 관통하는 인본사상적 가치는 '융합'의 방식에 의해 구현되었다. 이분법적 사고로서 선택을 강요하는 문화가 서구형 모델이라면 균형적 사고로서 전체를 아우르고자 하는 융합적 문화가 동아시아적 모델이자 특히 한국형 모델이라고 할 수 있다. 그러므로 옷물림, 상물림, 안방물림 같은 인간의 공동체적 삶의 지향을 '융합'의 형식으로 담아내려는 한국 의식주 문화의 독자성을 간과해서는 안 된다. 특히 "닷새를 굶어도 풍잠 멋으로 굶는다"고 했듯이 복식을 인간의 품위를 정하는 것으로, "요리는 사람과 사람을 잇는 끈이라"고 했듯이 음식을 인간관계를 이끄는 것으로 알며,

"세 닢 주고 집 사고 천 냥 주고 이웃 산다"고 했듯이 주거에서 인간적 소통을 중시했던 한국 의식주 문화의 특징과 가치를 알아야 한다. 더구나 우리의 의식주에서 참된 인간상의 구축을 위한 과욕은 경계하되 의식주의 실용적 가치를 배제하지 않으려는 부단한 노력을 볼 수 있는바, 지금까지도 이어지고 있는 한국의 의식주 문화에 깃든 격조는 절제 있는 깊은 정신에 섬세한 현실 감각이 곁들여진 '융합'의 덕이라 할 것이다. 요컨대 한국의 의식주 문화에 관한 이 책은 융합을 통해서 진정한 인본주의를 드러내고자 하였다.

우리의 전통 복식문화에서는 한국인의 인간존엄 사상을 살펴볼 수 있다. 우리는 가족은 물론 이웃이 함께 착용할 수 있을 만큼 옷을 공공재적 소통의 수단으로 인식했으며, 복식을 인격을 표현하는 매체로 알고 품위 있게 갖춰 입고자 했다. 흰옷 선호나 세시풍속으로 알 수 있듯이 우리는 자연의 순수를 숭상하고, 신생아의 관리가 보여주듯이 생명을 경외하는 복식문화를 향유해 왔다. 복식이 갖는 활동성을 비롯한 조형이나 색채 등이 창출하는 인간성의 해방, 복식의 절제된 선이 시사하는 인간미 등도 간과할 수 없다.

한편 한국문화의 핵심 가치의 하나인 융합 현상은 전통 복식에서도 잘 드러났는데, 한국만큼 옷을 공유하고자 하는 집단의식과 상대를 배려하고자 하는 예의 중시의 '인간과 인간'의 융합이 뚜렷한 경우는 흔치 않을 것이다. 그리고 한국의 복식에서 보여주듯이, 계절이나 명절에 부합하고, 생명을 존중하려는 데서 나온 '인간과 자연'의 융합문화도 독특하지 않을 수 없다. 또 한복처럼 실용성과 심미성은 물론 색, 선, 형태 등의 조화에 따른 '사물과 사물'의 강력한 융합적 현상도 쉽게 찾아보기 힘들 것이다.

요컨대, 한국 전통 복식에 관한 논의가 많았으나, 융합 방식으로 한민족의 전통 복식에 내포된 인격적 소통 의식은 물론 물적 가치 인식을 규명하는 논의는 찾아보기 힘들었다. 이에 한국의 인간 존엄적 복식문화의 특징을 융합의 방법론으로 살펴보고자 했다.

다양한 문화 가운데 음식문화만큼 민족적 특질을 잘 보유하는 것도 드물다. 냄새가 강하긴 하지만 시원하고 구수한 맛이 있으며 몸에 보약이 된다고 생각하여 우리는 김치, 된장 등을 즐겨 먹고 있다. 이처럼 한국은 음식의 실용적 가치를 깊이 인정하면서도 음식으로 인해 인간성이 훼손되거나 인간관계가 소원해지는 것을 극도로 우려하는 특유의 인본사상을 유지 고양시켜왔다. 더구나 한국인들은 음식을 귀하게 여기고 공동 식사를 중시하면서도 유교적 절제와 청빈 사상 아래 식탐하는 것을 경계하고 간소하게 식사를 해왔다.

그리고 한국인의 인본사상은 융합의 형식으로 유감없이 발현되었다. 무엇보다 '인간과 인간'이라는 주체적 관계가 무엇보다 중요시되는 것도 이 때문이다. 음식을 통해 정(情)을 나누고자 하는 반면 식사 예절을 중시하는 측면에서 한국의 식문화는 인본주의적 성격이 매우 강하다. 한편 '인간과 자연'의 관계에서 보듯 우리는 채식 위주의 자연친화적인 음식을 즐겼으며 약식동원의 사상에 따라 음식을 보약처럼 여겨왔다. 또한 '사물과 사물'의 관계에서 볼 때 건더기 이상으로 국물이 부각되었으며, 국물로 인해 숟가락이 중시되고 나아가 수저 문화가 발달되었음이 우리 음식문화의 주요한 특징이다.

요컨대, 한국의 음식문화가 지닌 인간에 대한 존중과 배려의 인본주의적 정신은 무엇보다 융합의 구조로 적절히 구현되었다고 할 수 있다.

서양 건축은 건물 자체의 가치와 아름다움을 중시한다면 한옥은 그 집에 살거나 관계를 맺고 있는 인간에게 관심을 집중한다. 인간을 존중하는 한옥의 경우 자연 친화적이라 할 수 있는바 흙과 돌과 나무 등의 건축 자재는 건강에 좋으며 남향의 집들은 햇빛이 잘 들고 마당처럼 비어 있는 공간은 통풍이 잘되어 인간의 삶을 과학적으로나 정서적으로 윤택하게 한다. 또한 한옥을 이루는 실내 요소들 간의 소통이 두드러지는데, 인체를 기준으로 출입문을 낮게 설치했을 뿐만 아니라 인방은 사람의 눈높이에 맞게, 머름은 앉은 사람의 겨드랑이 밑에 들도록 설치했으며, 문의 크기나 천장의 높이 등도 사람을 배려하여 결정하였다.

이러한 한국 주거문화의 인본주의적 특징을 사람과 자연과 주택이 하나로 어우러지는 '융합'으로 살필 수 있다. 첫째는 '인간과 인간'의 융합으로 건물 안에 있는 사람과 바깥에 있는 사람, 담장 안 사람과 바깥 사람의 소통을 들 수 있다. 둘째는 '인간과 자연'의 융합으로 인간이 짓든 가옥의 자연 친화성(순응성), 마당과 정원의 자연 공존성을 들 수 있다. 셋째는 '사물과 사물'의 융합으로 가옥끼리의 개방, 방 · 온돌 · 마루 · 부엌 간의 소통을 들 수 있다.

이처럼 전통 한옥은 단순한 물질적 구조가 아닌, 사람이 품격 있게 살 수 있는 문화적 공간이었음을 알 수 있다. 그리고 한옥은 이러한 자연스럽고 아름다운 삶을 위한 인본주의적 의미를 '융합'이라는 틀로 잘 담아내고 있음을 깨닫게 되었다.

찾아보기

용어

ㅁ

ㅇ

ㅈ

인명, 작품, 도서 등